法

A Historical Background to Popular Beliefs and Traditions

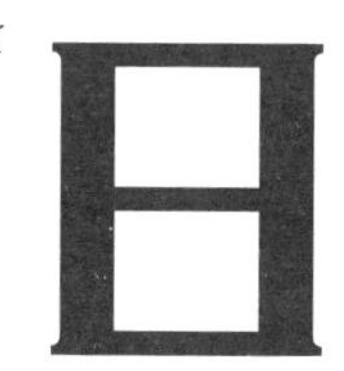

一些奇异文化传统的历史渊源

动植物

Monica-Maria Stapelberg

[英] 莫尼卡-玛丽亚·斯塔佩尔贝里 —— 著

高明杨 周正东 —— 译

上海社会科学院出版社
SHANGHAI ACADEMY OF SOCIAL SCIENCES PRESS

图书在版编目(CIP)数据

魔法、节日、动植物 ：一些奇异文化传统的历史渊源 /（英）莫尼卡 - 玛丽亚 · 斯塔佩尔贝里著 ；高明杨，周正东译 .— 上海 ：上海社会科学院出版社，2020

书名原文 ：Strange But True ：A historical background to popular beliefs and traditions

ISBN 978-7-5520-3160-7

Ⅰ. ①魔… Ⅱ. ①莫… ②高… ③周… Ⅲ. ①世界史—文化史—研究 Ⅳ. ① K103

中国版本图书馆 CIP 数据核字（2020）第 068366 号

上海市版权局著作权合同登记号：09-2020-416

魔法、节日、动植物：一些奇异文化传统的历史渊源

Strange But True: A historical background to popular beliefs and traditions

---

著　　者：［英］莫尼卡-玛丽亚 · 斯塔佩尔贝里（Monica-Maria Stapelberg）
译　　者：高明杨　周正东
总 策 划：纸间悦动　刘　科
策 划 人：唐云松　熊文霞
责任编辑：董汉玲
特约编辑：熊文霞
封面设计：唐　旭　谢　丽
出版发行：上海社会科学院出版社
上海顺昌路622号　邮编200025
电话总机021-63315947　销售热线021-53063735
https://cbs.sass.org.cn　E-mail: sassp@sassp.cn
印　　刷：上海展强印刷有限公司
开　　本：889毫米 × 1240毫米　1/32
印　　张：10.75
字　　数：226千
版　　次：2020年9月第1版　2024年6月第5次印刷

ISBN 978-7-5520-3160-7/K · 559　定价：58.00元

献给

弗雷德

我的好丈夫、爱人和最亲密的朋友

引言

Introduction

xiii

纵观历史，人类在其理解能力范围内，不断对周边世界以及其中的神秘事物进行解读。从古代到中世纪再到后来，从最卑微的农民到才识最为渊博的学者，大多数人都或多或少持有某种从现代视角看来愚昧，甚至荒谬可笑的观点。由于缺乏科学的解释，盲目的恐惧以及各种无法解释的自然现象致使迷信盛行。雷霆、闪电、地震、洪水、干旱、神秘的疾病及瘟疫，这些现象使得大众心中产生了盲目的恐惧或者崇高的敬畏。人们要么把这些现象归咎于更高阶力量的不满，要么认为有魔鬼、邪灵或女巫从中作祟。

普通大众的生活环境通常十分艰苦，生计取决于农作物的收成和大自然的影响。由于人类的愚昧和无知，怪异的观念及信仰在人类中兴盛起来，其中，贫民阶级占据了人口的绝大多数，且贫富差距巨大。

女巫、魔鬼、仙子、神话中的凶猛野兽，以及各种被教会记录在册，希望予以制裁的恶魔，这些超自然的力量使人们心中产生了不可言喻的信仰，也注入了恐惧与敬畏。

这些因素叠加在一起导致人类想当然地对外部超自然力量产生了一种认识，认为这些力量是残暴、无常且极度危险的，必须不惜一切代价平息或者驱除；致使人们推演出一套复杂的体系，用各种精心设计的保护措施对抗这些未知的力量，为许多至今犹存的信仰和传统奠定了基础。

人们通常意识不到，我们日常观察和表现出的某些特定行为、姿态及礼仪规范，实际上是基于早已被人遗忘的远古信仰、仪式魔法、祭祀传统或者可怕的迷信思想。有人打喷嚏时，我们会对他说“保佑你”。打哈欠或者咳嗽时，我们会遮住嘴。用手指着别人很不礼貌，用完餐后避免将刀叉交叉放在盘子上。我们认为这些行为是“礼貌”的体现，却没有意识到它们最初都是源于迷信带来的恐惧。为什么要给男婴穿纯蓝色的衣服，为什么在万圣节有“不给糖就捣蛋”的传统，为什么要在槲寄生下接吻，为什么婚戒要戴在无名指上，为什么“竖中指”表示蔑视?

现代人对触摸树木可以避免灾祸的说法将信将疑，与祖先相比，我们对于树木的崇拜只是在程度上有所不同。今天，在船只下水仪式上，人们仍然会在船艏砸碎一瓶香槟酒，并用“她”来称呼船只和其他航具，人们还会把硬币丢到喷泉里许愿，隆重地为建筑物铺设基石，将新建成房屋的房顶打湿，这些都是远古时代流传下来的习俗，这些行为在当时都被看作是具有魔力的，人们想用这样的方式来安抚那些更为强大的超自然力量。

过去的遗风如同被遗忘的宝藏，埋藏在我们的修辞之中。我们经常用到它们，却不知道其中许多是那样古老深刻，承载着或象征或精确的深刻含义。例如，我们说每个人“衣橱里都有一具骷髅”，却没有意识到这句话最初表达的正是字面含义。我们说“如果眼神可以杀人”，这与邪眼的传说有关，这一传说在许多欧洲国家、中东、亚洲及非洲仍然广为流传。同样，我们也会称某人为“胆怯的懦夫”，这种表达可以追溯到古代的占卜术；我们说“走在某人的影子里”，这曾经是一个广为流传的禁忌；我们所说的“入了迷”（spellbound）则源自古时候人们认为咒语具有把某人束缚、固定在某地的能力。

本书材料来源于作者多年的收集研究，主要涉及西方文化。但是，对于那些与世界其他地方存在共通之处的信仰和传统，其相似之处也会有所提及。本书所呈现的无数事实梳理了许多信仰传统的历史渊源，以及它们常常“奇怪”却“真实”的迷人起源。

xv

莫尼卡－玛丽亚·斯塔佩尔贝里

目 录

第一章
魔法习俗

Chapter 1

Magic Practices

1

在大多数社会群体中，人们曾相信各种形式魔法的存在，这类对魔法的信仰曾经十分普遍，现今仍存在于许多社会中。例如，2014 年 8 月，英国报纸广泛报道了一则新闻，在伦敦，一名年幼的尼日利亚男孩遭到肢解，其尸体被发现漂浮在伦敦塔桥附近的泰晤士河上。专家证实，男孩尸体上的伤口与非洲西部及南部施行的杀戮仪式造成的伤口一致，在这些地区，人们仍然通过活人献祭获取超自然的力量，以达成某些特殊意图。每年，数以百计的非洲人因为仪式谋杀在部落成员手下丧生，部落成员在巫医的要求下搜寻各种人体部位。这些人体部位被用于魔法仪式或制作魔药，以确保巫医的“客户”可以在金融、商业、政治或者其他行业上获得成功。在许多发展中国家，与此类似的新闻报道仍然存在，魔法相关的传统习俗在这些地方得以延续。

魔法作为一种具有保卫和守护作用的媒介，自古以来就在所有文化中普遍存在。它可以被看作一种仪式活动，旨在通过利用超自然的力量对物质世界产生影响。仪式魔法也试图通过精心设计的复杂仪式控制各种强大的超自然力量，如魂灵、神明、恶魔或某种宇宙力量。魔法的终极目标是统领万物，成为至高无上的权威，但我们必须区分黑魔法和白魔法。黑魔法旨在造成破坏和伤害，而白魔法则旨在为群体和个人带来有益的影响。

在传统的部落社会，魔法师或巫师被看作是无所不能的，从来不会受到其他人的质疑。例如，在 1906 年的南非祖鲁人起义中，祖鲁巫医为所有备战士兵使用了战争魔药，他们相信这可以使祖鲁勇士免受子弹的伤害。数以百计的祖鲁士兵对于巫医的能力以及药物与魔法的作用深信不疑，手持长矛冲向英国人的枪支大炮。最终全军覆没，他们无一例外倒在英国人的枪口下。但没有人去质疑巫医的药效，而是认为战士们丧生意味着敌人的魔药更加强大。一般而言，在人们看来，魔法是从不会失效的，如果它没有起作用，不是遵循的程序不对，就是对方施加的反制魔法更加强大。

魔法实践的范围从涵盖整个社群的仪式，例如祈求狩猎成功或作物丰收的仪式，到与个体成员有关的次一级的小型魔法。简单的魔法，通常称为巫术，包括系上或解开绳结；利用人类或动物血液、毛发、指甲进行施咒的仪式；以及用针或尖锐的碎片戳刺蜡像、娃娃或玩偶等行为。魔法的类型主要有两种：接触巫术和交感巫术。

接触巫术的基础是相信通过毁坏或伤害某人接触过的东西便可以对

此人造成伤害。因此，澳大利亚原住民会将玻璃、尖锐的水晶或碎骨片放入敌人的脚印中，他们相信这会使其跛足。在印度，人们发现了一个与此类似的有趣观念，当地人相信，将敌人脚印中的尘土用树叶包裹系紧然后烧掉，就可以将这个敌人消灭。同样，人们认为，将荆棘放到逃跑盗贼的脚印中会使其疼痛难忍并因此停下脚步。

特定的物件会产生特定的、内在的影响，这是一种十分普遍的观点。人们相信，魔法联系不只存在于一个人与分离的身体部分，如头发、指甲、脚印或手印之间，还存在于其身体接触过的任何东西当中。因此，在许多文化中，人们处理自己的身体代谢物时十分谨慎。而设法得到了这些东西的人则能够借此从千里之外将自己的意志强加于不幸的所有人身上。过去，许多人会小心翼翼地防止自己拥有或使用过的东西落入敌人手中，这也体现出与之相通的思想观念。时至今日，吉卜赛人在离开自己的营地时仍会将周围清理干净，除了营火灰烬，或有时在地上竖直插一根棍子表示他们来过这里之外，他们会确保不留下任何东西，无论是有用的还是废弃的。澳大利亚原住民也遵守着相同的原则，他们十分小心，防止自己部落的东西落入外人手中。

然而，在交感巫术中，其产生作用的原理则是“同类相医”或“相似相化”，仅仅通过模仿，人们便可以创造出各种效果。因此，任何被人视为邪恶的东西都可以用来驱除邪恶。中世纪瘟疫暴发时，人们相信在身上携带任何有毒物质，如砒霜，就可以吸收瘟疫带来的“传染性空气”。在美国有线电视新闻网（CNN）2014 年 6 月 9 日的一篇报道中，我们可以找到一个更新一点儿的例子，这篇名为《白化病活动家打击巫术谋杀》的报道主要涉及某些非洲国家，当地人对遗传缺陷导致的白化病知之甚少，针对白化病人的暴行仍然普遍存在。仅在某一个国家，近年来就已经有数十名白化病人被肢解或屠杀，他们的四肢被砍下，用于能够带来“好运”的魔药制作或魔法仪式。该新闻进一步指出，传统上，非洲社会用带有严重迷信的态度对待白化病人，白化病人被看作魔鬼、恐怖的邪恶生物或邪灵。最可能的原因是，这些社会中的人认为白化病人本质“邪恶”，巫医用他们的身体部位驱除邪恶，以此带来好运或“运气”。

交感巫术广泛地存在于各个社会的特定历史阶段。食人主义行为便明显地体现了交感巫术的特征，食人族相信，吃掉一名骁勇敌人的肉体，就可以吸收其拥有的优良品质。亚马孙河流域的图皮印第安人格外珍视被处死囚犯的生殖器，这表明他们十分尊崇威猛的性能力，而性能力在他们看来也是可以转移的。通过吃人肉或喝人血，可以吸收其品质并化为己有，这一观念以多种形式存在于不同的部落民族中。这来源于古代战场上饮敌人鲜血，以及早期猎人食用某些猛兽的特定部位（如肝脏）的习惯，他们希望敌人或动物的勇气可以转移到自己身上。

4

过去，许多部落民族常常通过摄食勇敢者的血肉来激发自己的勇气。澳大利亚原住民杀死敌人后，会将其腹部脂肪涂抹在自己身上，这样其所有品质，不管是身体上的还是精神上的，便都可能转移到征服者的身上。在印度尼西亚巴布亚省的丛林深处，贡拜族和科罗威族部落仍然会对敌人举行食人仪式，以获取他们的特定属性。2012 年 7 月 13 日，英国《每日电讯报》报道了一则新闻，29 名被控犯有食人罪行的嫌犯在巴布亚新几内亚丛林内遭到逮捕。这些人被指控谋杀了7名巫医。据称，这些狂热的信徒吃掉了巫医的脑子和阴茎，企图获得超自然力量并提高自己的性能力。

除了食人行为，交感巫术还存在于无数日常文化活动中，往往体现出“相似相化”，以及“模拟可以产生真实效果”的原则。根据交感巫术，苏门答腊岛的女性在播种稻子时会解开头发散在背上，微风吹拂下，她们飘动的头发模拟了水稻的旺盛生长。同样，阿帕奇勇士的水牛舞则是用于吸引水牛群并加以猎杀，他们隆重地戴上水牛头制成的头饰，模仿水牛群的动作。

过去，澳大利亚各地的年轻原住民女性崇尚佩戴泥乳房，并用白千层树做成的篮子装“泥婴”，以此促进乳房的生长。在澳大利亚的阿纳姆地西部，流传着一种传统的求爱巫术，男性将自己心仪女性的肖像画在石质住所的墙壁上。如果这位女性对追求她的男性没有兴趣，男性可以通过描绘其与自己发生性关系的图案来“不可思议地”对其产生一种吸引力。同样，澳大利亚原住民通过反复在沙地上画女性怀抱婴儿或哺乳婴儿的图案来促进受孕，这也是利用了交感巫术。

人们相信，交感巫术也影响着大自然，通过模拟希望获得的效果，相应的天气就会出现。因此，为了使落日再次升起，古欧洲人会生起篝火。特别是在春分、秋分、冬至、夏至等太阳直射发生变化的时节，人们相信这些篝火可以激发并加强逐渐暗淡的太阳，使其重新焕发光芒。因此，点燃篝火能使太阳再次释放光芒，而用枝条蘸水洒在地上，则会带来降雨。在此背景下，世界各地祭祀或胁迫雨神的仪式多种多样。例如，澳大利亚原住民及西非部落居民会用嘴喷水模拟下雨，以此求雨。古老的墨西哥巫术仪式包括从水罐中泼水，诱使众神降下大雨，而献祭仪式所产生的黑烟则被认为可以生成云。同样，印第安部落服饰的带穗装饰及流苏则被寄予唤起降雨的希望，流苏的飘动生动模拟了雨滴落下的样子。

在欧洲，基督教的传播并没有阻碍曾经流行的这些异教仪式。只是人们关注的焦点发生了转移，在以往的干旱时期，人们举行的求雨游行与求雨仪式主要包括将十字架或其他圣物用圣水浸蘸，将圣人或圣徒的雕像在河流、湖水中浸湿。在法国的纳瓦拉，人们习惯向圣彼得求雨，据传，有一次当地干旱无雨，一个村的村民不顾牧师的愤怒，将圣彼得的雕像抬到了河边，并把它浸没在水中，以此求雨。在外赫布里底群岛的尤伊斯特岛上，当地人打造了一个十字架，将其称为“水十字架”。求雨时，这个十字架就会被竖立起来，雨水充沛时，十字架就会被平放在地上。与此类似，据民间传说，爱尔兰艾奥纳岛的僧侣会通过在风中挥舞其守护人圣科伦巴（St. Columba）的长袍来求雨。

所有的丰收习俗，包括五月柱节、树婚、五朔节王与五朔节王后，以及所有对动植物多产的模拟，都可以归到交感巫术的范畴。这些仪式的目的都是刺激自然，获得所需的丰产效果，以此确保丰收。在瑞典、印度、婆罗洲、非洲、北美洲和南美洲，人们也发现了与此类似的丰收习俗。

交感巫术的一个分支被称为肖像巫术，它同样也是通过简单的模仿以期产生特定的效果。

肖像巫术

6

肖像巫术基于这样一种观点：根据某人形象制成的肖像如果受到伤害或者毁坏，这个人本身也会受到相应的伤害，这是由于人与其肖像之间存在身体上的同感。将针刺入某人的肖像以对其本人造成伤害，这一习俗不仅与伏都教有关，也不仅局限于西印度群岛。20 世纪 50 年代，在美国一些相对隔绝的偏远地区，用针或其他尖锐物体戳刺与真人具有相似之处的人偶，以对他人造成伤害的行为仍十分常见。

这种巫术在埃及、美索不达米亚、印度、希腊、罗马，以及从古至今世界上许多其他国家中都曾存在。《旧约》就曾提到这一行为："……你们为两把大麦，为几块饼，杀死他人。"[①]这里指的就是用面团制作的小雕像，用来代表敌人，人们反复戳刺它，从而达到杀死其所代表敌人的作用。比起木头或石头，用面团制作人像更廉价，更容易。

古埃及人对这种巫术深信不疑，他们将许多用石头，陶土或木头制成的小型人偶（被称为 ushebtiu）放在死者的坟墓中。他们认为这些小型雕像可以为逝者的死后生活充当仆人，随从以及侍卫。

奇怪的是，在中世纪，肖像巫术常常作为意图谋杀他人的方法被人们使用。纵观欧洲历史，满是这一类失败的政治暗杀，尽管对于今天的我们来说这似乎很荒谬，但在当时，这种行为从意图来说就属于犯罪，因为它以剥夺受害者的生命为目标。例如，不伦瑞克的卡罗琳

---

① 《以西结书》13：19。

（Caroline of Brunswick，1764—1821），作为摄政王[①]的妻子，常年被丈夫忽视，生活十分不开心，她将自己孤独的夜晚都用来制作丈夫的蜡像，用针刺这些蜡像，再用火慢慢将他们烤化，希望能以此摆脱她的丈夫。同样，1591 年，一名来自特伦特河畔伯顿的名叫理查德·巴特（Richard Batte）的外科医生在法庭上被指控用相同的手段企图将其岳母置于死地。

7 在 20 世纪的英格兰和意大利，人们仍会在一颗猪心上插满针或刺，并将这颗心藏在某人的房子里，发挥保护作用或对其他人造成伤害。人们认为，这颗满是疮痍，皱缩枯萎的猪心会使目标受害者的心脏痛苦不堪，最终造成其死亡。在欧洲，这样的猪心被藏在烟囱和房屋的墙壁里，往往在房屋翻修，或兴建现代建筑，拆除旧房子时才被人们发现。

值得一提的是，人们在澳洲大陆发现了与之原理相同的行为。阿纳姆地的雍古族原住民会将敌人的形象画在某种树上，然后在其画像上涂上毒药，以此毒害甚至杀死对方。或者，他们会将敌人的形象画在一棵所谓的毒树上，人们不能触摸这棵树，也不能吃其所结的果实。据说，在树上画上敌人的肖像会使这名敌人患上骨病。肖像巫术的信仰仍存在于一些现代人的观念之中，在亚洲、非洲及中东许多国家，仍有人认为照相是十分危险的，他们相信，若照片受到损坏，照片上人的身体则会在现实中受到影响。

① 即后来的乔治四世。

能够治病的优雅一触

过去，人们认为在任君主的手具有治愈疾病的力量，几个世纪以来，这种广为流传的观念依然存在。

人们相信君主具有超自然治愈能力的观念来源于古代王权神性主义。古苏美尔人最先提出君权神授的概念，认为君主从天国降临，是上帝与人类之间最主要的中间人。古代文化中，人们认为国王和统治者是神圣太阳的后裔。因此，君权神授的观点与祭司传统一脉相承，古埃及第一任国王美尼斯(Menes，意思是“唯一的光”)及其之后所有的继任者都被视为太阳神拉（Ra）在现实中的形象。与此类似，早期的巴比伦和美索不达米亚的君主在世时都被当成神而受到崇拜。在中国，皇帝被视为“天子”，同时也是人民的首席祭司。相同的观念也存在于玛雅、阿兹特克及印加文化中。即便是在现代，这种古老信仰的痕迹仍留存于许多文化中。例如，泰语中的“国王”一词就有“国土之神”的意思。同样的情况，日本天皇从古至今一直被视为神，在21世纪的今天，天皇仍负责佑护本国，保证作物丰收。

人们认为，君主和统治者至高无上的地位给他们带来了与众不同的、卓越的能力。因此，君主和统治者被认为拥有治愈能力，而一般百姓认为，这种治愈效果可以通过触摸传递到自己身上。古埃及以及古巴比伦的祭司王，古罗马皇帝君士坦丁（Constantine）、韦斯帕芗（Vespasian）和哈德良（Hadrian），以及挪威国王奥拉夫（Olaf），据传都曾通过触摸他人来治愈疾病。

在英格兰，人们认为“忏悔者”爱德华（Edward the Confessor）是1066年诺曼征服之前第一位号称拥有这种能力的君主。在都铎王朝统治期间，国王用手触摸病人治愈疾病的仪式似乎定期举行。据称，国王查理二世（Charles Ⅱ，1630—1685）曾一口气触摸了多达600人，其在位期间触摸的人数达92 100。

国王的触摸被认为特别益于治疗淋巴结核，即一种淋巴腺的结核病，这种病因此也被人们称为“国王病”。据说在1686年的复活节，法国国王路易十四曾一口气触摸了1600名淋巴结核患者。安妮女王（Queen Anne）是最后一位据称拥有触摸治病能力的英国君主。据说在1712年，她总共触摸了200名患者，其中就有当时还是婴儿的塞缪尔·约翰逊（Samuel Johnson），他后来成为英国文学史上一个伟大的人物。法国历任国王将这一习俗一直延续到了1825年。

当然，必须提到的是，淋巴结核病很少致命，而且这种病会在一定时间后得到缓解甚至自愈。但人们则迷信地相信这种疾病奇迹般康复归功于国王的神圣一触，所有没有因此得到治愈的病例则被简单地归结为缺乏虔诚的信仰。

与死人有关的治愈之力

9

德国著名刊物《彼得·莫莱纳趣味杂志》（*Peter Moosleitner's Interessantes Magazin*）的一篇报道描述了1864年柏林的一场公开处决。

据这篇文章描述，处决执行后，两名罪犯被砍断的脖子仍在涌出鲜血，侩子手得用布条蘸上涌出的鲜血。即使要价高得离谱，这些滴着鲜血的布条也会被围挤在行刑台前的人们一抢而光。

古往今来，一些先入之见对人们的医疗实践产生了决定性影响。例如，人们曾经坚信任何与死亡有关的事物都具有治愈疾病的能力，圣洁之物同样也有治疗作用。因此，1649 年查理一世（Charles Ⅰ）被斩首后，行刑区的各种零碎物件，包括血迹斑斑的沙子，甚至连一缕缕的头发，都被人卖掉了，人们相信这些东西都具有治愈效果。

在古代，人们对疾病的成因知之甚少，在欧洲及其他大陆，人们普遍认为邪灵是所有疾病的根源。当时只有富裕家庭才能负担起常规药物和医学治疗，尽管医疗常常包含一些非常痛苦的、令人不悦的步骤，以及不使用止疼药或麻醉剂的治疗手段。当时的医疗主要依靠一些无效的治疗方法，如放血和导泻，这使得成功率很低。因此，公众开始求助于其他治疗方法，当然其中许多方法就源自迷信信仰。

直到 1868 年，英格兰才废止公开绞刑，在此之前，罪犯的尸体会被无限期地悬挂在绞刑架上，通常还会被涂上焦油以延缓腐烂，给那些路过的，仍逍遥法外的罪犯以警告。这些暴露在外的罪犯尸体总会遭到蓄意破坏。当时的人们认为，既然这些罪犯本身就是邪恶的，而疾病又来源于邪恶力量，那么利用这些罪犯不同的身体部位可以驱散并治愈疾病。通常，人们会把罪犯的牙齿拔出，做成护身符来缓解牙痛。这便是遵循了交感巫术中“同类相医”的原则。其他身体部位，尤其是双手和拇指，则简单地被砍掉并用于各种邪恶的用途。

[10] 自古代起，死人头骨碎片研磨成的粉末常被用于治疗痉挛，而头骨也可能被人非法地整个砍下，用作癫痫病人的饮水杯。公元 77 年，老普林尼（Pliny the Elder）向人们建议用惨死之人的头骨当杯子饮水以治疗癫痫。这一习俗直到近几十年前仍十分流行，当时在苏格兰高地的某些地区，人们仍然相信，用祖先的头骨盛井水来喝是治疗癫痫的有效疗法。

人类头骨碎片经过研磨后服用或制成药膏，在当时被认为是治疗狂犬病和关节炎的有效方法。这种治疗方法被认为也可以对抗癫痫以及其他严重疾病。英格兰国王查理二世临终前，医生们曾尝试了各种治疗方法和药剂。当这些都无法奏效时，有人给了他 40 滴人类头骨的提取物，声称这是行之有效的治疗方法。然而，即便是这一方法也没能最终挽救国王的生命，5 天后他便去世了。

生长在死人头骨中的苔藓被人们用来治疗小到牙痛，大到瘟疫等各种疾病。人们认为从死人头骨中特别采集的苔藓经过晒干，磨粉并用作鼻烟可以治疗头痛。瑞士医师帕拉塞尔苏斯（Paracelsus，1493—1541）最先将化学引入医学，并因其用药和疗法闻名欧洲。然而，他的一些治疗方法在人们看来匪夷所思。他建议将红酒和蚯蚓与最近被杀死或绞死者的头骨磨成的粉混合在一起，用以治疗伤口。除了头骨，帕拉塞尔苏斯还认为，死刑犯被处决后，其尸骸研磨成粉，便能制成一种万能的良药，可以用来治疗从哮喘到中毒等各种疾病。老普林尼推崇的另外一种治疗方法更加可怕，他认为，通过用最近被处决的人的牙齿刮擦痛处可以起到治疗牙龈疼痛的作用。关于头骨，需要提到的重要一点是，过去的人们认为，死去的酋长或者国王的头骨能够产生特别的神奇力量，这一概念的基础是人们将头看作精神力量的中心。凯尔特人会将重要人物的头颅保存在雪松木油中，而在许多德意志传说及北欧神话中，都存在用镶金边的敌人头骨做酒杯的描写——也许这就是我们所说的借酒精从“头脑”中汲取灵感吧。

11

人们认为，死人的手同样具有各种治疗能力，特别是如果此人死于暴力。一个著名的例子便是基督教圣徒圣埃德蒙·阿罗史密斯（St. Edmund Arrowsmith）的右手。这只右手被人们用白色的丝绸包裹着，小心翼翼地保存起来，至今仍保存在英国阿什顿因马克菲尔德的圣奥斯瓦尔德罗马天主教堂中。[①] 当时的英格兰人大部分都是新教徒，埃德蒙神父被判诱导新教徒皈依罗马天主教，之后于 1628 年在兰卡斯特因其“令人发指”的罪行遭到处决。根据习俗，在被处决后，他的右手被砍下。这只神圣的右手几个世纪以来受到了人们极大的尊崇，乡下各地的朝圣者来到这里，期望通过触摸它来治愈各种疾病。天主教会最终在 1934 年正式准许了公众对这只手的敬奉。

死于暴力的人，其手被认为具有驱除大多数疾病的能力，特别是皮肤、胎记，以及各种肿胀。19 世纪末，身患各种疾病的人们仍会在行刑日围聚在绞刑架周围，希望能够得到“死亡的触摸”，为此，他们还需要向刽子手支付昂贵的服务费。

除此之外，曾经处决过犯人的绞刑架或行刑台的木片和碎屑也格外受到人们的青睐。人们将这些碎片紧贴皮肤，佩戴在身上，认为这样

① 位于英国的大曼彻斯特区。

可以治疗各种疾病。绞刑架上的木片在治疗牙痛时格外有效，在英国的苏塞克斯，对于疟疾这种以发冷和出汗为特征的反复发热，当地流行的一种治疗方法便是佩戴一条用绞刑架上的木片制成的项链。

同样因其治疗作用而受到人们青睐的还有刽子手的吊颈绳。老普林尼在他的《自然史》(*Natural History*)中主张用刽子手最近使用过的吊颈绳绑在太阳穴上，称这是治疗头痛的一种可靠方法。因此，从前的刽子手们通过出售最近使用过的吊颈绳获得了相当可观的收入，19世纪中叶，英格兰以及其他欧洲国家废止了公开绞刑，而在此之前，这样的吊颈绳一直可以供人买卖。

12

死亡向来都是迷信的重要主题。直到19世纪末期，欧洲人还会从棺材上盗取部件或者碎片，以求治愈疾病。在尸体埋葬前用来包裹尸体的亚麻布在人们看来可以带来幸运，同时因其治愈效果受到人们重视，因此这些裹尸布通常不会在尸体上保留太长的时间。同样，由朽烂的棺材把手制成的戒指也被用作护身符，以治疗痉、风湿及癫痫。据称，亨利八世(Henry Ⅷ)就曾佩戴着一个用棺材铰链铸成的戒指，据说包治百病，除此之外，还有一个例子可以证明，维多利亚时期，英格兰国民对死人相关物品的治愈能力仍深信不疑：当时的曼彻斯特，曾有一个妇女向他人索要一撮牧师坟墓中的泥土，希望以此来保护她的孩子免受癫痫之苦。

我们在澳大利亚的原住民中也发现了与此类似的信仰。生活在墨累河流域的部落相信，用死人头发制成绳子或带子绑在头或腰上可以治愈并预防各种疾病。按照一些部落的习俗，女性到达墓地时要抓起一把坟土，嗅闻其气味，将其涂在身体上，特别是腿上。人们认为，坟土的气味可以让她们变得强壮、健康，而将其涂在腿上则被认为可以防止她们在长途旅行中感到疲劳。

替罪羊

每年的1月13日，日本都会庆祝一个奇特的节日，即始于公元767年的国府宫裸祭。节日前一周，一位“神男”会从市民中选出。一旦被选中，“神男”便要在国府宫神社中居住，并在那里一直待到节日当天，神男需要剃掉所有的体毛来净化自己，且只能喝水，吃干米饭。在仅限男性参加的节日当天，神社会聚集数百名缠着漂白棉质兜裆布，上身全裸的男性。当神男出现时，人们会争先恐后地伸手试图触摸到他。由于人数众多，接近神男十分困难，只有成功触摸到他的人可以保证将接下来12个月的不幸转移到这个“替罪羊”的身上。

不幸和罪孽可以转移到其他东西身上，这是一种古老且普遍的概念。“让某人当替罪羊”说的是因某人自己的错误而责备别人的做法，13 这种说法早已变成了一种比喻，但曾经却是一种真实存在的现象。

1530年，英国宗教改革家威廉·廷代尔（William Tyndale）将希伯来文《圣经》翻译成英文时创造出了“替罪羊”一词。他错误地将azázél（一个来源不明的专有名称）翻译为“the goote on which the lotte fell to scape”，即“替罪羊”。[①]

根据《圣经 · 利未记》记载，每年赎罪日，即犹太历上最神圣的节日，以色列人都会献祭两只公山羊。其中一只献给上帝，希望上帝可以免除犹太人的罪孽，祭司会将双手放在另一只山羊的头上，为所有以色列子民的罪孽和过失向其忏悔。然后，这只“背负着罪孽”的山羊便会被赶到荒野。人们认为，这只山羊是被永久束缚和囚禁在荒野的堕落天使阿撒泻勒（Azazel）的精神体现。逃脱的山羊带走了所有以色列子民的罪孽。替罪羊的传统角色与罪孽和不洁联系在一起，这可能是导致它在早期基督教中被视作撒旦的动物的一个原因，即二者之间存在着一定的联系。

古埃及神职人员的宗教仪式在原理上与此相似，希腊历史学家希罗多德（Herodotus，约前 490—前 420）描写了将所有对社会产生威胁的灾难都转授到献祭用的公牛身上的仪式：“他们把他们捺了印的牲畜领到将用来奉献的祭坛那里去，点上了火，然后把灌奠用酒洒在牺牲前面的祭坛上，并呼唤神的名字；然后他们便割断它的咽喉，把它的头给切了下来，进而更剥下它全身的皮。再后他们就拿着它的头，在这上面念一通咒；如果有市场而那里又有一批希腊人的话，他们便把这头带到那里去立刻卖掉……他们对着头念一通咒是为了这个：如果奉献牺牲的人们，或者整个埃及会遭到任何凶事的话，他们希望这凶事

① 衍生自 scape 即 escape（逃脱）的旧词，goote 表示 goat（山羊）。这只山羊是被永久束缚和囚禁在荒野的堕落天使阿撒泻勒（Azazel）的精神体现。

会转到牛头上面来。”[①]

将特定的邪恶转移到动物甚至人的身上，再将其杀掉，以此来驱除邪恶，这种习俗流传广泛。在大多数社会，人们习惯每年进行一次大的罪孽驱除仪式。虽然各个国家逐渐文明开化，但人们并没有完全废弃活人献祭的习俗，而是用将要被处决的罪犯来吸收社会的罪孽。公元前6世纪，一有灾难降临，古希腊人便会献祭一个畸形或特别丑陋的人作为他们的替罪羊。古希腊人还会举行一个名为“驱逐饥饿”的仪式，在户外，他们一边追打一个奴隶，一边说着：“带走饥饿，带回财富和健康。”类似的习俗也存在于印度、日本以及许多非洲国家。加纳的加族人至今仍会庆祝丰收节（homowo，即“嘲笑饥饿”的意思），节日期间，人们尽情享用丰富的美食，为抵御饥饿做准备。

14

我们所谓的“柳条人”在今天仍是苏格兰、英格兰以及美国萨拉托加斯普林斯新异教节日的一部分。最早的对柳条人的描述来自尤利乌斯·恺撒（Julius Caesa），根据他的描述，这个巨大的人像高耸入云，由棍棒和树枝编制而成，在熊熊火焰中噼啪作响，化为灰烬。柳条人中塞的都是牲畜以及尖叫着的人，这些人通常是罪犯或战俘，古老的凯尔特人将这样的柳条人作为祭品点燃，以期平息神灵的愤怒。同样，19世纪末，欧洲国家的人们仍会在教堂外点燃篝火焚烧“犹大人”，即一个稻草人像，它代表整个社区居民积攒的罪恶，这便是基督教版的替罪羊。

同样，在欧洲国家，人们过去常常会花少量的钱，请所谓的“食

① 译文引自商务印书馆2011年中译本《历史》。

罪人”来参加葬礼，代替死者承担罪孽。死者的亲属会为食罪人准备一顿餐食，而食罪人需要在死者的棺材上吃掉这份饭，象征其吃掉了死者生前犯下的罪行，死者死后的生活也会因此变得更加容易。人们相信，食罪的习俗可以防止死者徘徊游荡，纠缠邻里。由于其选择的谋生手段，所有村民都极度厌恶食罪者，将他们视为不洁的，与巫术和不洁行为有关的人，拒绝与他们有任何交往。因此，食罪人一般过着与世隔绝的生活，人们像对待麻风病人一样对待他们，避之唯恐不及，只有在有人去世时，人们才会找到他们，寻求他们的服务。一旦食罪人吃完了为其准备的，放在尸体或棺材上的食物，其使用过的器皿就会被立即烧毁。从中世纪一直到19世纪初期，在威尔士、苏格兰以及英格兰和欧洲的其他许多地区，食罪习俗都十分盛行。

直到今天，正统的犹太人在赎罪日前夕，也就是所谓的审判日，都会以祷告和斋戒等形式，将罪孽转移到一只家禽的身上，在意第绪语中，人们称这只家禽为Kapporah Huenchen。人们抓住一只活鸡的双腿，绕着男人、女人或孩子的头挥舞旋转，同时祈祷这只鸡可以将人的罪孽吸收。人们将这只鸡看作得到救赎的手段，它的死亡象征人们受到了保护，免受额外的惩罚。

疾病的转移

在世界上许多地方，动物经常被用作带走或转移疾病的载体。在摩洛哥，高地居民会将头痛转移到羊羔或山羊身上，然后对其进行殴打，直到它倒在地上，这样就可以实现头痛的转移。在苏门答腊岛，迟迟无法怀孕的女性则会举行仪式，让诅咒飞走。在这种仪式中，人们需要献祭三只蚱蜢，分别代表献祭了一头水牛、一匹马和一头奶牛，之后，人们会放飞一只燕子，同时祈祷不孕的诅咒可以转降到这只燕子身上，并随其一同飞走。

在许多非洲国家，今天的巫医治疗重病患者时，仍习惯召唤疾病恶魔，通过仪式将疾病转移到自己的身体上。之后，巫医便会躺进一口棺材，以此羞辱死神。一段时间之后，巫医从棺材中跳出，领取奖赏。

21 世纪在秘鲁流传的，用于吸收疾病的民间医疗习俗包括将疾病“转移给鸡蛋”或“转移给豚鼠”。治疗过程中，人们需要使用鸡蛋或豚鼠摩擦病人的患处，吸收体内的疾病。接下来，病人需要将被认为内含疾病的鸡蛋掩埋或者吃掉，疾病便可以自然排出体外。与此相同，用于治疗的豚鼠则会被赶走或者杀掉。

在英格兰，有一种治疗百日咳的方法备受人们推崇，患者需要从驴子的肚子下钻过，据称这样咳嗽就会被驴子吸收。这种治疗方法在斯卡伯勒特别受欢迎，当地有许多专门用于这一用途的驴子供人们雇用。与此类似，在 17 世纪的爱尔兰，人们习惯在患有百日咳的孩子嘴边放一条活鳟鱼。在吸入咳嗽之后，这条鳟鱼便会被人们扔到湍急的河流中，将疾病带走。除此之外，还可以拔一根患者的头发喂给狗吃。如果狗因为头发卡在喉咙而将其咳出，则预示着百日咳成功地转移到了

16

这只狗的身上。

在欧洲国家，人们过去习惯将病人剪下的指甲保存在蜡中，并将这种混合物粘在某人的门上，从而将疾病转移给他人。还有一种流行的迷信思想认为，为了治疗发热，人们应该将患者剪下的指甲和头发放进一个袋子，并将其放在某个邻居的门槛下面。真是“你应爱邻舍”的完美体现！几个世纪之前，古罗马人同样也使用蜡将发热病人剪下的指甲封存，并将其粘在一个毫无防备的陌生人的门上，代表疾病成功转移。

在 17 和 18 世纪的欧洲，对待常规治疗方法不起作用的疾病，人们仍经常会将家猫浸到病人的洗澡水中，以此把疾病转移到猫的身上，之后这只可怜的猫则会被赶出家门。

20 世纪早期，英格兰以及欧洲大陆的农民习惯将一到两只山羊与其他牲畜混养在一起，他们相信山羊可以将可能危害其他牲畜健康的疾病吸收。人们认为这些公山羊散发的气味越强烈，奶牛、马以及其他牲畜患病的可能性就越低。由于这种观念，主人通常都对他们的山羊关照有加。如果养不起山羊，把山羊角、山羊蹄，或仅仅只是一些山羊毛钉在畜棚的门上，也可以发挥同样的抵御邪恶力量的神奇作用。

头上有个洞

我们都曾在英语中见过“我不需要某物，就像我不需要头上长个洞”（I need this like I need a hole in the head）的说法，其实，头上有个洞并没有听起来那么不可思议。

颅骨穿孔（Trepanning）来源于希腊语 trypanon，即钻孔器的意思，这一手术可能是人类已知最古老的外科手术，它指的是通过钻、[17]挖、切、锯或刮的方式在人类头骨上打开一个洞。荷兰医生巴特·休斯（Bart Hughes）于 20 世纪 60 年代在欧洲发起了颅骨穿孔的运动。他认为“头上有个洞”会使大脑毛细血管中的血流量增加，提高人的意识水平，增强大脑特定部位的功能，通过打通颅骨使其恢复到婴儿时期的状态。《英国医学杂志》（*British Medical Journal*）发表于 2000 年 3 月 4 日的一篇文章证实，这一做法流传甚广，文章明确警告了颅骨穿孔的危险性，在此之前，许多网站都曾发表过主张自主施行颅骨穿孔术来治疗抑郁以及其他疾病的观点。

尽管颅骨穿孔的目的不尽相同，这一手术最早甚至可以追溯到公元前 1 万年的欧洲、南美洲、亚洲、波利尼西亚、美拉尼西亚、太平洋群岛以及非洲的部分地区。这种颅骨手术引起了考古学界、人类学界、医学界的兴趣，同时对这些领域的研究也具有十分重要的意义，这一手术似乎在某些地区曾十分流行。例如，法国的一个墓地遗址曾发现过 120 个史前头骨，年代大约在公元前 6500 年前后，其中大约 40 个头骨曾接受过颅骨穿孔。同样，在爱尔兰的纽格莱奇游客中心，展品中也包括一个接受过穿孔的史前颅骨。被誉为医学之父的希波克拉底（Hippocrates，前 460—前 370）在其经典医学著作《论头部损伤》（*Injuries of the Head*）中给出了关于颅骨穿孔的具体指导，后来，古希腊医生伽林（Galen，约 130—210）对这一手术做了进一步阐述。

人类学家认为，人们接受这一令人痛苦的手术，其目的在于消除各种头部病痛，包括帮助被恶魔、邪灵缠身的人获得解脱，除去人类头脑中真实存在或想象中的异物，即传说中的“疯狂之石”，并用于颅骨骨折、炎症、头痛、眩晕和耳聋的治疗。通常，若患者认为黑魔法或邪恶巫师在自己头脑里植入了特殊物质，他便会要求接受颅骨穿孔手术。令人惊讶的是，接受这一手术的古人大都在手术中存活了下来。

过去，颅骨穿孔术是在患者完全清醒的状态下进行的，人们通常会用两块厚木板或木架子将患者的头部夹在中间，由亲属和助手将其按住并保持不动。颅骨通常在手术之后的一段时间内便会自动愈合，形成新骨。但是许多可怕的证据表明，有些人会不止一次接受这种手术。

18

在中世纪和文艺复兴时期，经常有人接受颅骨穿孔术。庸医经常会为那些所谓患有“癫痫”的病人做颅骨穿孔，以此缓解慢性头痛。手术后死亡的患者通常是死于败血症，而不是手术本身。

从头骨上切下的骨片通常会被人们留下，用作护身符，或者被磨碎用于治疗各种疾病。在中美洲，人们发现了颅骨穿孔的考古证据，同时也发现了在俘虏和敌人死后，对其头骨进行切割和修饰的考古证据。哥伦布发现美洲大陆之前，当地的绘画艺术就描绘了统治者佩戴敌人头骨做成的装饰，以及架子上摆满一排排献祭仪式留下的头骨的景象。

治病的圣水

沿着苏格兰的A832公路一路行驶，便可以抵达著名的“布条井”（Clootie Well），这一奇特的景点位于苏格兰的曼洛希村。当公路延伸到森林之中，从此经过的驾驶员便会看到一个奇特的景象，成百上千的布条和衣服悬挂在树木和灌木丛中。它们都曾与某个病人产生过接触。这些至今仍被挂在井边的布条便是数千年来传统留存的痕迹。

可追溯至约公元前1500年的考古证据表明，水井、池塘、泉水、河流，特别是温泉，曾经都是欧洲人的朝圣地。这些水源被看作神圣之地，它们深入地球内部，因此被认为连接着阴阳世界。

人们相信，发源于这些地方的水具有很强的治疗能力，神奇治疗之水的故事在大多数国家的民间传说中十分常见。它们在童话故事中通常被描绘成“真水之井”“世界之井”“甘露香液”，或者“活力之水”。过去的人们认为，这些“生命之水”能够治愈病人，使人起死回生，治疗失明，赋予人们力量、青春和魅力，对于这些圣水的追寻也成了世界上许多童话故事的核心主题。

在欧洲各地，人们在水井、塘、湖泊以及其他水源中，发现了大量供奉给被认为栖居于此的水灵或诸神的祭品。其中最常见的便是木质和石质的小雕像。通常，小雕像只代表某一身体部位，比如一条腿、一只胳膊或头部，若有人身体的某些部位正遭受病痛侵袭，他们便会将代表这一特定部位的小雕像扔进拥有治疗作用的水中，希望水精灵或诸神的力量可以治愈他们。

19

将代表特定身体部位的东西当作祭品的现象十分普遍。其中一个例子便是罗马台伯河中的台伯岛（Isola Tiberina），那里有一座为医神阿斯克勒庇俄斯（Aesculapius）建造的神庙。考古发现的遗迹证明，过去的人们曾经向这里的阿斯克勒庇俄斯神进献供品，其中包括无数代表胳膊、腿、头及其他身体部位的祭品。

现在，在葡萄牙法蒂玛（Fatima）和法国的卢尔德（Lourdes），人们仍然可以看到类似的仪式。在法蒂玛和卢尔德当地神庙外的许多小商店中，有许多代表各种身体部位及器官的蜡铸件可供那些想要治愈疾病的虔诚信徒选购。信徒买到相应的蜡铸件，并在一个特别准备的密闭区域按照仪式将祭品烧掉，起到从精神上消除病痛的作用。

另一个有关献祭以求治愈疾病和带来好运的例子则与位于英格兰巴斯（Bath）的温泉有关。在凯尔特时期，这里的温泉被认为是通往阴间的大门。直到现在，这里的温泉每天都会涌出超过 100 万升的热水，这一现象已经持续了数千年。罗马人在泉水边为具有医治能力的女神密涅瓦（Sulis Minerva）建造了一座神庙。富含矿物质的泉水为神庙装饰华丽的沐浴设施提供水源，吸引了来自罗马帝国各地的朝圣者。大量的祭品，包括超过 12000 枚硬币，被扔进这一古人相信有治愈女神之灵栖居的圣泉之中。同样，在瑞士、德国、法国和丹麦，几乎每个湖泊和池塘中都可以发现这样的祭品。

后来，这样的祭品常常被布条取代，人们将它们系在各种具有治愈效果的泉水、湖泊、池塘以及许愿井周围的植物上，仍存在于苏格兰曼洛希村的“布条井”便是如此。每个身患疾病的人来到这些具有治愈能力的水边都会将一块从自己穿过的衣服上撕下的布条挂在附近的灌木丛上，象征将疾病或不适转移给这棵植物。随着这块布条逐渐腐烂，人们相信疾病也会慢慢消退。所有冒险至此的人都会十分小心，避免触碰或弄掉任何一块布片，不然疾病就会转移到他们的身上。

到了基督教时期，这些水井、池塘和泉水以当地圣徒的名字命名，以便将信徒的关注点从与这些水源相关的异教习俗转移到基督教上。通过基督教化，这些泉水实际上就被置于当地圣徒的保护之下，而圣徒们则简单地将原来与水灵有关的治疗能力归于自己名下。在英国及欧洲大陆，所有与圣井有关的迷信观念都可以追溯到古代水灵信仰盛行的时期，基督教和异教习俗有时也会产生奇妙的融合。例如，在法国的圣让迪杜瓦格（St-Jean-du-Doit），教区神父每年都会组织游行仪式，将圣物——施洗者圣约翰（St. John the Baptist）的手指浸入水中来更新泉水的治疗能力。

而在位于地球另一边的澳大利亚，当地的原住民也习惯利用水的治疗能力。在《阿纳姆地的医生》（*Healers of Arnhem Land*）中，约翰·考特（John Cawte）描述了原住民中各种各样的治疗方法，以及他们如何徒手在死水旁的沙丘上挖出一口治疗井。接受治疗的是一名失去生命力的男性。巫医向其布道并将其放入治疗井中，挑选出的旁观者则会在一旁为地球之灵唱赞歌，以此驱散导致疾病的邪灵。之后，"痊愈"的病人会从井中被抬出，类似的仪式在欧洲国家的历史中也有可能曾经出现。

名字的秘密

在遥远的过去，名字不仅被视为识别和区分人们的手段，还被认为具有容纳人类灵魂本质的魔法属性。人们把名字视为其拥有者内在的组成部分之一。因此，选择名字十分重要，更重要的是不能将名字透露给任何其他人。知道某人的名字便意味着拥有了掌控其本人的能力。同样的原则也适用于诸神、天使及恶魔。获知某人或某物的真实名字及其发音并加以使用，便能够掌握其名字中蕴含的魔力。

世界上大多数的社会中，人们在历史的某个阶段曾有过害怕自己的真名泄露，将其保密的习惯和传统。从大西洋沿岸到太平洋沿岸，在所有的美洲印第安人部落中，人们总是会将自己的真名隐藏。著名的印第安人，例如莫霍克部落的海华沙（Hiawatha）及波瓦坦 (Powhatan) 的波卡洪塔斯 (Pocahontas)，我们知道的这些只是他们的化名。如今，谈及某人的真名在北美和南美的一些印第安人中仍然属于禁忌。远在菲律宾和新几内亚，这样的禁忌同样存在。

在澳大利亚，所有原住民在出生时都会由长者赋予一个私密的名字，只有最初在场的人才会知道这个名字，陌生人如果知道了其秘密名字便拥有了掌控名字主人的力量。在澳大利亚原住民社会，人们拥有秘密名、私人名、绰号、家族名，年龄称呼、社会地位称呼及社会分工称呼。为原住民儿童命名不仅仅是其父母的任务，还必须向远近亲戚寻求意见。人们将最终选定的名字视为礼物，将其如珍贵宝物一般授予新生儿。和世界其他地方一样，名字被视为孩子人格不可忽视的一部分，不可被轻慢。如果这个孩子的名字与其他人的名字一样，那么他们之间必然存在一种特殊的联系。当他们其中一人死亡，人们便不会再使用他的名字，而有着相同名字的另一个人则会被授予一个新的名字。

直到今天，阿比西尼亚人仍会将孩子的真实姓名隐藏起来，取而代之的是，人们会用绰号称呼他们，只有这样，名叫布达（Bouda）的邪恶精灵才会因为不知道孩子的真实名字而无法对其造成伤害。

在古埃及，命名仪式是秘密进行的，因为人们相信，说出某人的名字便会获得掌控此人的权力。因此，古埃及人认为每个人都必须拥有两个名字：一个“大名”，一个“小名”。真正的名字即大名是保密的，因为它是人精神存在的一部分，小名则被用于日常生活。将大名与魔法咒语一起念出，可以为灵魂打开通往冥界的道路，保证其在冥界的幸福。[22]为了抵御恶魔的力量，防止灵魂在通往冥界的道路上遭受袭击，人们需要知道并念出这些恶魔的名字。《埃及亡灵书》（*Egyptian Book of the Dead*）中明确列举出了那些可能在冥界袭击死者灵魂的恶魔的名字。因此，死者的灵魂会说：“不要让邪恶之事在这片土地上降临于我……因为我，我知道这块土地上这些神的名字……”

在中世纪的欧洲，人们也拥有类似的信仰，当时人们相信，若有人被魔鬼附身，必须通过准确地呼唤魔鬼的名字来驱赶它，这便遵循了前文中“知其名便拥有其支配权”的古老法则。

如前所述，在古代，人们普遍相信秘密名字拥有强大的力量。宗教背景下亦是如此。古埃及宗教信仰反映了人们对主神名字的极度敬畏。

例如，根据传说，古埃及的太阳神只向其女儿伊希斯（Isis）一人透露过一次自己的秘密名字。

希伯来人会用各种术语来称呼神，如阿多乃（Adonai）或埃洛希姆（Elohim），由于太过神圣，很少有人会大声直呼神的本名。他的名字被称为 Tetragrammaton 或四个字母组成的单词 YHVH，意思是“我是自有永有的”。由于希伯来语中没有元音字母，加上很少有人会说这个名字，只有大祭司才有权在每年最神圣的日子，也就是赎罪日，在圣殿至圣所说出一次。因此没有流传下来的读音可以借鉴，直到今天，人们仍然无法确定这个词的准确读音。

在印度密宗的神秘传统中，梵语（而非希伯来语）被认为是宇宙的原始语言，人们认为，念出神的名字可以使其显灵，因为神可以听到人们呼唤他的名字。

与此类似，早期的凯尔特人、希腊人和罗马人也没有透露他们的诸神的真名。必须记住的一点是，人们在称呼古典的诸神和诸女神时，使用的都是当地人对他们的称呼。人类保守秘密，防止本族保护神的名字被泄露，主要原因之一就是人们担心若是敌人知道了己方神明的[23]名字，便可以对其加以利用，改变神明的归属。对此，古罗马学者、历史学家和自然学家老普林尼解释说：“这是从前围困城镇时的一个习俗，罗马祭司会召唤当地的保护神，向他保证在罗马的统治下，人们会像从前一样甚至更加崇拜他。同时人们认为，这也是为什么罗马的守护神至今仍然成谜，无人知晓，因为罗马人害怕他们的敌人也会采取相同的手段对付他们。”罗马人甚至会记住敌人的神的名字，举行名为“艾利西奥”（elicio）的仪式将敌神的力量抽离出来，反作用于他们正在攻打的敌人。

当然，名字的力量也是传统文学中的一个流行主题，我们都知道《格林童话》中侏儒怪的故事。在童话故事和民间传说中，魔怪的名字若被其他人知道了，它们就会失去自己的魔力。

在欧洲的猎巫狂潮时期，许多人相信所有猫在七岁之后都会变成女巫。因此许多人过去不愿意当着猫的面讨论家庭问题，担心它是一个化身为猫的巫婆。人们经常在猫的身上画上十字架，防止它们变成女巫。但最有效的解决方法当属给猫另起一个名字，一个只有部分家庭成员才知道的名字，人们相信，如果女巫不知道猫的名字就无法利用它的身体。

过去的犹太人有一个习俗，通常只有在人病危的时候才会被提起，即为病危者改名。人们认为，通过改变名字，病人的命运也会发生改变。由于不知道病人的新名字，“死亡天使”便无法将其带走。

在20世纪早期的欧洲国家，洗礼仪式前称呼孩子的名字，或者让父母以外的任何人知道孩子的名字都被看作是不吉利的。通常，只有父亲负责选取孩子的名字，而且要对每一个人（包括孩子的母亲）保密，直到洗礼仪式时才可以将孩子的名字小声告诉孩子的教母，人们相信，将孩子的名字公之于众会使可怜的孩子暴露在巨大的危险之下。在基督教会认可孩子的名字之前，邪恶势力都可能会借助魔咒的力量利用这个名字。

人们害怕说出名字，谈论疾病或死亡，提及灾难，可能便是各种语言中委婉语产生的原因。委婉语的首要目的是通过不直接提及这些可

24

怕事件的方式避免招致其发生，以此起到保护作用。人们认为，提到一个名字就会召唤名字的主人。人们害怕言语的唤起力量，特别是关于神秘力量。我们仍然会开玩笑地说："刚说魔鬼就踩到它的尾巴！"当时的人们相信，只要一提到魔鬼，魔鬼就会出现。英语中的"委婉语"一词来源于希腊语，最初表示"说对某人、某物或某种情况有利的话"。例如，在人们对仙子充满敬畏的时代，人们将其称为"小人儿"或"善良的小人儿"。古希腊人将复仇三女神称为"欧墨尼得斯"（Eumenides），意为"仁慈的人"。不提及复仇三女神的真名，她们就不会知道有人在谈论自己，人们以此对她们敬而远之。

在澳大利亚原住民中，死者的名字被禁止使用，除了最亲近家属的私密回忆，其他所有与死者相关的信息都被抹掉了。当某人去世时，原住民们谈及死者的亲属时会说他们碰到了坏运气。因为不能提及死者的名字，"死亡"一词也绝对不能使用，人们只能间接地表达这些信息。死者的名字在其死后一段时间都不能被提及，这在所有的澳大利亚原住民中都很常见。任何与死者同名的人都不能再使用这个名字。乔治·塔普林（George Taplin）在《南澳大利亚原住民的民俗、礼仪、风俗和语言》（*The Folklore, Manners, Customs and Languages of the South Australian Aborigines*）一书中描述了在达令河部落，由于 8 位名字与表示"水"的单词相同的男性去世，"水"的名称在大约 5 年的时间里被改了 9 次。人们从不提及逝者的名字，是因为人们相信如果提起逝者的名字，他们的灵魂就会立刻显现。这让人想起《埃及亡灵书》中的一句话："念出死人之名使他们复活，让他们重获新生。"同样，在欧洲，人们也会竭力避免与死亡有关的话题，我们会说一位朋友或亲人“去世”“过世”“踏上不归路”或者“生命之线已断”，避免直接提及令人不悦的死亡。言语的唤起力量作为一种令人畏惧的迷信观念挥之不去，至今深藏于人们的潜意识中。

字字句句皆魔法

25

人们相信，人类的话语不论是通过口头还是书面的形式表达出来，都是具有强大力量的工具，这种观点可能与语言本身一样古老。由于命令和强制性言辞能够影响人类行为，因此人们认为在魔法仪式中，言语可以对超自然力量产生相同的效果。古人认为每一个词语都具有创造性的力量，因此知道他人的名字非常重要，因为名字可以用来控制人或物。通过诵读神明的名字、特征和行为，魔法师可以俘获神明之心，从而对其实施控制。在古埃及，木乃伊的裹尸布上便题写着希望使其躯体不朽的文字，这种文字使用庄重、醒目的词语，将命令与祈祷结合在一起，这证明过去的人们相信，通过叙说某种东西“具有某种特征”，便真的可以使其获得这种特征。

古埃及人会对现实或潜在的敌人实施巫术诅咒。柏林博物馆中的陶器碎片证明了这种习俗的存在。古埃及人在黏土烧成的碗上刻上敌人的名字然后砸碎。这种做法被认为能够削弱敌人的力量。开罗及英国的博物馆都收藏着刻有诅咒话语的小型人像，毫无疑问也是用于相同的仪式。来自近东的各种古老文献记载了许多用于抵御邪恶法术、防止恶魔侵袭、避免凶兆带来不幸后果，以及确保在生活中获得成功的巫术仪式。

在位于英国巴斯的古罗马浴场，最著名的发现包括大量刻在白镴板上的献辞、誓言和诅咒，它们被用来献给居住在圣泉中的女神密涅瓦。数百年来，成千上万的朝圣者将这些献辞、誓言以及诅咒投入泉水之中，将自己遭窃的财物、失去的爱情以及受到的冤屈罗列出来，向女神申诉，祈求让有罪的一方受到惩罚。用来反制他人诅咒的符咒也十分常见，这些符咒常常都是倒着写成，据说可以赋予法术更强的效力。

以达成期望效果为目标的迷信思想今天依然存在。它以不断重复特定话语为特征，认为重复足够多的次数便可以获得想要的结果。比如，我们常常会将诸如“黑暗中总有一丝光明”“成功就在眼前”或者“一切都会好起来”等话语挂在嘴边，却没有意识到，这种习惯正是来自“通过说话就能使愿望变成现实”这一早已被人遗忘的信仰。

26

向左走，向右走？

我们都曾这样评论过别人，“他肯定会把自己最好的那只脚伸出来”（He definitely put his best foot forward），表示展现出最好的一面，或者“她今天在不对的一边起床”（She got up on the wrong side of the bed today），表示某人情绪不佳。那么，究竟哪只脚才是“最好的脚”，而哪边又是“不对的一边”？

在迷信观念中，右边通常被看作幸运的一边。一直以来，由于大多数人都是右撇子，身体的左侧被人们看作是较为虚弱的一侧。因此，人们认为邪恶势力常常会潜伏在人们左侧并伺机发动袭击。

这种观念在大多数的西方语言中都留下了印记，这解释了为什么表示“在左侧”的拉丁语单词 sinistra 在英语中演化成了形容不祥、不吉利事物的单词 sinister。与此类似，英语单词 awkward 有“笨拙的”的意思，它来源于中古英语中的 awk，表示“在错误的方向”。法语词 gauche，即“左”的意思，在英语中则拥有“粗鲁的，笨拙的”等更加负面的隐含意义。同样，英语中表示“右”的单词 right，也拥有着“正确”的意思。

从左右的概念联想到正面和负面意义，这一做法可以追溯到人类出现伊始。数千年以前，北半球的各大文明发现，象征生命的太阳总是从左向右运转。传统上来说，左边总是与西边联系在一起，即日落的一侧，因此，左边还与死亡联系在一起。今天的我们仍用“西去”这一说法作为“死亡”的委婉语。光芒的消逝在过去必定与好运的流失以及力量的消退联系在一起，这影响了人类对左边这一概念的看法，因此使其与不幸联系在了一起。

古代的占卜师通过观察鸟类飞行、云彩飘向或者献祭所用动物内脏的排布来预测未来，而任何向左的偏向总是代表不幸即将来临。

27 左侧是与超自然力量有关的一侧，会激发人们的恐惧。左手被用于施行仪式魔法。今天所谓的黑魔法仍被人们称为“旁门左道”，而在魔法中，“向左移动”则会招致邪恶力量。

世界各地普遍存在一种传统，即将男性与右侧关联，女性与左侧相关联。女性和男性左右对立的观点来源于毕达哥拉斯（前 570—前 495）学派，记录在其《对立表》（*Table of Opposites*）中。公元 1 世纪的罗马学者和博物学者老普林尼的观点对此提供了佐证，他指出男孩通常是在子宫右侧孕育出来，而女孩在子宫左侧孕育出来。中世纪的解剖图显示，子宫是一个拥有 7 个室的神秘器官。位于左侧的 3 个室被看作用于孕育女孩，右侧的 3 个室负责孕育男孩，而中间的一个室则会产生雌雄同体。

在非洲社会，女性通常会与左侧相联系，而男性与右侧相联系，从当地人住宅门口观察可以发现，女性总是占据左边的位置，而男性则会坐在右边。即使是在现代欧洲的婚礼上，新娘及其亲友通常都坐在教堂的左侧。从前人们对于牧师的左手也存在很深的迷信。在虔诚的信徒看来，左手是不吉利的。因此，在圣餐以及坚信礼仪式中的祝福环节，牧师用双手为信徒祝福时，迷信的人会有意识地选择站立的位置，甚至不惜大打出手，就是为了避免牧师的左手碰到自己。

从床的左侧起床或者左脚先落地同样被认为是不吉利的，同样的迷信还包括左脚先迈进房子。如果某人无意中先迈进了左脚，他就必须立刻出去并右脚在前重新进入。古罗马人十分重视右脚在前迈入房子，富裕的家庭甚至会雇用仆人来提醒宾客“右脚在前”，确保其不会将坏运气带进房子。这就是后来所谓男仆（footman），即应门仆人的前身。

手指魔杖指一指

今天“用手指别人”通常表达指责的意思。然而在从前，指着别人被看作是不吉利的，这就是为什么在今天的礼仪中人用手指着别人被视作粗鲁或不礼貌行为的根本原因——这一事例说明，即使某一习俗的原因发生改变或者无从考证，习俗本身仍会流传下来。

28

用手指指任何具体的物体或人自古以来就被看作是不吉利的，因为它意味着吸引邪灵的注意，将坏运气汇集到某个特定的方向。因此，“用手指”某人变成了寻求报复或伤害某人的同义词。有趣的是，在澳大利亚原住民传统中，用东西指别人是一种强大的巫术形式。不论是用手指、骨头或者任何其他东西，不论搭配什么咒语或言辞，一旦目标受害者得知他被指过，就会生病死亡，只有巫医才能阻止这一结果的发生。在世界另一边的欧洲，据说过去的女巫会用魔杖、棍棒或手杖指着他人，以达到黑魔法中的恶毒目的。

就像手指一样，魔杖在古代世界被视为强烈精神能量的代表，是一种将魔力聚集在某一特定物体上的手段。这使魔杖成了变形的工具，因而出现在世界上无数的传说故事中。在各种神话传说中，魔杖和魔棒显然都具有强大的魔力。我们回想一下民间传说和童话故事中有关魔杖的故事。其中总少不了仙后带着魔杖出现并上演神迹的情节发生。

棍子或棒子，在原始社会便是人类对抗野生动物以及敌人最早的武器，也是魔杖最基础的形状。作为生殖器的象征，它代表力量和男子气概。作为权威的象征，魔杖、魔棒及曲柄杖的历史可以追溯到祭司王及古代魔法师的年代。在远古时期的牧民中，族长总是手持牧羊人的曲柄杖作为其部落权威的象征。在古埃及，曲柄杖是无上地位及纪律的象征。在用于实现超自然目的的手杖中，最著名的例子便是摩西以及其兄弟亚伦的手杖，他们用手杖将红海分开，击败法老手下的法师，使水从沙漠中的一块石头中涌出。摩西以及亚伦的手杖被认为是基督教主教的牧杖或权杖的起源。

随着时间的推移，魔杖或曲柄杖演化成了皇室的标志，被称为权杖。权杖代表世俗社会的权力。在英国，象征王权的权杖在加冕礼上通常会被置于国王或女王的右手中。而大法官手拿的白色手杖则象征其履行职责时的纯洁和正直，以及君主赋予其的权威。作为国王神圣而不可侵犯的使者，传令官同样会携带一支传令杖。手杖代表权力的例子还包括军官使用的轻便手杖及管弦乐队指挥使用的指挥棒。现代魔术师的魔杖被用于指点道具，对于魔术表演有十分重要的作用，它同样是由古代魔法师的魔杖演化而来。如果没有象征超自然力量的魔杖，魔术师的表演再惊艳，他的权威和支配力量的能力也会受到人们的质疑。

另一种与魔杖密切相关的东西就是占卜棒或探测棒，它们同样是通过指向某物来发挥作用。对于大多数民族来说，利用棍棒寻找隐藏物品的做法甚至可以追溯到人类文明伊始。使用一根分叉的棍子或者弯曲的金属丝进行探测也是一种古老的占卜形式。这种技术可以用于寻找地下水、矿藏、石油、遗失物品、宝藏、失踪者或被谋杀者。世界上最早的占卜棒或探测棒的起源已无从考证，但印度的《吠陀经》中对其有所记载，而在古迦勒底和古埃及，人们似乎也曾广泛使用占卜棒。占卜棒可以被认为是古代与圣树有关的魔法的残余。以前，占卜棒的功能并不局限于寻找水源或宝藏。在古希腊人、古罗马人以及英国、法国、爱尔兰的德鲁伊教徒中，占卜棒还有许多神奇的用途。

对于为何占卜棒在某些看重荣誉、品德高尚的人手中会发生偏转，人们尚未有合理的解释。许多占卜职业探测者总是说，他们也不知道占卜棒或探测棒为何只在他们手中转动。自古以来，加工制作占卜棒时，各个国家都会举办盛大的仪式，其原材料必须在特殊的时刻从特定的树上采集，各个国家对树木种类的要求各不相同。中国人喜欢用桃树，而欧洲人更青睐榛树、柳树、黑刺李和槲寄生。

30

使用探测棒时，人们用两只手分别抓住 Y 形探测棒的两个分支，但不能抓得太紧，手掌向上，探测棒的主干与地面平行。然后，手持探测棒的人慢慢走向疑似存在水源或者矿藏的地方。到达了指定地点，若其下方存在水源或矿藏，探测棒就会像磁化指针一样在手中发生转动并指向地面。在第一次世界大战中，探测棒曾被军人用来寻找未被引爆的地雷和炮弹。

奠定基石

今天，人们仍然保留着在新建筑的地基上隆重铺设一块基石或放上一块硬币的传统，这种流传至今的传统实际上来源于一种古老的保护性魔法。这一古老习俗来源于人们对地球之灵的信仰，要在其领土上修建建筑，就必须对其进行安抚。最初人们采用的是活人献祭，儿童、吉卜赛人、奴隶或者无家可归的人可能会被献祭给地球之灵，他们被活埋在拟建建筑物的地基中，以此取悦那些深藏于地下的“居民”。

大多数人不知道，当人们用银锹挖出第一锹土，用闪亮的泥铲抹上第一抹水泥，隆重地为建筑物埋下奠基石或墙角石，或者在剪彩仪式上剪开被认为能够带来好运的彩带——这些象征着建筑物、桥梁或购物中心等工程开始的仪式，都来源于古人的迷信恐惧，担心修建建筑会激怒管辖这片土地的地球之灵。所有这些传统的目的都是为了安抚那些拥有超越人类力量的势力。

31

人们担心冒犯地球之灵或地球母亲的思想在世界各地都是普遍存在的。在当地的传统习俗瓦解之前，非洲和美洲印第安部落的居民从不进行采矿，隧道掘进或耕地等作业，以免引起地球母亲的愤怒，进而引发干旱、疾病或其他自然灾害。19 世纪美洲本土先知，哥伦比亚河流域瓦纳普姆部落的酋长斯莫哈拉（Smohalla）就曾拒绝耕地，认为割裂、毁坏作为万物之母的地球实属罪大恶极。他说：“你让我犁开土地！我会拿刀割开我母亲的胸膛吗？如果我那样做了，我死后她就不会把我带到她的怀里让我安息。”

同样，凯尔特人会在竖井的底部放上祭品；而在印度，人们每打开一个新的矿井，就会献祭一头牛，以此弥补对神圣的地球造成的巨大侵害。在南非，若没有在矿井下的裂缝中塞上钱币作为供奉给地球之灵的祭品，矿工们便会拒绝进入地下的矿井。

人们在澳大利亚原住民中发现了相同的信仰。在《阿纳姆地的医生》中，约翰·考特讲述了在澳大利亚阿纳姆地一个名为海龟街的小镇，人们修建新卫生系统的故事：“老人们强烈反对海龟街项目，他们认为地球是神圣的，挖掘时绝不能超过一根挖掘棒的深度，地下世界绝不能受到人类的侵扰。”

与大众观点相反，认为地球之灵需要安抚的观点并不仅仅存在于异教中。据传，爱尔兰传教士、艾奥纳岛的创始人圣科伦巴（521—579）就曾认为必须将圣俄南 (St. Onan) 活埋在新修道院的地基下，以安抚土地之灵。僧侣们坚信，若不能得到适当安抚，这些灵魂就会在夜间毁坏白天建成的建筑。欧洲各地都存在着在老教堂、建筑物、桥梁及堤坝中发现骷髅的记载，这些骷髅通常是在几十年后，修缮或拆除建筑时才被人发现。人们在老教堂地基中发现的骷髅证明了这一习俗在基督教时代仍得以留存。还有一个例子来自约克郡的达灵顿，1895 年，人们在一座教堂的墙壁下发现了一个人类的头骨。根据民间传说，意大利阿尔塔的桥梁在过去总是倒塌，直到人们在桥梁地基中献祭了一个活人受害者，这一现象才得以平息。然而，这种习俗确实给“每人的衣橱里有一具骷髅”这种说法赋予了一种新的字面含义。在之后的 32

时代，动物或者珍贵的物品取代活人成为人们常用的祭品。

故意隐藏的物品

2007 年 2 月 13 日，《爱丁堡晚报》刊登了一则名为《办公室地下木乃伊猫之谜》的新闻。这只有着 130 年历史的木乃伊猫被发现于苏格兰爱丁堡新城，这并不是一起猫科动物的不幸事故，而是一种故意施行的巫术行为，用于保护建筑免受邪灵的侵袭。20 世纪 60 年代初，工人们在修缮伦敦海格特的劳德代尔楼时，发现了一只华丽的高脚杯，几只鞋子和 4 只化为干尸的鸡，这些东西都是 16 世纪末建造劳德代尔楼时被藏匿到烟囱中的。同样，在埃塞克斯郡的克里克森，人们在一间房舍的墙壁中发现了一只猫的干尸，同样是被人活埋。这样的报道大量出现在英国以及其他西方国家的新闻中。例如，2012 年 7 月 15 日，澳大利亚 ABC 国家广播电台曾播出了一场关于澳大利亚历史建筑中“故意隐藏物品”的综合讲座，主讲人是历史学家伊恩·埃文斯（Ian Evans）。

“故意隐藏物品”一词指的是建筑工人或建筑所有人故意藏匿或埋藏在建筑物中的服装、衣物、猫等动物的干尸、女巫瓶及其他人造物件。这种故意隐藏物品的行为与古老的奠基祭祀有关，属于对住宅及其住户的一种仪式性保护。为了保证发挥效用，这些物品必须是被故意藏匿在建筑物中的，以排除无意间将其丢失或隐藏起来的情况。通常，为了使其具有保护作用，人们会使用穿戴或使用过的衣物，而非新衣物作为隐藏起来的物品，人们认为，穿过的衣服留有以前穿戴者的保护特质。

在欧洲大陆、英国、北美洲、南美洲及澳大利亚，人们都发现了这种具有保护作用的仪式用品，它们大都是在建筑物进行改建或翻修时被人发现的。[33] 大多数发现“故意隐藏物品”的建筑都建于1800年之前，但也有人曾在建于20世纪初的房屋中发现过这些物品。在玻利维亚的乡下地区，人们相信将狗和美洲驼的幼崽埋在新建筑物的地基之下可以提供保护并带来好运，时至今日，当地仍有这一用途的动物幼崽供人们买卖。

在这些物品中，鞋子格外受到人们的青睐，被认为具有极好的保护作用。因此，鞋子是建筑物藏匿物中最受欢迎的物品之一。从前，大多数人只有一双鞋，缝缝补补可以穿很多年。鞋子是人身上唯一保留着其覆盖身体部位形状的衣物。经过多年的穿着使用，鞋子被认为充满了其主人的灵魂精华。因此，人们认为鞋子具有强大的保护作用。将鞋子藏起来是一种远近闻名的民间习俗，英国北安普敦的博物馆甚至为此设立了一个“藏鞋指数”。通常，被人们发现的这类鞋子都是单只存在，每年都会有上百只鞋子被发现，博物馆会将它们记录下来。然而，仍有许多被发现的鞋子没有被记录下来，它们可能被那些没听说过或不了解这一古老保护性习俗的建筑工人随手扔掉。

在被人藏匿起来的衣物中，儿童衣物的出现频率很高。有人猜测，藏匿儿童衣物的目的可能是促进生育，防止婴儿夭折，总体上起到保护家中儿童的作用。

所谓的女巫瓶也是一种经常被藏在住宅中的仪式性物品，通常用来对抗巫术。这是一种用陶瓷或玻璃制成的鼓腹瓶，象征女巫的膀胱。为了使女巫远离此地，人们会在这种瓶子中装满尿液，并加入一些尖锐的玻璃、针、刺以及其他一些尖锐的小物件。人们相信，这些经过密封，隐藏起来的瓶子可以给任何接近此地的女巫带来巨大的痛苦。

过去的人们还相信，将猫杀死或者活埋都可以发挥很强的保护作用。根据交感巫术的原则，这是由于猫与巫术以及邪恶之间存在联系，34 换句话说，人们认为猫可以诱使女巫远离房屋的居住者。最受欢迎的藏猫位置包括烟囱附近、壁炉、地板下、天花板上方及密封的空隙，这些都是女巫和邪灵常常进入的地方。

有趣的是，为了起到保护作用，将衣物和其他物件隐藏起来的做法不只出现在过去，在现代社会也偶有发生。

用“她”指代船只

在今天的新船的下水仪式上，人们总是会在船头打碎一瓶香槟，这种做法起源于遥远的过去。在古代，任何新建成且尚未启用的东西，无论是建筑、桥梁、水坝、河堤还是船舶，在人们看来都处于各种神的掌控之下，必须向他们献祭活物（通常是人类）来予以安抚。

在古代，新船的下水仪式对于船只及船员未来的安全都极为重要。

在那个时代，人们将安抚各种海洋神灵看得十分重要，连营救一个落水者都被看作是不吉利的行为。当时的人们认为，落水者注定命丧于此，其生命已经归居住在大海深处的神灵所有。如果把他们的猎物夺走，剩下的其他船员就会遭遇不幸。因此，尽管当时的海上航行充满了许多不为人知的危险，却很少有水手会游泳，拯救落水者在当时几乎是不可能的。

在古代，船只下水前必须进行适当的血祭来安抚海洋之神，以此为船只"赋予生命"。根据血祭传统，维京人会在船只下水时将囚犯放在长船的龙骨下面碾碎。在一些北欧国家，不再实行血祭的人们为了安抚海神会将一些值钱的物品储存在船上。造船工经常会在船只的隐蔽处藏一枚金币，以求好运，藏匿金币的位置也只有他一个人知道。顺便提一下，过去的人们将船只的龙骨看作船的脊梁或相当于船只的"地基"，因此，严格来说，藏硬币就相当于一种奠基祭祀仪式。除此之外，人们还会用红色丝带系住敲入龙骨的第一颗钉子，保护船只免受邪恶影响。

35

古希腊人和古罗马人将传统的血祭仪式改为在船上泼洒红葡萄酒，由大地生长出的果实做成的红酒成了祭祀的象征。除此之外，古希腊人和古罗马人还会用女性名字为船只命名来安抚海洋之神。这些船便象征性地成了海神波塞冬（罗马神话中称尼普顿）的"新娘"，这便是为什么我们今天仍用象征女性的"她"来称呼船只。人们认为，海神肯定不会让他的"新娘"受到伤害，这种观念让古代的船员们在海上航行时倍感安心。

今天人们又用起泡酒代替了葡萄酒。香槟是酒中贵族，传统上，香槟总是与婴儿降生、万事开始及庆祝联系在一起，并在 19 世纪中叶成为一种十分流行的为船舶进行洗礼的液体。

除此之外，如果没有一次性摔碎酒瓶，也会被看作是不祥的预兆，这一迷信观点至今仍有许多人深信不疑，2007 年 4 月 24 日，BBC 新闻的一个标题便是《不祥预兆笼罩船只下水》，当时在南安普敦码头一艘轮船的下水仪式上，人们便没能将用于仪式的酒瓶一下子摔碎。

不祥的路口

心爱的人自杀总是会引发在世亲人的悲伤、痛苦、孤独、情绪混乱以及许多其他问题。今天人们对心理状态以及精神失调导致的自杀有了更深的认识和理解，对自杀者亲属的心理疏导也更加完善。在现代人看来，过去的人们对自杀者及其家人充满敌视的评判似乎难以理解。在过去，教会的谴责加剧了人们对于夺取自己生命这种严重违背自然规律行为的恐惧。自杀在过去被定义为“自我谋杀”，因此，教会对那些剥夺自己生命的人会施加严厉的惩罚。自杀曾被人们看作令人发指、有违上帝意志的行为，因此，自杀者被禁止埋葬在神圣的土地中。将这样的人埋葬在奉献给全能上帝的土地中会亵渎神明。十字路口自古以来就被看作邪恶势力的居所，受人们鄙夷和抛弃，因此，自杀者、被处决的囚犯以及被怀疑是吸血鬼的人

36

都会葬于十字路口。人们还会将一根木桩钉入其尸体，穿透心脏，或直接将尸体斩首，以防止凶恶的鬼魂危害生灵。在匈牙利，过去那些所谓死于女巫或恶魔之手的人，也就是现代人所说的精神失常者，同样会被埋葬在十字路口。

绞刑架对于所有路人来说都是一个不祥的景象，传统上，人们总是将其搭建在这样的十字路口。伦敦著名的绞刑台泰伯恩行刑场就曾设立在一个十字路口。在英国，考古学家在这样的十字路口发掘出了许多骨骼遗骸，其中一些可以追溯到盎格鲁－撒克逊时期。例如，1977年，人们在英国剑桥郡的干德雷顿与奥金顿之间的十字路口发现了12具骷髅。同样在剑桥郡，人们在福尔米尔的几个十字路口发现了60具来自不同历史时期的骷髅。这样的例子还有很多。尽管英国在1823年通过一项议会法案废止了这种埋葬方式，但人们对于自杀的偏见依然存在，自杀者不能举办葬礼，只能在深夜被埋葬到墓地中。

道路交汇形成的十字架形路口在人们看来自然具有丰富的象征含义，这些十字路口蕴含着许多奇特的含义，引发了各种观念的产生。据说，女巫们会在十字路口聚集，与魔鬼达成协议，并进行各种魔法仪式召唤邪灵。因此，人们害怕在十字路口逗留，特别是天黑之后。

古代希腊神话中与月亮、冥界及十字路口相关的夜晚女神赫卡忒（Hecate）被认为是这些十字路口的主宰。作为死者灵魂的女王，她活跃在深夜，与狗、自杀者及死于暴力的人为伴。古人为了纪念她会在十字路口竖起小型的柱子，并向她供奉食物，人们将名为“赫卡忒的晚餐”的食物放在这些柱子上，这样的祭祀每月都会进行一次。直到

11 世纪，基督教会仍竭力在欧洲范围消灭这样的习俗。

37 有趣的是，在世界其他地方人们也发现了对于十字路口的畏惧观念。比如在日本，人们以前会在十字路口立起象征男性生殖器的标志，以吓跑恶灵并保护路过的行人。在印度，人们会在十字路口向掌管邪恶势力以及冥界鬼魂和幽灵的神明楼陀罗供奉祭品。在整个欧洲和亚洲，人们都相信十字路口存在强大的邪恶力量，因此，人们从古代起便在这些十字路口建起祭坛保护路人。人们用鲜花和其他祭品将这些祭坛装饰起来，其中许多祭坛在今天被用来供奉基督教的圣徒，它们在一些欧洲国家农村地区的十字路口上仍然存在。

最后还有一些冷门知识："琐事"（trivia）一词还有"常见的"或"不太重要"的意思，它来自拉丁语单词 trivia，字面意思是"三条道路"。对于这一词义变化，最常见的解释是，这种道路交汇点或街角在过去是普通民众的聚会场所。路过的人会在这里谈论共同的问题，提到一些不重要的事情以及彼此之间的"琐事"。然而，鉴于人们对于这种道路交汇点存在负面的、不详的联想，这种解释的真实性并不大。对于这一词语的起源，另一种更加合理的解释则与罗马的道路之神墨丘利（Mercury）有关。据说，古罗马人为其在十字路口或三岔路口设立了许多雕像，雕像数量之多以至于人们屡见不鲜，这使得人们在英语中用"琐碎的"（trivial）来表示那些不重要或常见的事物。

第二章
符　咒

Chapter 2
Charms

39

从远古时代起，人们便普遍认为有一只看不见的手在指引并控制人类的命运。人类想象自己被可疑的或充满恶意的魂灵包围，因此探寻各种各样的手段保护自己远离来自无形世界的威胁。尽管只有古人才对这些观点坚信不疑，但与之相关的许多传统却得以流传下来。现代人拥有不同的思维和态度，但魔法不可抗拒的吸引力依然使其出现在人类生活的方方面面，在不同的时代中不断宣示自己的地位。

现在人们可以在无数商店或者网络上购买符咒和吊坠手链，成百上千个网站上播放着广告，推销这些号称可以带来好运的小玩意。在今天的西方国家，符咒可供出售，人们不再仅仅将其作为起保护作用的物件，而将其看作时髦的首饰珠宝，它们的原始意义在商业化的浪潮中日渐模糊。

过去，人们相信符咒可以抵消所有的不幸并带来好运。但也有人认为它们会造成巨大的伤害。1558 年，英格兰教会谴责了所有的符咒、妖术、咒术、魔法及巫术，将它们称为魔鬼的发明。但尽管有着如此严厉的教会禁令，这些做法大都幸免于难，得以流传下来。

英语中表示符咒的单词 charm 来源于拉丁语单词 carmen，其字面意思是“歌曲”。因此，符咒最初表示的只是通过朗诵诗歌或吟唱赞美诗的方式产生某种神奇的效果。后来，符咒被区分为各种各样的言语或封印符咒，以及各种实物符咒，其中许多在今天仍十分流行。大多数言语符咒的含义十分模糊，让人无法清晰地理解，因而使其散发出一种蕴含神奇力量的神秘气息。

符咒一词可以被看作一个包含多种物品的合集，它可以是一个配方、一种药剂、一块宝石或一件具有象征意义的物品等。这样的符咒可以避免厄运，也可以制造不幸。换句话说，符咒既可以用于行善，也可以用于作恶。任何一种符咒，不论是言语符咒、封印护身符还是实物护身符，都被认为是利用超自然力量获得神奇功效。符咒在早期社会具有很强的私人性质，人们往往会将其秘密保存起来，只有亲人和亲近朋友之间才会相互传递，赠予符咒。

咒语之力

咒语是一种言语符咒，它包括了说或吟唱等表达形式。令人惊讶的是，咒语在今天与在古代一样流行，人们似乎仍在盲目地相信它的功效。在网络上一搜，你就可以找到吸金咒语，各种类型的爱情咒语，彩票、魔法和“给我自信”咒语，考试咒语以及无数其他咒语。几千年来，这一习俗似乎从未发生变化。

在古代社会，人们认为法术和咒语的力量是无限的。荷马史诗《奥德赛》中，奥德修斯大腿上流血的伤口就是被咒语治愈的，古罗马诗人维吉尔（Virgil）据说曾通过抄写爱情咒语来避免厄运。希腊神话中的巫术女神喀耳刻（Circe）可以利用咒语将人变为野兽。根据老普林尼的说法，当时的人们坚信塞萨利的女巫可以用巫术迷惑月亮，将其从天空中驱除，有一次发生月食，大量当地人担心月亮从天空中消失，便聚集起来用铜号长时间制造巨大的噪声，以免月亮听到女巫的咒语。老普林尼还提到，古罗马人有一种观点，认为通过使用咒语，纯洁的处女可以将逃跑的奴隶定在原地。过去的人们还相信，咒语可以使作物枯萎，控制燃烧的火焰，使河水倒流，也可以带来或抑制降雨。咒语被用来治愈疾病，也被用来引发疾病，被用来唤起或驱除感情和激情，还可以通过造成男性阳痿和女性顺从的方式来抑制或促进生育。咒语中使用的词语通常具有不可理解性和奇特性等特征，这些特征赋予了言语符咒以魔力。咒语可能由混乱的韵文和祷词组成，也可能通过不断重复某些神圣的名字产生相应的效果。咒语通常拥有固定的模式，采用祈祷、反复、头韵和将词语带有韵律地读出等形式，如下例所示：

41

打嗝，打嗝，你快走开，

改日我请你再来。

打嗝，打嗝，我烤蛋糕，

送你一块小蛋糕。

过去与现在咒语的神秘之处来源于施咒者故意迷惑和震撼不明真相的听众的意图。尽管英语中咒语 spell 一词的词源来自盎格鲁－撒克逊词语 spel，意思是“讲话、话语或闲谈”，但其实也存在非言语形式的咒语。因此，咒语同样可以指不使用言语，而通过目光注视对某人施加麻痹作用的力量。其中的一个例子就是邪眼，一种强大而可怕的咒语。

“如果眼神可以杀人”

在古代，人们不只惧怕敌人的目光，那些复仇心重，忌妒心强又善变的神灵的注视同样令人忌惮。这种恐惧仍然残留在“如果眼神可以杀人”这种常用的表达中，这种说法可以追溯到很久以前，当时的人们相信，被拥有邪眼（evil eye）的人注视，仅仅一瞥就会致命。

这种迷信在世界许多国家都很普遍，同时十分根深蒂固。在英格兰和美国的农村地区，以及许多大城市的外国居民聚集区，相信邪眼及其能力的人很多，人们将其称为“过视”（overlooking）。在现在的希腊、土耳其以及中东、亚洲、非洲的一些国家，人们很容易得到抵御邪眼的护身符，这证明这种古老的信仰在今天仍然十分普遍。关于邪眼最早的记载可以追溯到几千年以前。在苏美尔、亚述及古巴比伦的陶片上，犹太人的《塔木德》、《圣经》、古希腊和古罗马的作品以及[42]中世纪文学都曾出现过邪眼的痕迹。学者们常常将邪眼信仰归为闪米特语族和印欧语系人群独有的现象，而在中国、韩国、缅甸、印度尼西亚、泰国、越南、柬埔寨、日本、澳大利亚原住民、新西兰及南北美洲的原住民等国家和民族中则并没有发现邪眼文化的存在。

邪眼的观念源自人们认为忌妒、邪恶的思想可以通过眼睛施放魔咒，给人或动物带来厄运、疾病甚至死亡。据说心怀忌妒或愤怒的人，其眼光会有邪力，感染周围的空气，腐蚀周围的生物与其他无生命物体。同样，英格兰暴发黑死病时，人们曾经认为被病人饱受痛苦的目光瞥到就会感染黑死病。与此类似，在某些现代非洲和亚洲国家，仍然有一部分人认为盯着艾滋病患者看或与其说话就会染上艾滋病。

普鲁塔克（Plutarch，46—127）告诉我们，忌妒能够通过眼睛施放出有毒箭般穿透力的强大邪恶影响。古罗马人将邪眼的影响称为 fascinatio，即“迷惑”的意思，据老普林尼所述，古罗马人十分忌惮邪眼的迷惑作用，因此制定了法律专门保护农作物不受咒语或迷惑的影响。事实上，这种迷惑可能就是今天我们所说的催眠或催眠术，通过催眠，人们可以对他人实现一种特殊的控制。古人认为众神看到人类取得成就会心生忌妒，因此会恶意进行破坏并以此为乐。古希腊历史学家希罗多德曾警告人们：“我知道众神对我们的成功心怀忌妒。”

过去，各种各样的身体缺陷，如斗鸡眼、眼睑下垂、慢性红眼或眼睛充血，以及浓密的连心眉，甚至红头发或者驼背的人都不可避免地会被指控拥有邪眼。在中世纪的猎巫狂潮时期，许多无辜的人因为拥有其中某个特征而惨遭杀害。在今天的地中海和爱琴海沿岸的农村地区，或许因为当地少有蓝眼睛的人，人们仍会将长有蓝眼睛的当地人视为邪眼拥有者。

43

一直以来，女性，特别是老年妇女和疑似女巫者，是被指控拥有邪眼的主要对象。盯着别人看，尤其再加上皱眉会被认为是在诅咒别人。今天，特别是在欧洲的某些农村地区，仍有人认为目不转睛地盯着火焰看说明此人拥有邪眼。因此过去的孩子如果一直盯着火焰看就会受到大人的严厉指责。拥有邪眼的不仅限于人类。某些拥有突出或闪闪发光眼睛的动物，如蛇、蟾蜍、兔子、狐狸和狼等，都被人们怀疑拥有邪眼。

妇女（特别是怀孕或分娩期间）以及儿童被认为特别易受邪眼的伤害。那些天生容易招致他人忌妒的人，如英俊或富有的人、骄傲和自负的人、受赞美或自夸的人被认为是最危险的。对任何人或物件的过度赞赏都会招来迷惑的诅咒。因此，人们认为希腊神话中爱上自己倒影的那喀索斯（Narcissus）便是受到了自己的“迷惑”。

曾经有一段时间，人们将各种难以诊断的疾病都归咎于邪眼的侵害。人们普遍认为邪眼会使食物变得有毒并丧失营养，这种观念可以追溯到《圣经》时代，《旧约》中便有这样的描写：“不要吃恶眼人的饭。”就像在当时一样，这句话在今天也像一句格言，因此，许多家庭把饭前祷告看作一种具有保护作用的仪式。

从古至今，人们对被“迷惑”或者“过视”都心怀恐惧，因此人们想出了许多应对方法抵御邪眼射出的邪恶视线，保护自己和其他人。将眉毛和眼睑涂黑在东方是一种十分常见的习俗，这种习俗最初被认为可以抵御拥有邪眼的人投射出的目光。还有各种形状和大小的护身符，包括缠绕着珠子、纽扣以及流苏的彩色镜子护身符，据说可以将邪眼的目光反射出去。除此之外，各种手镯、手链及胸针都能够起到保护作用。在世界上的许多地方，妇女们仍经常在两眼之间悬挂护身符来防止邪眼注视。

44

根据交感巫术的法则，邪恶被用来驱除邪恶，这就是为什么人们认为教堂建筑上奇形怪状的滴水嘴兽可以消除负面影响。根据交感巫术的法则，基于“同类相医”或“相似相化”的观点，人们很自然地将各种观点结合起来，认为人眼的象征物可以强有力地保护人们免受邪眼的影响。人们在古埃及人的墓葬中发现了许多象征眼睛的护身符。除了古埃及人，腓尼基人、伊特鲁里亚人、古希腊人和古罗马人同样会用眼或手的象征物来抵御邪眼的影响。这些国家还有一种习俗，人们会在大小船只的船首画一只巨大的眼睛，这只眼睛不仅代表船长或领航员要保持警惕，更是为了防止邪眼的侵害，这种习俗今天依然存在于印度的农村地区以及其他一些亚洲国家较为偏僻闭塞的地区。在各个地中海国家、中东以及其他一些亚洲国家，人们仍然在出售眼睛状的小物件，将其作为抵御邪眼的护身符。

大蒜在西方传统中也被视为一种有效的驱魔用品和强力的预防手段。将面包和盐这两种受到神保佑的食材分别取少量撒入一块布中，然后将其戴在脖子上或身上同样可以防止邪眼的伤害。

据说邪眼的第一瞥目光是致命的。因此，被用来抵御邪眼目光的物件必须能够吸引邪眼直接而致命的第一瞥目光。在人们看来，猥亵下流的东西不可避免地会吸引人的目光，因此它们也会吸引邪眼的注意。所以，用于抵御邪眼的护身符大多是一些奇特形状，甚至外观淫秽的东西。其中最受欢迎的是一种阴茎形的物品，意大利人称之为fascinum。古埃及人相信邪眼的存在，无时无刻不对邪眼心怀畏惧，为了躲避和抵御邪眼，古埃及人付出了许多持久而艰苦的努力。底比斯的一座国王墓葬中有一幅壁画描绘了女神哈索尔（Hathor）向拉美西斯九世（Ramses Ⅸ）奉上马蹄形双阴茎的场景。阴茎和马蹄铁，这两个具有保护作用的符号融合在了一起。佩戴阴茎形状的项链也是一种古老的观念，从古埃及人那里流传下来并传到了古希腊和古罗马。在古罗马，用金银打造的阴茎形物件是一种备受青睐的护身符。

类似地，许多宗教仪式和节日上使用的丑陋扭曲面孔做成的面具，也是人们用来吸引邪眼目光、吸收有害影响并以此保护戴面具者的工具。美杜莎（Medusa）是古希腊神话中的三个蛇发女妖之一，据说任何直视其双眼的人都会变成石头，因此古希腊人也喜欢依照美杜莎头的样子制作抵御邪眼的护身符。这进一步证实了一种普遍存在的观点，即在人们看来，怪诞、可怕的形象可以反过来抵御相同类型的生物或物体。

手是另一种具有强大保护作用的符号。尽管眼睛被认为是传播邪恶的主要媒介，接触同样可以产生重要的影响。除了邪眼具有的一般影响外，触摸产生的个人接触似乎具有一种更高强度的无形影响。手是接触他人时最自然、最常用的部位，能够抵御各种邪恶影响，具有强大的保护作用。早期将手作为护身符的例子包括人们在伊特鲁里亚和古希腊墓葬中发现的手形青铜片，上面带有用于悬挂的小孔。在近代，人们还会在手形护身符上刻画一只眼，以起到双重保护的作用，这种护身符在中东被叫作“哈姆萨之手”，犹太人称其为“米利暗之手”，而穆斯林则称其为“法蒂玛之手”。这种护身符在今天仍然十分流行。

鉴于邪眼悠久的历史背景和人们对其广泛的信仰，我们看英语中诸如“狠狠地瞪某人”（to give someone the evil eye）或“如果眼神可以杀人”（if looks could kill）这样的表达似乎也承载了新的含义。

护身符护体

护身符拥有抵御各种邪恶的内在力量，在今天仍广受欢迎。关于英语中护身符（amulet）一词起源的解释多种多样。这个词可能来自阿拉伯语中的 himalah，表示“携带”，也可能源于拉丁语动词 amoliri，表示“移除”或“赶走”。 46

护身符是一种具有预防性质的符咒，专门用于消除或驱逐危险。只要拥有护身符便可以受到其庇佑。据说护身符也能够带来好运，增强力量，促进生育，壮阳，保佑战斗、爱情获得成功，同时还有重要的一点——促进农业生产。护身符能够在心理上给佩戴者带来安全感和幸福感。护身符可以放在人的周围，也可以佩戴在身上任何部位，例如手腕或脚踝，但人们通常会把护身符戴在脖子上。

至于护身符的材料，只要能够塑造成某种具有特殊含义的形状，几乎任何一种材料都可以做成护身符。尽管护身符不需要通过某种特定的方式发挥功效，但它们通常会被制成某些独特的形态来表达象征含义。护身符的形状和材质数不胜数，包括有洞的石头、各种形状的矿石、戒指、铭文、奇特的蔬菜、贝壳、绳线，以及眼睛、手、阴茎的象征物等物件。

自古以来人们便相信，善良的魂灵总是愿意接受人类的供奉，也愿意与人类达成协议以便获得好处，而邪灵则大多被认为不愿与人类和解，永不满足，总想对人类造成伤害。因此，各个国家的人们都会寻求护身符的保护。从古至今，护身符被人类，特别是那些敢于从冥界唤起魂灵力量的人看作必备之物。没有各种护身符的保护，施法者就有受到魂灵攻击的危险。

人类历史伊始，人们便开始使用护身符，这种做法来源于人类的石头崇拜，古时候，人们通过佩戴幸运石的方式保护自己免遭邪恶影响以及疾病侵袭，同时为自己带来好运。在欧洲，天然的带孔鹅卵石可能是有史以来最先被人们使用的护身符，它的使用历史可以追溯到史前时期。人们相信，这种造型奇特的石头可以唤醒隐藏的魔法力量，防止饥荒、风暴、航海事故的发生，更为重要的是抵御恶魔和巫术。人们经常将这种鹅卵石用麻绳和绳索串起来挂在船首，用以抵御巫术。

47

在英格兰的一些地方，它们被叫作女巫石、仙女石或神圣燧石，经过多人连续佩戴后会拥有更加强大的保护力量。在中世纪，这些带孔的鹅卵石常常被用作辅助医疗手段，人们今天仍会佩戴这种鹅卵石以求好运。

古巴比伦人和亚述人会在门外悬挂黏土制成的护身符来驱赶邪灵。人们在古埃及人的墓葬中发现了近300种不同的护身符。事实上，巫术、神话以及不得不佩戴的护身符紧紧束缚着古埃及人的宗教和社会生活，这使得信徒们在身体和精神上都承受着巨大的压力。在古埃及人佩戴的各种护身符中，最常见的是圣甲虫及“荷鲁斯之眼”（Eyes of Horus）。荷鲁斯是古埃及神话中的冥界之神，他的右眼代表太阳，左眼代表月亮。因此，为了每天早晚24小时都能获得保护，古埃及人习惯将分别代表左右眼的两个护身符都戴在身上。人们在墓葬中发现了大量的这种护身符，它们被放置在逝者的身上，用于抵御其在死后可能遇到的邪恶力量。同时，荷鲁斯之眼赋予了逝者在“图瓦特”（Tuat）即冥界看清一切的视力，以及抵御邪恶影响的力量。

古希腊人和古罗马人也非常相信护身符的力量可以保护身体免受邪恶影响及其引起的疾病侵袭。老普林尼和公元2世纪的著名医生伽林都曾提到护身符在预防疾病方面的特效。公元1世纪早期，护身符不仅被人们佩戴在身上，还被放在家中作为装饰物，类似今天我们在桌子上和壁炉架上摆放的花瓶或者其他装饰物。老普林尼在其关于仙客来属植物的著作中提到这种植物“每家每户都应该种植……凡它生长的地方，有毒气味就不会起作用。这种植物就是一种所谓的护身符”。

人们过去认为有毒气味会导致瘟疫以及其他疾病。

根据交感巫术，护身符的形状极大地影响着它的效果。所有人们佩戴的用于预防身体特定器官或肢体部位疾病的护身符都应呈现该器官或部位的形状。人脚形状的石头会被人们用来防止痛风；鼹鼠畏缩的样子与人类痉挛时的样子类似，因而形似鼹鼠的护身符被用于治疗痉挛。人们相信野生动物的爪子和牙齿可以保护人们免遭野兽的袭击，提高佩戴者的勇气和敏捷度。形似橡子的小木块则会被人们放入口袋，用于在雷雨期间防止闪电袭击，因为橡树通常被认为能够抵御雷电。数百年来，贝壳和珊瑚同样也是十分受欢迎的护身符，起初人们相信佩戴它们制成的护身符可以防止在海上溺水。

48

基督教时代早期，人们佩戴的许多护身符带有异教或异端印记，因此，在公元 364 年举行的老底嘉大公会议（Council of Laodicea）上，基督教会禁止人们佩戴护身符。护身符被贴上了“灵魂的羁绊”的标签，任何佩戴护身符的人都会受到逐出教会并因此丧失赎罪权利的威胁。然而，尽管教会大加威胁，人类佩戴所谓具有保护属性物件的愿望不可阻挡，它们以另一种形式表现了出来。与基督教有关的，尤其是那些受到牧师祝福的标志取代了异教或异端符号，例如十字架以及描绘各个圣徒的勋章。其中一个典型的例子就是基督教圣徒圣克里斯托弗（Saint Christopher），他被人们视为旅行者的保护神。在早期的基督徒中，十字架碎片据说能够起到有效的保护作用，同时也因其治疗和预防疾病的能力而受到人们的珍视。

过去也经常有书写而成的护身符，这样的护身符通常是一块写有少量文字的兽皮或羊皮纸，可以被装进小金属盒或皮套中，然后挂在脖子上或绑在身上。过去人们对这种护身符的重视来源于不识字的人对他们不能理解的文字的敬畏。护身符上出现的铭文一般包括法术名，圣徒、天使、神圣人物的名字，以及咒语、祷辞或《托拉》《圣经》《古兰经》中的片段。今天的一些基督徒仍会将福音书或主祷文的篇章带在身上。而穆斯林则会佩戴含有《古兰经》经卷文字的项链护身符，以抵御可能遭遇的不幸。

在印度和中国西藏，护身符的使用可以追溯到远古时代，至今仍十分盛行。当地人使用的护身符包括神灵画像、圣物或者写在纸上的特定经文，他们会将这些东西装进铜质或银质的盒子，或用布料缝起来。许多佛教徒会将神圣标志、圣僧的遗物、圣寺中的鹅卵石或其他物件佩戴在身上作为护身符，在此之前，这些护身符必须经过复杂的开光仪式，然后才能佩戴使用。

光荣之手

手的形象一直以来都被视作具有强大的保护作用，自古就被用作护身符或符咒，特别是用来抵御邪眼的侵害。有一种手型护身符不光令人生恶，而且样貌可怖，它就是所谓的“光荣之手”。这种护身符由被绞死罪犯的手制成，为了使其有效，必须在罪犯尸体还挂在绞刑架上时将手砍下，然后干燥并腌浸起来。人们认为这种强大的护身符不仅具有很好的治愈效果，而且可以保护窃贼在作案时不被发现。

传说光荣之手在深夜能够防止睡着的人醒来，也可以使醒着的人失去意识。光荣之手的用法有两种。第一种是在潜入之前，把一支蜡烛固定在僵硬的手指之间，第二种是将其伸直的五指直接点燃，燃烧足够长的时间，这样手指本身就成了五根蜡烛。若是向上伸直的五指中，唯独拇指无法点燃，则表明屋内有人还未入睡且不受护身符的影响。当时的人们相信点燃固定好的蜡烛或手指，周围的所有人（除了这可怕护身符的主人）都会坠入梦乡且不会被吵醒。正如下面这首 19 世纪的小诗所述，这种护身符为当时夜间行窃的盗贼提供了极其宝贵的帮助：

50

让沉睡之人梦更深，
让守夜之人心愈紧，
噢，光荣之手啊释放你的光芒，
带我们今夜拿到真金和白银。

根据交感巫术，这里暗示借助死刑犯尸体的某一部分，人们可以暂时性地进入一种类似死亡的状态。将罪犯的尸体留在绞刑架上任由其腐烂（用于警告仍逍遥法外的罪犯）的习俗让人们可以轻易获得材料来制作这一可怕的护身符。

据说，19 世纪后期英国的盗贼依然在使用光荣之手。虽然这一令人作呕的护身符是欧洲独有的，但世界各地的盗贼使用的护身符都与之类似，秉承“相似相化”的思想，他们认为任何与死亡有关的东西，如骨头、骨灰或坟墓之土都可以使人进入一种类似死亡的状态。例如，在德国，人们曾认为如果悄悄将殡仪馆的量尺偷出，并在夜里将其斜靠在某户的房门上，就可以不吵醒主人并入室盗窃。雅各布·格林（Jacob Grimm）在他的《日耳曼神话》（*Teutonic Mythology*）中证实了这一说法。与此类似，在斯拉夫国家，盗贼会把一根人骨抛到他们打算盗窃房子的房顶上，印度盗贼会将火葬灰烬撒到他们看中的房子门口，而印度尼西亚的盗贼则会把坟土撒在目标住宅附近，以确保屋内的人不会被吵醒。这样的观念竟如此广为流传！

“一结系所有”

长久以来，人们一直十分重视绳结所蕴含的神奇力量，这体现在很多文化传统中。古人认为我们的世界充斥着各种邪恶力量，妄图荼毒生灵。而绳结则可以缠缚住邪恶力量，使人免受侵害。

佩戴绳结、绳串或细绳索作为护身符抵御疾病和不幸的习俗由来已久，且广为流传。大约 4 000 年以前，古巴比伦人认为在一根 3 股的麻绳上打 7 个结，重复 3 次，将其缠在头上可以治疗头痛。古埃及人则认为手形护身符可以有效护佑他们的孩子，母亲们会将护身符用一根打结的绳子串起来戴在幼童脖子上，每天早上和晚上各系一个结，直到有 7 个结为止，之后会再次重复之前的步骤，在先前的结上再次系

51

结，以确保孩子得到最大限度的保护，从而免受那些引发疾病、事故及苦难的力量侵扰。

在印度，新入教的年轻琐罗亚斯德教徒都要佩戴“古什蒂”，即一种打了结的绳带，每天，年轻信徒需要伴随祷告多次解开并重新系上这条“古什蒂”，以表达其战胜邪恶力量的决心和对神灵的奉献。

在欧洲，女巫之结是一种常见的民间魔法，这是一种绳结魔法的符号象征，据说在中世纪时经常为女巫使用。根据交感巫术的说法，人们经常会把女巫之结的标志画在门或入口的上方作为符咒来抵御巫术。直到 19 世纪初，欧洲许多国家的人仍习惯在生病部位系上一根打结的长绳。他们认为这种绳结可以治疗许多疾病，包括百日咳、疣和筋骨扭伤。

将口袋扎紧打结是交易达成的象征，除此之外还有隐含意义，即如果某物可以捆绑人的肉体，那么它也可以用来连接灵魂。因此，至今还有“系婚姻结”的说法，这一说法可能源自一项婚礼传统，即新婚夫妇在婚礼仪式上要用从双方衣服上扯下的布条绑住两人的双手、拇指或肩膀。

人们认为，这种力量存在于所有捆和系的动作当中，这种力量可能是有益的，也可能是有害的。因此，人们认为绳结可能导致疾病，也能驱除疾病。同样，绳结可被用来蛊惑他人，也可被用来防止蛊惑；可用来阻碍分娩，也可用来帮助分娩；可以导致死亡，也可防止死亡。这种自相矛盾的现象存在于对绳结和绳带的各种魔幻、宗教性用法中。在欧洲，线与结的魔法在婚礼仪式上被用来保佑新婚夫妇，但同时，绳结也可以用来破坏婚礼，搅黄新人的洞房花烛夜。

同样，有人认为绳结也会导致不孕，特别是有人不怀好意，想要加害别人的时候。人们认为在婚礼的祝福仪式上在手帕或绳子上打3个结会导致新婚夫妇无法生育。但是，新郎站在祭坛前时，可以通过解开双脚的鞋带或一只鞋的鞋扣来避免这种不幸。婚礼开始之前，新郎新娘会小心翼翼地解开身上的每一个结。在苏格兰的部分地区，新郎可以通过穿不带扣子或鞋带的鞋来“防止女巫剥夺其享受新婚之夜的能力”。

普遍来说，绳结在与出生和死亡有关的迷信思想中占有重要地位。孕妇在分娩之前要确保衣服上所有的结都被解开。与之类似，垂死之人衣服上的结也必须全部解开，据说这样可以让灵魂在脱离肉体的时候不受阻碍。接下来的描述充分证明了人们对于绳结可以阻止死亡这一观点多么深信不疑：“1572年，苏格兰圣安德鲁斯的一个女人被人们当成女巫带到火刑柱前，面临被烧死的命运，人们从她身上脱下一件白色的衣服，这件衣服的线上系了许多的结。被脱下这件衣服时，她说道：‘现在我彻底失去希望了。’”据了解，在非洲、亚洲及中东的部分地区，仍然有在孕妇生产及人垂死之时将其衣结解开的习俗。

在手帕上打结来提醒自己某件事情是可以追溯到中世纪的一种迷信观念的变体。人们相信任何绳结都是一种护身符，可以抵御有害力量的侵扰，它们缠缚或控制这些力量，从而使人免受侵害。人们认为绳结的错综复杂可以迷惑、混淆和蛊惑那些邪恶力量，让人不再分心或健忘，因此在手帕上打结具有提醒人不要忘记某件事情的作用。

53　英语中有一种仍在使用的贬义表达方式，即让某人“打个结”（get knotted），这是一个带有轻蔑和谩骂色彩的词组，意思是让人“滚开”。还有另一种与绳结有关的说法，“斩断戈耳迪之结”（To cut the Gordian Knot），它来源于古希腊神话，形容快速果断地解决问题，这种表达在现代社会中仍有使用。

幸运马蹄铁

迷人的苏格兰小镇格雷特纳格林（Gretna Greene）因为过去年轻情侣私奔至此举行婚礼而闻名于世，任何到这里旅行的人都会记得老铁匠铺门前那个镶有许多马蹄铁的拱门。幸福的新婚夫妇会在这个世界上最幸运的拱门下摆好造型拍下婚礼照片，而马蹄铁作为最受欢迎的幸运符之一，至今仍为人们使用。马蹄铁被人们用来装饰婚礼蛋糕与贺卡，也常常成为西方21岁成人礼生日派对的重要装饰元素。今天，用于抛撒的五彩纸屑甚至也会被做成马蹄铁的形状。

几千年前马被人驯服时，人类就开始保护马蹄，使它们能够尽可能多地为人类服务。因此，古罗马人会将皮革或金属鞋绑在马蹄上，到了6世纪，骑士们开始在马蹄上钉金属蹄铁。马蹄铁与硬币一样，过去都是用铁铸造而成，因此曾经有一段时间马蹄铁比钱币更有价值，这也是马蹄铁在12世纪常常被用来纳税的原因。但这一因素从来没有影响马蹄铁作为幸运符号的功能。

围绕马蹄铁作为幸运符号产生了许多观念，其起源尚不能确定。这些观念的产生可能与古代的马崇拜有关，或者与过去人们将铁看作最具魔力的金属有关。对于马蹄铁魔力的另一种解释是其起源于基督教在欧洲的传播，这种观点认为马蹄铁的形状类似于字母C，象征着英语中表示基督的Christ。然而，关于马蹄铁这一幸运符号及其蕴含的特殊属性最可能的解释是与其形状——新月形有关。新月形象征异教中的月亮神，早在基督教出现之前的古代文化中，人们便对新月充满敬畏，将其作为护身符佩戴在身上。

54

一般来说，新月会被描绘成各种神话中神灵的角。古老的观念认为角具有强大的驱邪作用，这在一些最早的人类社会中得到了印证，当时的人们将角视为超自然力量及保护的象征。在法国发现的史前洞穴壁画描绘了许多疑似萨满教徒的男性形象，他们头戴巨大的鹿角，打扮成牡鹿的样子。佩戴有角头盔的习惯可能便起源于早期人们将动物的角保留在兽皮上做成头饰的习俗。

古代文化中有大量的神灵都是带角的。苏美尔人的神安努（Anu）、恩利勒（Enlil）及马尔杜克（Marduk）都以头戴有角头饰的形象示人。同样，古埃及文化中的神灵，如伊希斯、奴特（Nut）、塞特（Seth）、阿蒙（Amun）和哈索尔，以及印度和希腊万神殿中的许多神，都被描绘成头戴新月形、细长类似牛角的头饰的形象。带有月牙或圆盘头饰的大多是月亮神，但圆盘有可能代表太阳。在古代，人们专门将分蹄的动物献祭给月亮神，因为它们的蹄印在人们看来像是两个半月形。这些神灵因其发挥的保护作用以及为人类带来福祉而受到人们的敬畏。因此，象征这些神灵的新月符号后来成为人们打造马蹄铁的形状，进而成为人们为了抵御邪恶影响而佩戴的护身符的形状。

过去人们发现，马蹄铁作为一块金属，可以直接钉到马蹄上而马儿也不会有任何明显的疼痛迹象，这一令人费解的现象在当时无疑增添了马蹄铁的神秘感。因此，马蹄铁成了中世纪人们眼里一种具有强大影响力的东西以及人们迷信敬畏的对象，因此在其磨损用旧、物尽其用之后，人们不会将其直接抛弃。在土耳其、意大利、西班牙、希腊、埃及、摩洛哥以及突尼斯，不管是在基督徒还是穆斯林中，这些国家的农村地区都存在一种常见的习俗，人们把用旧的马蹄铁和牛角固定在门上、门口或谷仓门之上。人们相信，马蹄铁不仅能够带来好运，还可以帮助人们躲避邪眼，抵御魔咒、女巫和魔鬼。在英格兰，过去人们相信魔鬼总是绕圈子行走，当其到达马蹄铁的两端或后跟处时就会被迫掉头行走。人们还相信，若在门的上方钉上一块马蹄铁，女巫便无法越过这家的门槛。

对于应该如何将马蹄铁钉在门上，人们的观点产生了分歧。大多数人认为，马蹄铁的两端应该朝上，使其能够“释放”或者“兜住”好运。如果将其开口朝下挂在门上，好运就会“漏出来”，消失在土地中。但据说也有人将马蹄铁开口向下挂在门的上方，这样好运就会传给每一个从其下方经过的人。在17世纪的英格兰，对别人说“愿马蹄铁永远挂在你的门上”是一种常用的祝福方式。

比起特地从马蹄上摘下的蹄铁，从路上或者路边捡到的马蹄铁更能

55

带来好运。为了保证航船的安全，防止风暴和不幸，过去的海军指挥官常常会将马蹄铁钉在船只的主桅上。据民间传说，英国海军将领霍雷肖·纳尔逊（Horatio Nelson）的“胜利号”也遵循了这项传统。

幸运的鞋子

在众多据称可以带来好运的物品中，最常见于幸运手链上、汽车里及游戏中的便是我们默默无闻的鞋子。鞋子，特别是左脚鞋子，尤其如果还是一只旧鞋，会被人们视为能够带来好运，而与其相关的各种有趣观念更是拥有重要意义。

大多数人过去只有一双鞋，这双鞋人们会穿很多年，只有在必要的时候才会为其更换鞋底。因此，人们认为鞋子“充满着”其主人的灵魂本质，具有安抚性或保护性的特质，因此能够“带来好运”。丁尼生在他的“抒情独白”中写到了这一点：

56

为此你应从万物中追寻，

幸福与欢笑的精髓；

无论你身在何方，

好运将扔出她的旧鞋。

在现代社会，向某人扔旧鞋可能会被看作一种危险的行为，但在过去，这种行为则被看作能够带来好运。因此，古罗马人常常会在婚礼游行中抛掷他们的凉鞋以求好运。在英格兰，向新婚夫妇扔鞋子是一种吉利的行为，正如一首小诗中所提到的："没什么东西比穿旧的皮革更能带来好运。"在约克郡，有一种叫作"敲打"的习俗直到几年前仍十分流行。当地的人们会在新婚夫妇婚礼结束，从教堂返回的路上向他们抛掷鞋子。与此类似，在土耳其传统中，婚礼结束后所有宾客都可以用他们的凉鞋触碰新郎以求好运。

从前在许多欧洲国家，新娘们扔的通常不是花束，而是她们穿在右脚上的鞋子，这一习俗对于被砸到的客人来说一定很痛苦！谁抓住了那只扔出的鞋子，谁就可以在不久的将来步入幸福的婚姻殿堂。还有一种婚礼习俗是将旧鞋子或靴子系在新婚夫妇的车上，为他们的未来生活带来好运。这一习俗在欧洲以及美国的某些地区依然存在，但总体来说已经渐渐消亡。

虽然鞋子在婚礼上被看作好运的象征，但最初它与婚姻的联系却与好运无关。自古以来，鞋子象征家庭权威和所有权。因此，盎格鲁-撒克逊人的婚姻习俗要求新娘父亲将女儿的一双鞋隆重地交到新郎的手中。这象征着新娘父亲将其曾经拥有的对女儿的权威转交给了新郎，新郎因而拥有了对其新婚妻子的完全掌控权。新郎在结婚典礼后会手拿自己的鞋子轻敲新娘的头，以此体现新娘的顺从。因此，鞋子也体现了将父亲对新娘的所有权转让给其丈夫。在过去的爱尔兰，每当有人当选就职，人们都会举行一个古老的仪式，将一只旧鞋扔过此人的头顶，以象征权威。

57

中东也存在类似的习俗，过去的交易双方会相互赠予或交换鞋子，作为交易完成的标志以及权威的象征。在犹太人中，交换或赠予鞋子是达成协议或合同订立的标志：“在以色列，这是人们过去确认各种事情的方式……一个人脱下自己的鞋子，将其交与自己的邻居：在以色列，这是协议达成的证明。”

西方社会主要的授予行为都与头有关，例如君主的“加冕”仪式、表示尊敬的“敬礼”以及与毕业有关的“授帽”仪式等。然而，东方的穆斯林、印度教徒及佛教徒在寺庙以及其他庄严的场合中会以露出双脚的方式代替露出头部，以示尊重。在这些文化中，鞋被视为尊严和权威的象征，因此露出双脚象征谦卑和奴役。在古埃及，新娘和新郎在订婚仪式上通常只穿一只鞋，两个人分别穿在不同的脚上。但在婚礼上，新婚夫妇则不会穿鞋。这一场景被刻画在了图坦卡蒙的黄金王座上，这尊王座被发现于国王谷的陵墓中，目前在开罗的埃及博物馆里展出。

《旧约》中提到，“脱下鞋子”可以表示尊重：“耶和华军队的元帅对约书亚说，把你脚上的鞋脱下来，因为你所站的地方是圣的。”《圣经》时代另一个关于“脱鞋”的例子与寡妇有关。当时寡妇丧偶后通常会再嫁给死去丈夫的兄弟。但如果其丈夫的兄弟违背习俗，拒绝迎娶她，她就会“脱了他的鞋，吐唾沫在他脸上”，以此表达愤怒，宣告自己的独立。这种被称为“哈利萨”的仪式只有在长老在场的情况下才能执行，之后长老便会准许寡妇改嫁并自由选择配偶。寡妇一旦脱下丈夫兄弟的鞋，便意味着断绝了与他的联系。

在欧洲，过去的女性曾流行在新年前夜用鞋子占卜，她们将鞋子从肩膀上方向后扔，以此预测自己未来的丈夫。或者可以在睡觉前将鞋摆成“T”字形，这样便可以在梦中遇到自己未来的配偶。新郎在婚礼上需要特别注意自己的鞋子，左鞋的扣子或鞋带必须解开，防止女巫在其新婚之夜作祟。为了防止噩梦，人们会将鞋子一只朝内，一只朝外放在门口，或者摆成十字架形放在床边。人们在穿鞋时也格外小心，避免先穿左脚。把鞋子放在桌子上的行为向来为人所忌讳，今天的人们当然是出于卫生考虑，但在以前，这一行为却象征着绞刑。因此，人们认为将鞋放在桌子上会带来不幸，俗话所说的“穿着鞋子死”（to die in one’s shoes）指的就是某人死在绞刑台上。

过去的人们相信，旧鞋象征好运，被烧掉后可以驱除房屋内的一切传染病，防止人们染上发热等疾病。在17世纪的英格兰，为了治疗扁桃体炎和痔疮，人们会将一只穿过的旧鞋烧成白色的灰烬。然后将其与猪油混合，在患处涂抹数日。人们还认为烧旧鞋可以保护新生儿及其母亲，防止他们在最脆弱的时期受精灵拐骗。在印度拉贾斯坦邦的农村地区，存在着一种与此类似的有趣习俗，在当地，被认为“着了魔”的女性会被迫用旧鞋盛水喝，以此获得“治愈”并重新被社会接受。

磨损、破烂的旧鞋，这样一件不起眼的普通物品竟然包含了如此丰富的传统习俗和象征意义，这是不是很令人惊奇呢？

保护性文身

文身是皮肤上的一种标记，将不会褪色的颜料涂到皮肤上微小的刺痕中。实际上，文身的英文单词tattoo表达的正是“穿刺”的意思。文身是一种古老而广为流传的习俗，几乎在所有文化中都曾出现。文身一度被人们用作护身符，保护文身者免受导致疾病和不幸的各种有害力量侵害。这一观念在印度神话中得到了印证，传说毗湿奴神（Vishnu）在自己妻子拉克希米（Lakshmi）的手上刻上了特殊的符号以保护她免受邪恶事物的影响。

59

在具有数千年历史的埃及木乃伊身上，人们发现了用于提供保护，使死者能够在冥界受到接纳的文身。同样，1989年，人们在中国新疆塔克拉玛干沙漠的一个偏远地区发现了公元前1500年的木乃伊，这些木乃伊的身上同样有精美的文身。人们在秘鲁以及南美洲其他地区发现的木乃伊可以追溯到公元前4000年，是迄今为止发现的最为古老的木乃伊，在它们面部和四肢皱缩的皮肤上同样文有精美的文身图案。关于这些文身的一个有趣之处在于，人类似乎曾将文身用作一种护身符，用于减轻各种病痛，人们将其文在特定的身体部位，作为一种医学疗法。1991年，一对德国夫妇在意大利攀爬阿尔卑斯山时发现了拥有5 300年历史的新石器时代冰人奥兹（Otzi），人们在他的脚踝、腰部上方以及左膝都发现了精美的文身痕迹。这些文身的作用可能就是驱散导致这些身体部位疼痛的邪恶力量。

阿拉伯人会在手指关节上文身以防止扭伤。许多文化传统都认为蛇具有保护作用，因此文身也常采用精心设计的蛇的图案。在缅甸，文身常常被用作爱情符咒，许多缅甸妇女会在嘴唇、舌头或者两眼之间文上一个特殊的三角形爱情符咒。在印度，文身被广泛用作不同种姓的标志，同时也发挥着保护作用。印度教神明是无数文身图案设计的来源，例如湿婆（Siva）、伽内什（Ganesha）以及迦梨（Kali）；还有许多神圣的符号，如“唵”（om）等，都被拿来装饰这些虔诚信徒的皮肤。

虽然人们看重的主要是文身的保护功能，但在许多文化中，人们也将其看成灵魂进入冥界的必要条件。毛利人认为精美的面部文身可以使逝者在冥界受到接纳并获得视力，从而辨明自己的方向。婆罗洲迪雅克部落的人们认为，手部文身可以将黑暗的死后世界照亮，而阿拉斯加的因纽特人则将文身作为葬礼仪式的必备程序。

塔西提人认为，最早使用文身的是众神，因此文身的习俗应该追溯到众神居住在地球上的时候。这些部落的人大都不识字，穿着很少的衣服，因此文身为人们提供了许多关于等级、年龄及部落关系等有用信息。这些文身标识了人们作为特定社会群体成员的身份。在某些文化中，文身被用来庆祝男孩成人，是其成为勇士和猎手的标志。每次狩猎探险后，年轻人都会在自己的胸口上添一个文身，以此确立他在部落中的战士地位。

所罗门群岛的居民会用果蝠或飞狐的尖锐利爪文身；佛罗里达群岛的居民用蝙蝠翅膀上的细小骨头文身，而毛利人使用的是鲨鱼牙齿。其他文化中人们还会使用荆棘、仙人掌尖刺及各种各样的鱼骨。原始的文身过程极其痛苦，想要将自己从头到脚刺满文身，这些部落成员需要忍受数小时甚至几天的剧烈痛苦。文身可以使人在无衣物束缚的情况下起到遮蔽躯体的效果。

但过去的人们通常没有选择是否文身的余地，因为在许多文化中，拒绝文身的人常常会受到人们的惩罚。波利尼西亚男性将身上没有文身看作是没有男子气概的表现。因此，尽管过程十分痛苦，文身在当地仍然十分常见。由于其过程通常伴随着流血，文身不仅被看作是勇气的标志，还被看作一种献祭行为。各个部落的文身都拥有其独特的技艺风格。其中一些文身图案可以说是真正的艺术品，在太平洋群岛的众多民族及新西兰的毛利人中，人们的文身技艺已经达到了非常高的水平。

公元 787 年在尼西亚公会议上，教皇阿德里安一世（Adrian Ⅰ）领导下的基督教会禁止人们文身，并将其称为“原始且野蛮的行为”。从那时起，文身成为一种反对宗教和社会秩序的抗议行为。但对水手们来说，用文身装饰自己的身体仍是预防不幸事故的方式之一。大多数与航海有关的迷信反映了人们在海上航行时保护自己避免各种可怕的灾难，特别是溺水或船只失事的需求。当时，鞭刑在船员中仍十分普遍，水手们常常在背后纹上耶稣受难的场景，这样行刑人不仅会被他们的虔诚所打动，在挥动鞭子时也会因为不敢抽打到耶稣的画像而手下留情。

今天，文身在一些西方国家日益成为一种时尚宣言，男性、女性都可以将图案文在脚踝、胸膛、手臂或肩膀上，作为一种装饰特征。而

61 作为氏族或部落标记和保护符咒的文身仍存在于中东各民族、亚洲游牧民族、北美印第安人以及非洲的原住民中。

抛撒神圣之盐

自古以来，盐被普遍看作一种保护剂或护身符，被认为具有驱除一切邪恶力量的魔力。盐作为一种防腐剂和治疗用品，自史前时期开始就对人类有着至关重要的意义。虽然盐在现代社会廉价又常见，它在过去却拥有十分重要的意义和价值。许多与盐有关的英语短语表明了这种矿物质自古以来的重要地位。我们会把将信将疑叫作用“一小撮盐”（pinch of salt）的态度看待事物；把留恋过去，不服从命令的人称为“盐柱”（pillar of salt），把往矿石中掺金子欺骗买家的行为叫作“腌矿石”（salting a mine），并为最“突出”（salient）的要点展开争论。在《马太福音》中，耶稣告诉自己的门徒他们是“地上的盐”，表示他们是社会的中坚力量。

过去，盐是地中海、爱琴海和亚得里亚海范围内商业活动重要的交易媒介。罗马神话中，最初与海神尼普顿配对的是咸水女神萨律茨亚（Salacia）。罗马帝国建立前，人们便在阿尔卑斯山开始开采盐，而所谓的盐路便是专门为这一货物的贸易而建立的。古腓尼基人早在公元前 600 年便在地中海的伊比萨岛上建立了盐场。他们将盐称为“白金”。居住在北海附近的日耳曼部落则会用琥珀这一深受罗马女性喜爱的饰品交换产自地中海的盐。

从古代中国和古罗马到中世纪晚期的勃艮第，世界上许多政府都对盐征税，在勃艮第，盐的税率甚至超过 100%。这项税收对各国政府来说利润十分庞大，据说哥伦布的航行赞助大部分来自西班牙南部一个盐场的税收收入。

在干燥的气候条件下，食物可以脱水储存。但在正常的湿度下，细菌和真菌会迅速破坏储存的食物。即使是在冬天将食物保存在冰里，它们也会在春天气温回暖时迅速腐烂。因此，在缺乏冷藏、冷冻、脱水和装罐储藏的社会中，盐则被用来保存食物——宝贵的盐可能决定了人们的生死。

62

由于盐在过去是一种珍贵的商品，许多国家的人习惯用盐来支付承包工程的费用。在古代中国西藏和埃塞俄比亚，人们将小蛋糕大小的盐块用作货币交换物。古罗马士兵和工人的“薪水”（salarium）便是以盐或买盐津贴的形式支付给他们的，因此，英语中表示“薪水”的单词 salary 有“与盐有关”的意思。我们今天仍然会说某人“配不上他的盐”（not worth his salt）来表示某人的表现配不上他的所得，或者说“他不会为自己的粥赚盐”（he won’t earn salt for his porridge），表示他永远不会赚到一分钱。

在许多不同国家的传统中，盐被用于宗教仪式，也常被用作祭坛供品和祭品。古希腊人、古罗马人及希伯来人认为盐是神圣的，是生命的储存库。人们将其加入祭祀用的糕点中，并将其用于净化仪式。盐一直以来都是纯净圣洁的象征。圣水便是由水和盐的混合物构成，这两种神圣的物质受到了上帝的祝福，因此能够驱除恶魔。圣水主要用于洒水礼仪式，即每个礼拜日在大弥撒之前向会众喷洒圣水。天主教会在大多数场合会用到圣水。例如，当物品需要用于神圣用途时，人们便会将其浸到教堂入口处的圣水池或圣水盆中使其受到祝福，虔诚的信徒也会在家中完成这一仪式。

盐也出现在各种神话之中。芬兰人的神话中，乌戈（Ukko）是他们的天神，他将天火的一颗火星抛向大海，将其变成了人类生命中意义重大的海水。与此类似，古代阿兹特克人也崇拜他们的盐神乌伊斯托希瓦托（Huixtocihuatl）。世界上某些地方的人们对采盐有着极高的崇敬之情。由于其所开采物质的圣洁，老挝的采盐工在作业期间必须禁欲。盐被用来衬托社会事务的庄严，也被用来使重要协议产生效力；作为不腐败的象征，盐代表着永恒。《旧约》中曾提到过“盐约”，表示不能打破的契约。同样，在起誓之前，日耳曼和凯尔特部落的人会用手指蘸盐的方式起到约束作用，而在英格兰的中北部地区，过去的人们习惯用盐代替《圣经》用于宣誓仪式。

为了理解许多与盐有关的迷信思想，必须再次证明这种商品在过去是多么宝贵和稀有。如果有人吃过完全不加盐的食物，尤其是肉类，便可以理解盐对于那些缺少盐的人来说是多么宝贵。由于盐对于维持生命如此重要，加上它保存食物的特性，不可避免地被人们看作拥有神奇的力量。盐象征着纯洁和不朽，因为它不仅十分重要，而且难以获得，即使撒漏很少的盐都会被看作可能招致厄运。

在古罗马人看来，撒漏盐是不祥的征兆，这种迷信从数千年前流传至今。人们认为撒盐会招引邪气，带来厄运。许多人相信每一颗撒出的盐粒都代表着将来要流的眼泪。达·芬奇的名画《最后的晚餐》中，叛徒犹大的胳膊不小心碰倒了盐瓶。

人们相信在撒漏盐后只有用右手将一些盐越过左肩撒到身后才能够避免不幸。这是对现存的与盐有关迷信的一种补充，它随着基督教在欧洲的传播以及由此产生的相信魔鬼存在的观念演化出来。为什么是左肩呢？因为据说左侧是魔鬼和邪灵潜伏的地方。由于大多数人是右撇子，左侧被看作是弱的一侧，左手则被看作会招致厄运和不幸。

盐具有神奇的防腐特性，被人们看作纯洁和不朽的象征，因此人们认为盐可以对邪恶势力造成伤害并与之抗衡，可以驱走邪恶势力。盐被用于人类生命的各个阶段，从出生直至死亡。过去的人们经常会将新生婴儿“腌”一下，即婴儿一出生便会被放到盐水中洗一下，使其免受巫术的威胁，因为人们曾相信未受过洗礼的孩子容易被精灵抓走。除此之外，在新生儿的嘴里或摇篮里放一小撮盐可以保护其远离邪恶势力，免受伤害。此外，还有一种保护措施是在孩子的衣服里缝上一点盐。

在许多欧洲国家，人们仍保留着一种观念，即在埋葬死者之前，在尸体上放一小碟盐可以使魔鬼无法靠近。人们认为魔鬼憎恨盐，因为盐象征着永恒和不朽。将象征灵魂不朽的盐连同一些泥土用小盘盛着放在尸体的躯干上，这一方法除了能使魔鬼无法接近，还可以防止死者的鬼魂四处游荡。“没有东西比放在死人身上的盐更重”，这是不列

64

颠群岛十分流行的一种说法。这种习俗在欧洲流传甚广，直到20世纪50年代，仍然有人遵循这一习俗。

人们赋予盐的保护属性反映在过去许多奇怪的信仰中。每天在梳洗用水中撒一撮盐可以抵御邪灵，在夜间将盐随身带在身上可以抵御那些不怀好意的魂灵。在房屋中撒盐同样能起保护作用，这一传统广泛流传于世界各地。在吉卜赛人的背后向其扔盐被认为可以抵消其发出的诅咒。为了避免不受欢迎的客人再次来访，主人会在其离开后将盐洒在门阶上或扔在其身后！

盐同样也是抵御女巫以及巫术的有力手段。往火中撒一把盐被认为可以抵消巫术的邪恶影响。过去的人们相信女巫讨厌盐，在欧洲的女巫审判时期，抱怨食物太咸的人会立刻被怀疑是女巫。以前，挤奶女工会在她们的挤奶桶以及牛奶搅拌器上撒上盐来防止女巫使牛奶变酸，还会在奶牛产犊后用盐擦拭以预防乳热症。雅各布·格林在《日耳曼神话》中写道："当有女巫走进你的房子，给她一块面包，上面撒上三粒盐，她便不能造成任何伤害。"

在人们看来，盐可以驱邪，因此被认为能够带来好运，欧洲农村地区的人们仍习惯将盐作为礼物送给新婚夫妇以求好运，祝福他们在未来的生活里什么也不缺。依照传统，过去的人们在新年夜会携盐跨过门槛，以保证全年的好运。过去人们搬进新家时首先要将一盒煤炭及一碟盐带进家中，以保证新居的温暖和好运；搬家时，人们会将旧盐撒进旧居的壁炉中，以此将所有的悲伤留在此处，只有新盐才会被带到新居，以确保好运。因此从前的人们曾流传着"带走旧盐，带走悲

65

伤”的谚语。

向别人借盐以及把盐借给别人一直以来都被看作最不吉利的行为。如果必须要借，借盐的人应该立刻支付盐的费用。与此类似，在饭桌上传递盐瓶也被认为是不吉利的，因此有“替我取盐，与我悲伤”，或“递盐就是递悲伤”的说法。

作为一种天然防腐剂，盐在许多国家象征着友谊。“吃某人的盐”表示受到某人的招待。吃了别人的盐就不应该说他的坏话或者做不利于他的事。这种观念在东方尤其受到人们的重视。在阿拉伯民族中，分享盐会在主人和宾客之间缔结一种神圣的联系，因此阿拉伯人中存在着“我们之间有盐”这样的表达。希腊人说“唯有盐和美食不可违背”，而伊朗人则把不忠诚的行为称为“不忠于盐”。

有趣的是，在中世纪的欧洲国家，食盐是餐桌上的一条地位分界线，将主人与仆人分隔开来。因此，“坐在盐下”的说法描述的就是仆人和工作人员用餐时就座的位置。在那些有钱雇用仆人的人家，盐瓶大都是银质的，通常放在高桌中间。所有有身份的人都坐在“盐上面”，换句话说就是高桌上，可以够得到盐瓶，而所有的仆人则坐在低一点的板桌上，因此被称为“盐下面”。

值得注意的是，“盐”在过去和现在既代表调味品，又代表盛盐的容器，在招待客人时，人们总是会将盐瓶放在尊贵的客人旁边，以此区分客人和主人。

救命的钟声

今天，钟的许多原始功能在人们的使用中变得模糊，逐渐被人遗忘和丢失。过去，敲钟不只是教堂礼拜前后举行的一种宗教仪式，还被用于宣布好消息；庆祝诸如婚礼、洗礼等仪式，或用于葬礼；通知船只到港；传播火灾或战争的警报；吓跑无处不在的邪灵。

66

我们现在很难体会到钟声对于中世纪人们有着怎样的心理意义。在当时，无知和迷信盛行，村庄和定居点常常相互独立，相隔甚远，人们相信狼人、野生动物、有害的魂灵、恶魔以及许多其他想象或真实存在的威胁潜伏在村庄周围。教堂大钟敲击产生强有力的共鸣，发出令人安心的钟声，构成了一个具有保护作用的魔法圈。在这一范围内，神圣的秩序占据了上风，人们心中黑暗与邪恶的力量因此得以驱除。作为一种抚慰人心的存在，钟声将一天按小时划分开来，调控日常秩序，召唤虔诚的信徒前来祷告，吓跑恶魔及其他邪恶、不洁之物。

钟声甚至被赋予了驱散瘟疫和风暴的能力。因此，当黑死病传至英格兰，爱德华三世（Edward Ⅲ）下令在伦敦“……清除所有难闻的气味，这样就不会有更多的人死于这种气味”。人们用加农炮来净化空气，钟声也被用来驱散“腐败的空气”，在当时的医生看来，正是这种空气导致了鼠疫的暴发和传播。

教堂的钟声被认为能够有效地驱逐夜空中的女巫和巫师。因此，在许多欧洲国家，钟声被用来保护农作物免受巫术影响。钟声同样被认为可以有效抵御邪眼的影响，这也是为什么人们过去和现在都会在家畜、骆驼、山羊和马匹的脖子上挂铃铛。对此，我们很容易联想到世界各地举行的各种华丽马术表演及游行，其中马匹的马具上无一例外地装饰有各种护身符、避邪物，以及许许多多的小铃铛。

钟声或铃声在海事中仍拥有重要的地位。在过去，钟声划定船上的生活，每隔半小时钟声便会响起一次，船员每一班岗历时 4 小时，“钟响八声”标志着一班岗的结束。能见度很低及雾天时，船上的钟声被用来警告任何接近的船只。有趣的是，即使在现代装备了核武器及导弹的海军舰艇上，钟声或铃声每隔一定时间仍会响起，这一悠久传统至今保留着其重要的地位。

67

自古以来，钟或铃铛被用于各种仪式、魔法和社会目的，许多迷信观念与钟和钟绳有关。中国人过去曾敲钟求雨，现在仍然会在家门口和车里悬挂“平安铃铛”来防止不幸发生。

很难确定人类最先是从何时开始使用钟的。在古代亚述人、巴比伦人和埃及人的宗教中，钟都发挥了重要的作用，而罗马人据说会在钟声召集下洗热水浴，在特定情形下，钟声也会将他们召集到公共场合。中国和印度使用钟的历史十分悠久，而古希伯来人则使用喇叭代替钟。希腊东正教会遵循古老的习俗，用锤子或槌子敲击带孔的木板或铁板，以此将信徒召集到教堂。图尔的圣格列高利（Gregory of Tours，538—594）提到，基督教宗教仪式中最先使用的是一种小手铃，用于召集信徒来祷告。从公元 8 世纪开始，教堂专门建造钟楼以安置大钟，这意味着钟的大小获得了提升，从 10 世纪开始，在大小教堂中安置大钟成为基督徒必须遵守的要求。今天，钟仍然会用于基督教、佛教和印度教的各种仪式中。

教堂钟的铸造和圣化曾伴随着精心设计的复杂仪式。据传说，在中世纪，人们会将活人扔进装满沸腾金属的大锅中，再将这些金属铸成大钟，以此赋予大钟“声音”，使它的“哭泣”直达天堂！铸造完成后，大钟会受到正式的仪式性的祝福，人们向其泼洒圣水和盐，并在钟表面上涂抹油，以保证所有魔鬼听到钟声便会落荒而逃。当教堂钟要被献给欧洲天主教的某位圣人时，它的洗礼仪式通常需要一位主教或他的副手来主持。历史上这种教堂钟洗礼仪式首次发生在公元968年，当时的教皇约翰十三世（John XIII）有一个新铸的巨型大钟，他将其献给圣约翰并以其名字命名。这种风俗至今仍体现在许多钟的名字上，比如牛津基督教堂学院的大汤姆钟（Great Tom）以及伦敦威斯敏斯特宫钟楼内的大本钟（Big Ben）。

68

从公元800年左右开始，一有人去世，欧洲人便习惯敲一下钟，使其发出一声饱含不祥哀恸的钟声，人们称之为“丧钟”或“魂钟”。这一钟声是为了逝者能够接受整个社区人们的祈祷，远离邪灵的骚扰，在人们的想象中，那些等候在通往死后世界路途中的邪灵会骚扰和恐吓逝者的灵魂。逝者的灵魂有如被捕猎的兔子般弱小无助，有了钟声的保护，他们才可以安心上路，踏上通往死后世界的旅途。

下面这个有趣的故事，来自艾奥娜·奥佩（Iona Opie）的《迷信词典》（*Dictionary of Superstition*），它对钟的驱邪作用做了阐释：1911年，英国汉普郡厄普顿格雷教区的牧师提到，有一次，有人去世需要敲响丧钟，教堂司事却把所有的钟都敲了一遍。牧师询问原因，教堂司事给出了一个有趣的答复：“你知道，先生，魔鬼不能忍受钟声。有的魔鬼害怕这种钟声，有的魔鬼害怕那种钟声，因此我把所有的钟都敲响来吓唬他们。”

直到几十年以前，欧洲许多地方仍然习惯在敲响丧钟时用次数区别逝者的身份：钟敲九下代表死者是男性，六下代表女性，三下则代表儿童。莎士比亚在《亨利四世》中曾提及丧钟：“他的舌头将要永远像一具悲哀的丧钟，人家一听见它的声音，就会记得它曾经报告过一位友人逝世的噩耗。”这种钟声在许多欧洲国家的农村地区仍然会响起，作为哀悼的象征，给“丧钟为谁而鸣”这句话赋予了新的含义。

另一种有趣的钟是所谓的“熄火”钟，人们通常认为这个传统源于诺曼人。11 世纪，在“征服者”威廉（William the Conqueror）治下，统治者制定了一项法律，每天晚上在 couvre-feu 钟响起时，所有人必须熄灭炉火、油灯和蜡烛。这种所谓的 couvre-feu 钟可以被翻译为“熄火”钟，当时这是一种普遍存在、广受认可的规定。欧洲北部大多数的修道院和城镇遵循了这一传统，主要是为了防止无意留下的火源导致的意外火灾。由于当时的普通房屋大都是木质结构，住宅间彼此非常靠近，房屋火灾频繁且常常十分致命，大火会迅速从一家蔓延到另一家。尽管有人将这一做法看作是“征服者”威廉和诺曼人强加给英国人的，是奴役的象征，但这一习俗似乎在当时的法国、西班牙、意大利以及或许所有欧洲国家都十分盛行。现代英语中表示在某一时间

69

期限之后限制人们活动的宵禁（curfew）一词，便是法语 couvre-feu 一词的变体，这一钟声的响起在过去代表着到了熄灭灯火、上床睡觉的时间。

同样令人着迷的还有“被钟声拯救”（saved by the bell）的说法，它表示的是“在最后一刻受到干预而获救”。大多数消息来源证明这一说法起源于拳击俚语，产生于 19 世纪 50 年代中期。“拯救”拳击手的钟（铃）声标志着每一回合比赛的结束。特别是当拳手正处于下风时，这种钟（铃）声无疑“救命”的。

然而，这种说法还存在另一种解释，与一种据说起源于 18 世纪末的古怪发明有关。尽管并没有证据证明这种说法与其之间的联系，这句话指的可能是通过使用一种带有铃铛的棺材，人们避免了将一息尚存的人误埋起来。许多这种被称为安全棺材的装置在英格兰、欧洲大陆以及美国都获得了专利，尽管我们并不知道其是否真的被人们使用过。

害怕被活埋是一种古老的恐惧心理，在 18 世纪霍乱肆虐的时期这种心理引起了人们的特别注意，与平常时期相比，当时的人们会更加匆忙地将尸体埋葬。过去的医学诊断十分原始，人们对导致身体不能活动、寒冷和无应激反应的条件缺乏正确充分的认识。在尸体开始腐烂之前，人们基本上无法确定一个人是否真的已经死亡。为此，过去的医生设计了一系列测试，包括把盐和胡椒吹进鼻子看其是否会打喷嚏，或者把几片辣根、洋葱或大蒜塞进其鼻孔，试图使其苏醒过来；在耳边吹喇叭；把醋、盐甚至热尿灌进死者的喉咙；用荨麻刺尸体；

在头皮上滴融化的热蜡，最极端的是用烧红的拔火棍烫尸体的臀部，试图使其退缩躲避。

然而，尽管有这些极端措施的存在，长久以来关于人们在棺材内部 70 发现抓痕的报道证明确实有人还活着就被埋葬了。因此，许多知名人士对这一问题表现出了相当大的忧虑，特别是在维多利亚时期。埃德加·爱伦·坡（Edgar Allan Poe）的恐怖作品，包括1844年发行的《过早埋葬》（*The Premature Burial*）等短篇小说激发了公众的恐惧。因此，这种恐惧和忧虑及时为人们带来了这种安心的发明。这种装置，例如将挂有铃铛的绳索装入棺材，保留了与外界沟通的渠道。被不幸诊断为死亡的活人，在埋葬在两米深的土中时真的可以被铃声拯救！

第三章
巫术与魔鬼

Chapter 3
Witchcraft and the Devil

古老的巫术习俗

71 古人普遍相信，人类可以利用魂灵和恶魔为媒介施放魔法，这种信仰广泛存在于所有文化，包括巫术文化中，这些行为自人类文明伊始便得到了实践。根据古埃及文献记载，占卜者从魔鬼那里获得力量。《旧约》中提到，在埃及法老的宫廷、巴比伦国王的宫廷及犹太人中都曾存在男性术士。尽管古巴比伦国王汉谟拉比（Hammurabi）在其所制定的法典中禁止施行巫术，但在数千年前的巴比伦人、迦勒底人和埃及人中，巫术仍然十分盛行。基督教经文承认女巫的存在以及其拥有的力量。这在《申命记》中得到了证实，其中写道：“你们中间不可有占卜的、观兆的、用法术的、行邪术的、用迷术的、交鬼的、行巫术的、过阴的。凡行这些事的，都为耶和华所憎恶。”《圣经》中指示：“行邪术的女人，不可容她存活。”这成了后来一系列针对女巫的可怕迫害的主要依据。

古代巫术主要由媒介类的通灵技法构成，这与流行的观点刚好相反。例如，《旧约》中的扫罗（Saul）曾无视自己颁布的法令，向隐多珥的巫婆求助：“扫罗吩咐臣仆说：‘当为我找一个交鬼的妇人，我好去问她。’臣仆说：‘在隐多珥有一个交鬼的妇人。’”隐多珥的巫婆按照扫罗的要求，招了撒母耳的灵来：“妇人说：‘我为你招谁上来呢？’王对妇人说：‘为我招撒母耳上来。’” 72

除了把各种通灵技法归为巫师的专利，《旧约》有时还将不道德的性行为与巫术联系在一起。其中关于西顿王的女儿耶洗别（Jezebel）有这样的描述：“……你母亲耶洗别的淫行邪术这样多。”类似的联想在中世纪的欧洲也一直存在，当时人们认为女巫作祟导致孕妇流产以及不道德行为的发生，这一观点可以从先知那鸿（Nahum）将尼尼微比作“受宠爱的妓女，巫术的情妇……”的话中推断出来。

《新约》中，“巫术”一词通常指罗马人的占卜习俗：“无知的加拉太人哪，谁又迷惑了你们呢？……”类似的说法在《使徒行传》和《加拉太书》中也曾出现。

女巫、魔法师、占卜师和巫师在古希腊和古罗马文化中占有重要地位。然而值得注意的是，巫术在所有的古代文化中主要指占卜和魔法，并没有妇女因被指控使用巫术而被杀害。直到中世纪[①]，由于基督教的

① 约公元 9—15 世纪。

强大影响，才产生了巫师从撒旦那里获得力量的概念。因此，中世纪的巫术被定义为使用从魔鬼和邪灵那里获取的超自然力量。在过去的人们看来，只有通过与这些黑暗势力合作，女巫才能实施反社会的魔法行为。

中世纪的巫术

在基督教时代早期，教会对巫术的态度比较仁慈，因为教会尚在努力巩固其在整个罗马帝国的势力。在普通人看来，女巫和术士能够施放法术，调制魔药，呼风唤雨，以及行自古以来巫医和部落萨满都能实现的其他一些典型行为。尽管基督教会对此颇有微词，但也并没有将他们视为社会的威胁。同时，基督教会也并不想挑战旧宗教的众多信徒，因而默许了这些古老的崇拜仪式。大多数学者认为，基督教在欧洲盛行之前，当地旧的异教仪式及其残余传统后来都被贴上了“巫术”的标签。女巫侍奉的是旧神，她们毫无恶意地举行自己的仪式，将残余的异教仪式、民间医学以及对未知的好奇心结合在一起。旧宗教与基督教并行了几个世纪，之后渐渐失去了它的信徒和意义。随着基督教占据统治地位，基督教会将旧宗教妖魔化，使人们相信异教的神是魔鬼，继续修行古道的人肯定就是女巫。

73

信奉旧宗教的人拒绝接受和遵守基督教建立的秩序，不愿意服从教会的统治权威，这使他们受到谴责并与日益增多的皈依基督教的人群脱离。因此，这些顽固的信徒开始秘密地举行旧教仪式，给他们的行为增添了神秘色彩，日益笼罩在迷信的阴云之中。当时的基督教会规定，凡施行过所谓巫术妖术的人，只需通过忏悔告解，就可以从罪行中得到救赎。

基督教会对巫术的态度变得严肃起来主要有两个原因：第一，基督教会日益强大，开始有能力公开湮灭各种残余的旧信仰；第二，中世纪日益加剧的社会动荡在各种各样的世俗主义中得以显现。这些趋势威胁到了教会的神职权威，因此教会开始把世俗主义定为异端邪说，并将其归为巫术。有趣的是，“异端”一词被定义为与正统教义相左的信仰或实践。它来源于希腊语中的 hairesis 一词，意思是“选择”。因此，被指控为异端同时也意味着选择权受到剥夺。

普通人总是对占星术、星座及各种占卜方法着迷。人们会购买各种爱情魔药、护身符、符咒、避邪物、魔戒和魔镜，还有人害怕夜空中的彗星和星象。迷信一直潜伏在人们的头脑中。“巫术”一词在中世纪的所指范围被扩展到所有流行于大众之间，经常在集市和节日上公开表演的魔术、法术。基督教会谴责这些行为，并以永恒的地狱之火以及地狱诅咒相威胁，将恐惧灌输到那些诉诸占卜或魔法的人的心中。

74

女巫恐惧的产生

基督教世界的混乱癫狂及教派间的紧张关系，只是导致中世纪女巫恐惧的一系列问题中的一个方面。名为黑死病的毁灭性瘟疫同样对此产生了不可估量的影响，14 世纪的这场瘟疫曾导致了欧洲大约 1/3 人口的死亡。黑死病从中亚沿着贸易路线于 1348 年传播到埃及，之后迅速蔓延到欧洲并在那里肆虐了长达 4 年。据估计，仅欧洲大陆就有 2500 万人死亡，英格兰的人口减少了近一半。瘟疫引发的恐慌导致当时社会空前的大规模失控。人们必须找到这场灾难的替罪羊，而少数群体，诸如吉卜赛人、各种非正教宗教团体、犹太人以及所谓的女巫都被看作造成这场瘟疫的罪魁祸首。

在尼日利亚卡拉巴尔的埃克特地区，人们发现了与欧洲猎巫狂潮类似的迫害情况。1918—1919 年间一场流感暴发，导致当地数百人死亡，占当地人口的很大一部分。在这次流感之后，当地立刻出现了一连串针对巫术的指控，仅在一个小村庄就有 18 人被指控使用巫术而被处以绞刑。类似的情况在 1957 年的阿拉斯加也曾发生，当时的民政当局曾试图阻止一个爱斯基摩人部落杀害“女巫”，她们被指控导致病毒性传染病暴发。几十年后，在 2014 年，西非国家暴发的大规模埃博拉疫情也被很多人归咎于巫术和妖术。2014 年 8 月 2 日，BBC 新闻报道称，面对埃博拉疫情，西非国家的一些人并没有寻求医疗救助，因为他们把最近埃博拉疫情导致的死亡归咎于巫师，而非疾病本身。同样，一些新闻报道证实，针对巫术的迫害今天在某些地方仍然存在，2009 年在巴布亚新几内亚也曾发生过焚烧“女巫”的事件。鉴于这种迷信观点在现代依然存在，人们在 14 世纪的中世纪将造成空前死亡的黑死病归咎于巫术也就不足为奇了。

75

黑死病在14世纪的欧洲蔓延之前，欧洲社会和经济变革早已开始。除了肆虐欧洲的黑死病，教派间的紧张关系也使教徒们相信撒旦的力量正在上升，这种观念加深了信徒的忧虑。教会神父托马斯·阿奎纳（Thomas of Aquinas，1225—1274）早在200年前就在他的著作中总结，女巫会引发传染病、暴风雨和其他异常的天气状况，她们可以借助撒旦的力量，骑着扫帚在天空中飞行，还可以将自己变成动物。在这一描述被人们普遍接受后，不可避免的结果就是出现了宗教裁判所这样臭名昭著的机构，它们被用来搜捕那些沾染了巫术的人，即所谓撒旦的仆人。

教皇格列高利九世（Gregory Ⅸ）在1231年正式成立宗教裁判所来驱除异端。两年后，格列高利将针对异教徒的诉讼控制权从主教法庭移交给了方济各会和多明我会修士中选出的特别专员。教皇英诺森四世（Innocent Ⅳ，1243—1254）允许世俗当局施行酷刑。因为有一些审判官不愿意下手刑讯逼供，审判官们被允许相互赦免，以“更加坚定地推进信仰工作”。

即使是阿尔比派、瓦勒度派、圣殿骑士以及其他几个小教团这样的宗教团体，在13世纪也被认为是异端分子。200年间，宗教裁判所把精力都放在消灭他们上。没收那些被指控犯有异端以及巫术罪的人的财产对于教会来说是一项有利可图的生意，而原告的目的也常常就是为了获得这笔财产。因此，富人们，尤其是那些拥有强大政治敌人的人，比穷人更害怕审判官。审判官能够获取被没收的部分财物，因而满怀热情地履行着自己的职责。被判刑者的财物有多种分配方法，书 76

吏和刽子手得到报酬之后，剩下的就归教皇的金库所有了。

1484 年，教皇英诺森八世（Innocent Ⅷ）发布训谕，将所有层面的巫术都定义为异端。从 15 世纪到 17 世纪末，搜捕女巫的狂潮势不可当地席卷了欧洲，整个欧洲陷入一种难以抑止的狂怒之中。被教会视为异端的指控包括巫术、渎神、鸡奸，以及不向教皇和神职人员缴税等行为。受教皇英诺森八世发布的教皇训谕鼓舞，1486 年，第一本关于巫术的重要又最险恶的书——欧洲搜巫者的手册《女巫之锤》（*Malleus Maleficarum*）在德意志出版。这本书由于约翰内斯·谷登堡（Johannes Gutenberg）在 1440 年发明的印刷机而得以广泛流传。成千上万识字的教徒现在拥有了权威参考，得以了解人们搜集到的所谓与女巫及其技法有关的惊人传说和论断——这一切尽在《女巫之锤》中。

尽管过去时常会有村庄报道“女巫”事件的发生，但自那时起，教皇开始收到许多关于女巫数量大量增加的报告。基督教世界突然受到数以千计所谓邪恶女巫的威胁，这些女巫几乎遍布每个城镇、村子和村庄。数以百计到后来数以千计的“女巫”被折磨死或烧死，但她们的数量仍在不断增加，这导致欧洲大陆陷入一种前所未有的狂乱之中。

然而，仅仅把猎巫看作教会试图控制社会的手段是不准确的。尽管处决女巫受到官方批准，且由宗教法庭策划，但其常常是在地方一级发生并执行的，通常是因个人仇恨和迷信恐惧导致的。

搜巫者

宗教审判时期搜捕女巫的程序在欧洲各国之间大体相同。首先是某人被指控使用巫术，指控者可以匿名，只有在指控者允许的情况下，被指控者才能知道指控者的名字。目击者提供证词可以得到丰厚的报酬，这导致了所谓搜巫者团伙的兴起，他们为了丰厚的报酬，将不幸的受害者交给审判官。 77

搜巫者特别倾向于挑选年长的妇女，她们独自生活，行为古怪，但不伤害人，尚且可以被人们宽容接纳，通常还会因擅长草药疗法而受到尊重。而现在，村里的医师，擅长运用草药的聪明妇女，上了年纪的古怪老处女，因制作爱情药水而闻名的憔悴老太婆，或者那些因为行为古怪而受到周围人怀疑的人，都会被误认为是巫婆。通常，她们因为受到忌妒、仇恨、怨恨或猜疑而被指控使用巫术。许多被指控的老年妇女身体虚弱，面容憔悴，毛发茂密或牙齿缺失。这些老太婆有时会养宠物作为陪伴，这是我们今天十分理解的一种心理需要，尤其是对于孤独的人，这也导致了巫婆与猫相伴的传统形象的产生。这一典型形象在今天的童话故事中十分常见，她们通常与尖顶帽、三角桌，以及后来增添的扫帚相伴。搜巫者看准了这些不幸的年长女性，之后便会搜查她们的家，寻找药剂、草药混合物或人偶，这种人偶是一种小型的人物雕像或塑像，通常用于邪恶目的。

这些被指控者没有辩护人。孩子们被鼓励举报自己的父母，而夫妇、亲戚和邻居则向教会当局通报他们彼此间的猜疑，特别是彼此发生冲突时。不仅老年人会成为被针对的目标，数以千计的年轻妇女、男子和儿童（有的甚至只有 8 岁）都被指控与魔鬼签订了契约。

搜查住宅后，被指控者还要接受身体检查，以寻找与魔鬼串通的证据。人们认为所有女巫都在身体的某个地方带有魔鬼留下的，标记此人归他所有的印记。任何身体上的异常，如不寻常的皮肤瑕疵、毛发增生、痣、疣、胎记、对疼痛不敏感的或者不易流血的斑点都会受到人们的怀疑——所有这些都被怀疑是与魔鬼结盟的证据。

78

今天的我们都知道覆盖着旧疤痕的皮肤会格外厚，不容易出血，而老年人身上常常出现痣和印记，且对疼痛不敏感——但在当时的一系列恐怖迫害中，并没有人考虑到这些事实。当时的人相信，被指控者身体上任何突出的隆起部分都是一种乳头，亲近者通过这些乳头吸吮女巫的血液。搜巫者用针、刀和锋利的探针来刺戳受害者，以找出其身体上对疼痛不敏感的区域。有时，他们会使用可伸缩的刀子和空头刀柄戳刺被指控者——这是最为残忍恶毒的诡计，因为可怜的受害者和目击者会因此相信她是有罪的，因为她感受不到刺痛！

受指控者会被剃光头，全身赤裸地站在一群目光不怀好意的男人、女人和儿童面前接受详细的检查。受害人羞耻困窘，心理压力非常巨大。不只受害者皮肤上的斑点，不会哭泣、厌恶盐或水测试失败都会成为接触巫术的证据。

人们坚信，女巫无法哭泣或流下超过三滴眼泪，任何抱怨食物太咸的人都会立刻受到怀疑。水测试指的是把不幸的受害者“交叉”绑起来，即将右手拇指和左脚拇指绑在一起，左手拇指和右脚拇指绑在一起，然后将其扔进水里来测试她的清白。其理论是，女巫会漂浮在水面上，因为水会排斥魔鬼的仆人，而女巫也必定拒绝过圣水的洗礼。无论受害者是漂浮还是沉没，死亡都是不可避免的结果。如果被指控者沉了下去却最终活了下来，也并不能证明受害者就是无辜的，因为这仅仅是证明了撒旦保护自己同伴的强大力量。

很多情况下，被指控使用巫术的老年妇女都是精神错乱的，她们毫无顾虑地坦白自己喜欢与撒旦一起在天空中翱翔，会化作猫潜伏在村庄，甚至与魔鬼结合生下骇人的怪物。

女巫的能力

许多所谓女巫的影响和能力都是虚构的，很大程度上来源于迷信与暗示。人们认为，女巫对某人施咒，或者用别针刺某人的蜡像都可能导致其患病甚至死亡。女巫被指控能够对他人造成伤害，从比较轻微的病痛到下毒甚至谋杀都有可能。曾有所谓的女巫在受害者的蜡像上插针，然后在烛火上将其慢慢烤化，这一做法就曾受到谋杀罪名的指控。

79

女巫安息日、与魔鬼的契约、野蛮的仪式、用被杀婴儿的脂肪涂抹全身，以及传播与女巫和巫术有关的邪恶观念，这些都演化为宗教裁判所提出的针对女巫的指控，并被记录在《女巫之锤》中。调查官和赏金女巫猎人深信，亵渎神灵的恐怖构成了所有巫术的基础，没人对他们的这种假设产生过怀疑。所有关于女巫能力及其活动的信息都来自臭名昭著的女巫审判，这些从骇人听闻的酷刑中提取的所谓信息，反映的仅仅只是人们想象中巫术的样子。

女巫被默认为魔鬼的仆人。在这方面，她们与术士、魔法师以及其他传统上被认为受过训练并学会了掌控魔鬼的黑魔法使用者不同。因此，巫术得以实施的前提是魔鬼及魔鬼的手下，包括恶魔、小鬼、女妖、魅魔等是真实存在的，同时与这些强大的力量建立肉体关系是可能的。在巫术审判时期，人们普遍相信魔鬼具有化作人类或者动物形态的能力，这使人们相信魔鬼和人类能够交媾。在各种巫术审判中，法官、检察官甚至被告都承认和接受魔鬼具有变换形态能力的说法。

人们相信作为侍奉恶魔的回报，女巫获得了某些能力，如治愈或导致疾病，将疾病从一个人转移到另一个人身上，造成人类阳痿和不育，引发牲畜的不孕症，使牛奶变酸，引发风暴，导致干旱、农作物欠收，以及造成许多其他灾难的能力。人类、动物及庄稼染上的任何罕见病都被归咎于她们的恶毒行为。

80

人们普遍相信女巫可以看见鬼魂，她们拥有超自然力量的目光一眼就能迷惑和蛊惑他人。女巫可以用爱情药水引发爱恋，或者用咒语和符咒毁灭爱情。人们还相信，女巫可以让死人复活、使无生命的东西动起来、召唤灵魂、把自己变成某种动物、利用药膏使自己隐身并在天空中飞行。

人们向来相信各种善良或者邪恶的超自然生物都会飞。因此，人们相信女巫也具有在空中飞行的能力，这种观点传播甚广且由来已久。

在17世纪的巫术审判记录中，“无罪，不能飞行”的说法经常出现。据传，女巫会在身上涂抹所谓的飞行药膏，这种说法在女巫审判中也曾被提及。这种药膏通常由颠茄、铁杉和狼毒等有毒植物混合而成，今天，据说这种药膏会引起头晕甚至谵妄的症状，并伴有一种从空中坠落的感觉。除了涂抹在皮肤上，口服这种强力药剂同样可以发挥效用。许多被定罪为女巫的人真的相信自己会飞。据说蝙蝠的血液也是所谓飞行药膏的主要成分——这其中的联系十分明显，无疑，人们认为会飞的夜行生物的血液能够赋予女巫同样的能力。

中世纪的人们认为女巫可以乘坐各种东西，如动物、铲子、蛋壳、带叉的棍子或者扫帚，在空中飞行而不借助任何肉眼可见的支撑。18世纪末，英国法院对女巫飞行的问题进行了透彻的讨论。法官曼斯菲尔德勋爵（Lord Mansfield）做出判决，表示他从未听说过英国法律中有禁止飞行的条目存在，对他来说，任何有此意愿的人都可以自由地这么做。有趣的是，自英国法律批准后，所有关于英国女巫飞行的报道立刻全部消失不见了。

一个科学的解释?

81

那些在欧洲猎巫狂潮中被指控使用巫术的人所经历的症状在现代或许存在一种有效的科学解释。1976年，行为学家琳达·卡博雷尔（Linda Caporael）提供了第一批资料，证明1692年在马萨诸塞殖民地发生的女巫审判事件是在一次黑麦麦角病暴发之后发生的。

麦角是一种寄生在禾谷植物，尤其是黑麦上的寄生真菌。这种真菌在寒冷的冬天及紧接而来的湿润春天生长旺盛。麦角天然会产生多种化合物，这些化合物在一定程度上会导致精神活跃。麦角还会使血管变窄收缩，严重时会导致四肢坏疽。麦角生物碱含有麦角酸，麦角酰二乙胺（LSD）便是由此制成。毒理学家现在已知的麦角中毒症状包括产生幻觉、严重的精神紊乱、妄想、抽搐、眩晕、呕吐、皮肤有爬行感，以及四肢刺痛和难以忍受的灼烧感——所有这些症状在欧洲和萨勒姆女巫审判期间都曾见诸报道。重度麦角中毒时，外围血管收缩会导致坏疽和死亡。有趣的是，用感染麦角的谷物喂养的牲畜常常会不育，这使我们想到导致牲畜不孕正是女巫常受到的众多指控之一。

玛丽·马托西安（Mary Matossian）在她的《过去的毒药：霉菌、流行病和历史》（*Poisons of the Past: Moulds, Epidemics and History*）一书中写到，黑麦麦角影响的地域远远不止萨勒姆，而是贯穿于7个世纪以来欧洲、美洲的人口统计、天气和作物记录。她研究认为，麦角在中世纪时期是一种广泛分布于欧洲的谷物寄生物，在特别潮湿的春天和夏天情况最为严重。由于高温无法分解麦角中导致精神兴奋的化合物，这些化合物会残留在用麦角感染谷物烘焙而成的面包中。除了“迷惑”的症状，麦角还严重削弱了人的免疫系统，这让玛丽·马托西安认为，利于麦角生长的气候以及人们以黑麦面包为主的饮食结构导致了诸如黑死病这样的流行病的暴发，进而引发了人口的急剧下降。

在欧洲那些不以黑麦为主食，气候不利于麦角生长的地区，猎巫活动便很少发生。

1951 年，法国一个名为圣埃斯普里桥（Pont St. Esprit）的小镇爆发[82]了麦角中毒的事件，对这次事件的关注使人们了解到在中世纪谷物作为人们主要食物的时期，这类事件可能导致的严重后果。当时，圣埃斯普里桥当地的面包店无意中出售了受到麦角污染的面包，结果导致 4 人死亡，无数人出现幻觉、呕吐、皮肤下爬行感、剧烈抽搐以及其他麦角中毒的典型症状。尽管迷信者不可避免地猜测人们着魔、受到迷惑或者魔鬼占据了面包店，但经过实验室检测，麦角无疑才是真正的罪魁祸首。

弱势的女性

2009 年 5 月 4 日，英国《每日邮报》刊登了一篇文章："一名因巫术罪被斩首并被埋葬在荒郊野外的 14 世纪少女的遗骸，在距其死亡 700 年后的今天最终得到妥善安葬。这个女孩被考古学家命名为霍莉（Holly），因为她的遗体是在一片冬青灌木下发现的，头颅被放在身体的一侧，表明她可能被指控使用了巫术……斩首被认为会断绝来世，这意味着霍莉在生前受到了羞辱。"在被指控为巫师的人中，约 80% 是女性。与男性不同，女性被认为掌握着超自然的力量，因此更容易被怀疑接触巫术。当时的宗教体系默认女性要比男性弱得多，因此也更容易屈服于魔鬼。关于巫术，英国国王詹姆士一世（James Ⅰ）在其1597年的《恶魔学》（*Daemonologie*）一书中写道：“有20个女人被赋予了这种技艺，男人却只有一个。”

传统上，女性从古至今都被笼罩在一种魔法光环中。这很大程度上归因于人们对女性生理学的无知，直到今天，女性生理学才被大多数文明社会理解接受。对待月经、怀孕以及分娩，从前人们的典型反应就是恐惧、敬畏以及为不洁而感到羞耻。基督教会进一步加深了人们的这种态度。西奥多大主教在7世纪时颁布的《悔罪规则书》（*Penitential*）禁止妇女在经期进入教堂或接受圣餐，孕妇在分娩后40天内同样也被禁止进入教堂或接受圣餐。

当时教会和男性对待女性的一般立场决定了人们对女性的普遍态度。他们将人类在伊甸园的堕落归咎于夏娃，西方文化中充斥着这一类思想——夏娃成了世间罪恶的焦点。作为夏娃的女儿，女性总是被看作一种诱惑，即便她们并无此意。由于女性在性交中处于接受一方，而且这种接受与男性相比通常被看作是无限的，这就使人们产生了一种女性不知满足，容易引男性误入歧途的观念。圣杰罗姆（St. Jerome，约340—420）总结了当时人们的观念：“……女人的爱通常被指责为永不满足；把它熄灭，它就会爆发出火焰；给它很多，它便想要更多；它使男人的心灵萎靡不振，除它滋养的激情以外，其他所有思想都被它据为己有。”圣保罗的禁欲主义观点进一步加重了人们对女性的厌恶。基督教神父德尔图良（Tertullian，约160—235）本人娶妻生子，但他仍然谴责性行为不合教规，并称妇女为“通向魔鬼的

83

大门”。其他的教会神父也纷纷效仿。圣杰罗姆甚至质疑女人是否是人类，圣奥古斯丁（St. Augustine，354—386）宣称女性在道德和精神上都不如男性，托马斯·阿奎纳（1225—1274）认为女人是邪恶的诱惑。当时女性主要的经典形象除了贞洁无瑕的处女，剩下的就是脓包满身的妓女和巫婆了。

除此之外，过去的人们对妇女作为生育者的角色表示担忧。因为传统上，女性被看作是具有欺骗性的，男性不能保证自己所抚养的孩子就是自己的亲生骨肉。人们认为，如果妇女不再害怕分娩，天下就会大乱。因此，妇女们不得不以一种极度担忧的态度对待性；将其看作是毫无乐趣的，只不过是婚姻的义务，且总是伴随分娩的痛苦甚至死亡。16 世纪，马丁·路德直言不讳地表达了当时仍然十分流行的一种观点，即“妇女死于分娩也无妨，毕竟这就是她们诞生的意义。”过去的接生婆懂得如何减轻分娩的痛苦，这也被人们看作一种威胁，再加上她们将所用药剂的配方保密，自然使得她们笼罩在一种神秘氛围中。因此，《女巫之锤》特别指出接生婆应该受到最恶劣的对待。[84]

当时的教会领袖一致表达了对妇女的厌恶之情，这导致世人也开始轻蔑地对待女性，这在针对女巫以及与性有关的指控中尤为明显。女巫被指控疯狂纵欲，与自己的魔鬼主人以及其属下恶魔交媾。在人们看来，她们是造成男性阳痿和女性不育的唯一原因。

女巫的仆人

与巫术有关的信仰主要关注的是利用黑魔法相关的活动来获得保护。在公众的想象中，典型的女巫是一个以给他人造成伤害和不幸为乐的老巫婆形象。传统中，女巫被描绘成身着黑衣，与她们最信任的伙伴——黑猫、蝙蝠和乌鸦——以及尖顶帽子、坩埚与咒语书为伴。“女巫的动物伙伴”这一说法来源于拉丁语中的 famulus 一词，意思是“仆人”，据说指的是化为人形或动物的恶魔，吸食女巫血液，并依照其吩咐行事。人们普遍认为女巫可以变形为这些仆从的样子。这些仆从通常以小型家养动物的形象出现，但有时也可以是怪物、蟾蜍或者苍蝇。魔蝇是过去北欧巫术的标志之一。这些微小却拥有很强移动能力的生物具有天然的条件，能够接触一切可能使用巫术的人。

猫被人们看作女巫的随从实属命运悲惨。猫在古代曾被赋予神圣的地位，但在基督教统治下的欧洲，猫注定无法受到尊崇。基督教会猛烈抨击异教徒，并成功地将猫这种曾经地位神圣的动物贬为魔鬼。在大多数欧洲国家，黑猫被看作撒旦的化身。在英国，背负这一罪名的则变成了白猫，而花斑猫则被视为女巫的仆从，因而臭名昭著。这让我们想起莎士比亚的《麦克白》中，巫婆曾用不祥的语调尖声叫道：“斑猫已经叫过了三声。”

85

在欧洲的猎巫狂潮时期，任何人都有可能被不怀好意的邻居或熟人不分青红皂白地举报可以变成猫的样子。在 1607 年的苏格兰，一个名叫伊索贝尔·格里尔森（Isobel Grierson）的女子因为被举报变成猫潜入苏格兰工程师亚当·克拉克（Adam Clark）位于普雷斯顿潘斯的家中而被处以绞刑。英格兰最后一个因巫术而受审的人名叫简·韦纳姆（Jane Wenham），她被指控变成猫的样子来恐吓受害者。1718年，英国猎巫狂潮逐渐接近尾声，来自凯思内斯郡的威廉·蒙哥马利（William Montgomery）声称自己要被一群在自家屋外用人类语言闲聊的猫逼疯了。他用斧头猛砍这些猫，砍死两只，砍伤数只。第二天，有两名当地老妇被发现死在了各自的床上，还有一名老妇的腿上有一道无法解释成因的伤口。这被看作是毋庸置疑的证据，证明女巫会在夜间变换自己的形态。女巫猎人们则拥有异常丰富的想象力，他们总是能“看到”自己想要看到的东西。

不仅仅是猫，野兔和家兔都被看作是女巫的仆从。人们坚信女巫可以变成野兔或家兔的样子。这就是为什么兔子的各种身体部位总是出现在施放恶作剧咒语或制作魔法药水的过程中。将遇见野兔视为不祥的观念起源于中世纪，当时的人们认为所有野兔都是女巫变成的。根据流行的观点，女巫通过将野兔的脂肪涂抹在皮肤上来实现变形。通常，女巫会伪装成野兔在森林中与猎人对话，捉弄他们，将他们引入歧途。这是许多童话故事和民间传说的核心主题。人们相信，如果野兔被猎杀或者受伤，第二天人们一定会发现一个要么已经死亡，要么有一道与野兔相同伤口的女巫。无数的老妇人因为这种牵强的证据而被绞死或者烧死。野兔发出的类似人声的哀号和其直立的坐姿可能是导致这种观念的原因。

忏悔和定罪

86 教会认为某人没有招供就将其按巫师定罪是不公平的。但是为了使人认罪，教会以上帝的名义批准人们对嫌疑人实施最残忍、最可怕的折磨。他们扯断嫌疑人的四肢，将它们用扭曲的姿势捆绑起来；把手指、胳膊和腿慢慢碾碎或打成肉泥；把舌头拧出来，灌入烧化的铁水；或者点燃受审者的头发。通常，这些只是真正酷刑开始前的铺垫。大多数无辜的受害者在经受了不可言状的暴行之后，都会承认对他们的任何指控，以此结束折磨。然后受害者会被要求供出同谋者的名字，否则将会继续受到酷刑的折磨。这导致了更多的无辜者被捕，因此，在当权者和公众眼中，女巫数量明显增加！女巫猎人们似乎从未意识到他们正在创造女巫，为了免受痛苦的折磨，受害者愿意承认任何他们想要听到的罪行。

审判所宣称他们的目的不仅仅是惩罚有罪之人，而且还要拯救这些可怜之人的灵魂。那些在严刑拷打下招供的人会被允许接受圣礼，然后受绞刑或被斩首，“痛快”地死去，从而避免被烧死。虽然大多数受害者在押往行刑场的途中都会激烈地否认原先的供词，但这种否认最终无一例外被判无效。

在这样的情况下，被判有罪的确切人数已无从知晓，但受害者的数量一定十分庞大。现代学者估计这一人数可达数万。欧洲的大部分地区陷入了女巫审判的恐怖中。在宗教改革时期的德意志各州，情况尤为严峻。当时的天主教徒和新教徒都十分狂热地参与到搜巫运动中，其程度仅仅因为可怕的欧洲三十年战争（1618—1648）才受到轻微影响。在历史上，英格兰从未设立过宗教裁判所，因为英国的司法机构强烈反对酷刑，因此，对待女巫他们通常选择绞刑而非火刑。

1631 年，荷兰成为最早结束女巫迫害的国家之一。人们最终意识到太多的定罪都是出于怨恨和忌妒，而所谓的口供内容大多是由审判官所问的问题决定的，更不用说提取口供靠的是残忍酷刑这一屡试不爽的方法。17 世纪下半叶，意大利的神圣罗马异端裁判所敦促法官只在高度怀疑嫌疑人有罪的情况下才实施酷刑，同时停止迫害那些被怀疑参加女巫安息日的人。

87

最终在 1680 年之后，欧洲大部分地区的女巫审判数量开始减少。迫害事件也逐渐减少，1736 年，英格兰废除了针对巫术指控的死刑，最后一次女巫处决发生在 1782 年的瑞士。东欧很大程度上没有受到猎巫狂潮的影响，因为东正教会没有像自己西派教会的同行那样大肆宣传恶魔论。

过去的人们普遍认为巫术是导致各种不幸及自然灾害的罪魁祸首，所以他们设计出了各种符咒和护身符来保护人类、牲畜及家园免受邪恶影响。人们认为欧洲巫术的核心是对魔鬼或者恶魔的崇拜。

长角的魔鬼

在中世纪社会，魔鬼被视为一种持续的威胁，他伺机想要抓住人类哪怕最小的弱点，用财富、权力以及满足性欲来诱惑渴望它们的人，进一步导致他们犯下各种各样的罪行。人们相信魔鬼能够即刻显形，一提及他的名字，他就会立刻出现。每个人都害怕魔鬼，不愿提及他的名字，因此将其代称为“老尼克”，避免招惹黑暗和邪恶力量。形容词“老”在这里的用法源自古代，当时的人们用“老”字表达对成熟的尊重。因此，人们希望通过将魔鬼称为“老尼克”或与之类似的“老哈利”来满足魔鬼的虚荣心。

英语中有一种说法，即 there’ll be the dickens to pay（会惹上大麻烦），在这一表达中，人们巧妙地运用与魔鬼（devil）拥有相同首字母的 dickens 作为其委婉语。莎士比亚在《温莎的风流娘儿们》中就用这种表达来指代魔鬼，书中的培琪夫人说道：“我总记不起那个人究竟姓甚名谁。”（I cannot tell, what the dickens his name is.）有人认为，表示会有大麻烦的 the devil to pay 源于过去的人们相信，获得财富或者享受尘世的快乐就意味着必须首先与魔鬼达成交易。

在民间传说和童话故事中，魔鬼经常被描绘成十分愚蠢，易被聪明伎俩所骗的形象。在中世纪的艺术、文学和哲学中，魔鬼是十分常见的形象，他被描绘得十分丑陋、浑身散发恶臭，通常具有山羊的特征，如角、尾巴和偶蹄。魔鬼被认为虽然可以变幻成各种样子，却唯独不能改变自己的偶蹄，这使人们总是可以辨认并将其指出。这些特征源自神学上对于魔鬼最早的定义，由早期的基督教神父以图画的形式生动地表现出来。这一形象最早可以追溯到公元 447 年的托莱多公会议。在这次公会议中，魔鬼被定义为一个黑色的怪物，头上有角，长有偶蹄与巨大的生殖器，浑身散发着难闻的硫黄味。

魔鬼拥有偶蹄、尾巴和角，这些典型特征源自对某种最古老恶魔的描述。一篇来源于古代叙利亚乌加里特的神话讲述了当地的埃尔神（El）曾经受到一个长着“两只角和一条尾巴”的恶魔惊吓的故事。在印度教、佛教和波斯神话中，邪恶生物也常常被描绘成头上长角的形象。

魔鬼拥有偶蹄的形象也可能起源于拉比文学，其中魔鬼被称为seirizzim，意思是“山羊”。犹太人的替罪羊仪式同样倾向于将山羊与邪恶联系在一起。《马太福音》中，这一联系得到了加强，书中耶稣将义人比作绵羊，把恶人比作山羊，恶人必将受到惩罚，“进入那为魔鬼和他的使者所预备的永火里去”。

托莱多公会议中基督教神父对魔鬼的描绘性定义不仅受到《圣经》的影响，还受到了当时罗马帝国盛行的各种异教的影响。古希腊和古罗马神话中带角的神很可能在后来成了基督教关于魔鬼概念的原型，他们在单一神论的原则下得以幸存，却又作为旧神在新的宗教中遭到妖魔化。

89

从那些被指控使用巫术者的供词以及后来艺术家的画作来看，魔鬼的样子似乎与希腊神话中半人半羊，拥有偶蹄、山羊角和胡须的潘神十分相似。基督教将魔鬼描绘成像山羊一样淫荡的生物。在古希腊，潘神作为羊群、牛群和牧场的保护神，掌管繁衍和生育，受到人们极高的崇拜。带角的潘神是一个多情的神，他与丰产联系在一起，主要作用就是使羊群多产，这在当时牲畜作为人们生计基础的时代，无疑拥有着十分重要的意义。山羊对交配的热爱致使人们用 horny（带角的，淫荡的）一词形容性欲旺盛的人。有趣的是，角与生育力的关联正好也是《旧约》中用“角”来代指阴茎的起源，同时也解释了为什么世界各地都有将角磨成粉作为壮阳药的现象，因此，今天的人们仍会用“老角”（Old Horny）来称呼欧洲民间传说中半人半羊的魔鬼。

第四章
占卜、征兆和预兆

Chapter 4
Divination, Omens and Portents

占卜未来

占卜术可以被定义为一种利用超自然手段洞察未知，了解过去、现在和未来的特殊方法。从人类文明之初，人们便开始尝试通过各种在人类看来能够获得预测性知识的实践活动探寻未来。占卜在古代文明中总是与宗教紧密相连。英语中的占卜即 divination 一词来源于拉丁语单词 divinare，同样表达“占卜”的意思，亦指通过与神灵的特殊交流，从超自然世界获得高级知识。在拉丁语中，解读征兆的技艺被简单地称为占卜活动或 divinatio，希腊语中，神（theos）与预言家们的工作紧密相连。今天，占卜已经与宗教毫无联系，但仍保留在迷信思想中。现代社会的占卜主要预测个人未来，而非像过去那样针对整个社 91

会进行预测。

占卜起源于远古时代，早在公元前2000年巴比伦人就开始进行占卜了。在古亚述及古巴比伦遗址中，人们发掘出了数以千计的黏土片，古代的占卜家们将这些黏土片分类，从中获取各种预兆，这证明占卜术在古亚述和古巴比伦社会中有着十分重要的地位。类似地，中国曾出土过数千块刻有铭文的商代（约公元前1300年）骨片。这些骨片被用于每日的占卜，人们将其在火上加热，对其产生的裂缝和裂纹进行“解读”。所有的骨片上都镌刻着向上天提出的问题，以及可供参考的预言和占卜结果。

一般来说，古代的各种公共或私人活动在开展之前首先要有个好的预兆。古巴比伦人对预兆有着浓厚的兴趣，预言家们会用各种各样的占卜方法预测每一项重要活动的结果。对于恶魔可能造成的苦难和不幸，人们向来深感畏惧，这促使祭司们使用各种各样的魔法仪式驱逐恶魔。在古代美索不达米亚，占卜师会将所有观察到的迹象报告给国王。在古希腊和古罗马，占卜同样十分盛行，对于人们来说，占卜得到的神谕至关重要。

从本质上说，占卜分为两种类型：通灵法和解读法。通灵法主要包括神谕，在古代，神谕通常带有癫狂和晦涩的特征。在一些现代算命人或传统巫医那里，人们仍然可以观察到他们进入或假装进入恍惚状态，以此进行占卜的样子。在这种类型的占卜中，占卜者通过进入一种恍惚或被附体的状态，利用其通灵能力为他人提供建议。

与之对应的解读法则是对特定事件和对象进行长期的观察，从中总结出某些既定原则，根据这些原则对预兆进行分析和解释。对此，希罗多德曾说道：“埃及人……将任何不寻常现象的观察结果以书面形式记录下来，这样他们便可以在未来出现类似现象时对可能出现的结果进行预测。”占卜者会借助诸如骨头、沙子、贝壳、卡片、杯中的沉淀物或其他任何适合的物体，凭借直觉判断对预兆进行解读。在古代，鸟类、圣鱼或经过驯养的蛇的行为常会被人类视为某种迹象，加以解读并应用于人类活动。若这些动物行动缓慢，人们可能将其解读为预示着作物生长缓慢，收成欠佳。但若是它们动作迅猛，则预示着作物生长迅速，丰收可期。在古希腊人看来，希腊语中名叫 oionoi 的猛禽具有尤其重要的预示作用。传说罗马建城的时候，城中曾出现过 12 只雄鹰，对于罗马城创始人罗慕路斯（Romulus）来说这是一个再好不过的预兆。荷马史诗《伊利亚特》中的卡尔恰斯被誉为“最善于观察鸟类的人”，他利用鸟占术带领希腊军队攻进特洛伊。即使到了基督教时期，统治者也很难禁止观鸟仪式，因为几个世纪以来，鸟占术一直被罗马军队当作他们的行军指南。

93

许多凯尔特部落和日耳曼部落用大锅进行占卜，在他们看来，大锅神圣而具有魔力，可以被用来进行占卜。古希腊历史学家、地理学家斯特拉波（Strabo）（约前 64—前 19）详细记载了一个名为辛布里的日耳曼部落对囚犯实行仪式性杀戮的过程：“陪伴他们一同踏上征途的妇女中包括拥有预言天赋的女祭司。……他们手中拿着剑穿过营地，朝囚犯们走去，用花环装饰他们，将他们带到一口巨大的青铜大锅前。囚犯们踏上一级台阶，将头伸向大锅，战士们将囚犯的喉咙割开。”之后，女祭司会对血滴在大锅中形成的形状进行解读，预测即将到来的战斗的胜负。[①]同样，其他用来盛水或各种液体的容器也都被古人用于占卜。基督教历史上，传统占卜与基督教会总是处于隐性的冲突之中。然而，正如我们在《旧约》中所看到的，预言并不包括在这些冲突之中。在人们看来，预言是通过神的启发对未来事件进行预测的能力。

占卜的形式多种多样，包括内脏占卜、剖肝占卜、神谕、占星学、手相学、命理学、塔罗牌、《圣经》占卜、茶叶解读、占卜杖、骰子，以及各种形式的水晶球占卜。今天，世界各地的人们还在广泛地进行着各种类型的占卜，在灵异主题展、报纸和互联网上，与此相关的内容依然大量存在。

胆怯的懦夫

内脏占卜和剖肝占卜是两种重要的占卜形式，利用这两种占卜法，占卜者能够预测未来事件。这两种占卜形式都起源于古巴比伦，后被古希腊人和古罗马人采用，在凯尔特和日耳曼社会，亚洲、非洲以及中美洲和南美洲的原住民中，这两种占卜形式都曾出现。

94

内脏占卜指的是对被献祭的动物或囚犯的内脏进行详细检视。若内脏出现“血污”过重、畸形或变色则预示灾难即将来临。希腊历史学

① 大锅和酒杯似乎广泛地受到人们的敬畏。作为液体容器，它们代表着微型的池塘和水井。它们借助食物和饮料转移营养，以及用于各种仪式，用贵金属铸成的大锅和酒杯具有更强的效力。

家和地理学家斯特拉波说：“他们……切开囚犯的肚子，从内脏中解读预兆，宣告他们将在即将到来的战斗中大获全胜。”

剖肝占卜术在古代十分流行。人们曾发现古巴比伦时期用于占卜的绵羊肝脏的黏土模型，据研究，这种预兆占卜的传统可以追溯到约公元前 2050 年。同样，考古学家也曾发现过上百件伊斯特鲁里亚人用黏土和青铜制成的肝脏模型。在古人看来，肝脏是宇宙的反映，是“天堂的镜子”，与黄道十二宫一样，被人们认为反映了众神的意志。肝脏被看作身体的血液之源，因此也是生命的动力，这赋予了肝脏特殊的神秘意义。所有想得到预言的人都必须带一只羊到神殿里献祭。人们将希望得到解答的问题写在黏土片上放在神像脚下。然后祭司助手把羊杀掉，熟练地取出肝脏，把它放在面前仔细地检查。为了达到占卜的目的，肝脏必须是从用于献祭的动物或人身上新鲜摘取的。任何肝脏变色、畸形、缺失或者凹陷特征，特别是出现在肝脏左侧时，都被看作不祥的预兆，并与不幸联系起来。当宫廷占卜师进行战前占卜时，成千上万严阵以待的士兵甚至一连几天都会原地待命，直到占卜师禀报好兆头的出现。这一幕被苏格拉底（前 469—前 399）的学生色诺芬（Xenaphon）记录了下来，色诺芬也是一位历史学家、随笔作家和士兵，他曾在希腊军队中当过一段时间的雇佣兵。

从剖肝占卜的习俗中衍生出一种说法，即胆小鬼、懦夫的肝脏跟百合花一样轻，因此，今天在英语中人们仍然会用 lily-livered（胆怯的）来形容懦弱的行为。

古老的神谕

95 神谕是一种典型的通灵法占卜，是以占卜者或某种事物作为媒介进行的占卜形式，神谕在各个古代民族的信仰中都占有重要地位，常常作为宗教仪式必不可少的一部分。英语中的神谕即oracle一词来源于拉丁语单词orare，表示“说”或“祈祷”，今天，其最初含义早已产生了变化。“神谕”一词不仅可以指某个神或者祭司在神的授意下对有关未来的问题做出回答，也可以指做出回应的神明或者人物本身，还可以指人类向神发问的地方。希腊哲学家普鲁塔克在他的著作《迷信》（*De Superstitio*）一书中说，寻找神谕是一种宗教行为，而解读神谕则是一种迷信行为。神谕不仅通过进入恍惚状态传递一种隐秘的语言信息，还可以借助梦和招魂术（从死者的灵魂中获得启示）的方式实现解梦和占卜。

神谕起源于数千年以前。古代皇帝或者国王在做出任何重要决定之前都会先向神谕寻求建议。[①]神谕通常与女性联系在一起，在古希腊，这种占卜是由一位被称为皮提亚（Pythia）的女祭司在某些药物或蒸气的影响下，说出神秘且常常具有警示性的启示。这座进行神谕占卜的神殿就被人们叫作“神谕”，意为“祈祷之地”或“圣言之地”。神谕位于德尔斐古城，它坐落在高山之上，围绕阿波罗神殿建成，周围

① 古代最著名的神谕包括德尔斐的阿波罗神谕、多多那的宙斯神谕、埃及锡瓦绿洲的阿蒙神谕（亚历山大大帝曾在此求神谕）、克里特岛的朱庇特神谕、迈锡尼的密涅瓦神谕、塞浦路斯帕福斯的维纳斯神谕、埃皮达鲁斯的阿斯克勒庇俄斯神谕，以及现在土耳其境内的克拉罗斯和迪迪马神谕。

环绕着巨大的围墙，殿内收藏了大量珍宝。神殿旁边便是地穴的入口，太阳神阿波罗便是在地穴之中通过著名的皮提亚向人们宣告他的神谕。

希腊历史学家狄奥多罗斯（Diodorus，约前 90—前 21）讲述了关于德尔斐神谕起源的传说：据说一个名叫科雷塔斯的牧羊人正在牧羊，几只山羊在岩石间吃草，当羊接近一个洞穴，洞穴中突然冒出了具有迷醉作用的蒸气。吸入了这些蒸气的山羊莫名其妙地惊厥抽搐，倒在地上。科雷塔斯上前查看，发现地上有个裂缝，他弯下腰，也吸入了一些从中飘出的蒸气。突然间，他开始以一种奇怪的方式开口说话。其他牧民走过来听他讲话，惊讶地发现科雷塔斯正在预言他们的未来。祭司们匆忙调查这一神秘的现象，并认定这些迹象表明有位神灵希望从这个岩石洞穴中，借助人类之口向人们传达他的智慧。包括规模可与帕特农神庙相媲美的阿波罗神殿在内的数十座建筑物的圣地德尔斐，因此围绕这一传奇的地点建立起来。从此，每个月都会有一位被称为皮提亚［纪念阿波罗战胜巨蛇皮同（Python）］的处女坐在三脚桌上，通过燃烧月桂木、松木、天仙子、鸦片酊及其他令人迷醉的物质产生幻觉，说出带有预言性质的话。

96

每个月的第七天，德尔斐古城都挤满了前来求神谕的人，他们带来了丰富的供品，这些供品大多是从当地的摊位和商店里买到的。通过这种方式，小镇获得了丰厚的利润，经济日渐繁荣。因此，对于古代世界的祭司来说，维持公众对于神谕这一特殊地点的兴趣能够满足自己的利益。神谕也可以吸引名人，当名人宣称他们获得的建议和预言得到应验时，神谕的名声就会像野火一样传播出去。祭司们显然懂得如何巧妙利用这些情况。菲利普·范登堡（Phillip Vandenberg）在他的《神谕之谜》（*The Mystery of the Oracles*）中描述了神谕占卜时期的德尔斐古城："每个月的第七天，这里发生的一切都经过精心的排练，它由超心理学的、政治的以及物质利益构成。在这个制造预言的机制中，皮提亚只不过是一个为人操控的工具；她对此心知肚明，但她对自己能够成为神明的发声媒介而深感自豪。"

不同地方的神谕占卜程序也大不相同。古罗马历史学家塔西佗（Tacitus，约56—117）在他的《编年史》（*Annals*）中描写了坐落在今天土耳其境内的克拉罗斯神谕（Oracle of Claros）的日常事务。在古代，克拉罗斯神谕拥有与德尔斐神谕同样重要的地位。据塔西佗描写，克拉罗斯神谕内的工作主要由一位男祭司掌管，当被问及一些具体的问题，他就会到圣地底下的山洞从圣泉中喝水，尽管他基本不识字，对韵律也一无所知，但喝下圣水后，他就会自发地针对来访者的问题创作一套诗句作为答案。可惜的是，这一神奇的技艺在2000年前就不幸失传了。

97

有关皮提亚或者说女祭司（pythoness）的一个有趣事实是，现代非洲的女性占卜师也被称为"女祭司"（pythoness）。在《透过时间迷雾看非洲》（*Africa through the Mists of Time*）一书中，布伦达·沙利文（Brenda Sullivan）写道："据我所知，今天的非洲占卜师使用的技艺或许有着十分悠久的历史，过去希腊女祭司在德尔斐神谕的神庙中进行的或许就是与此类似的仪式。"

神谕给出的回应通常十分模糊晦涩，以至于经常被人误解或产生误导。例如，吕底亚国王克洛伊索斯（Croesus）曾向德尔斐神谕咨询其入侵计划，他得到的回答是：“当克洛伊索斯渡过哈吕斯河，他将倾覆一个国家的力量。”克洛伊索斯自然而然地认为这一信息暗指的一定是他的军队推翻敌国，直到波斯国王居鲁士将他击败，他才意识到，被倾覆的原来是自己的国家，但为时已晚。

牌中有乾坤

当今时代最为流行的占卜方法之一就是使用普通的扑克牌或者体积更大、制作更精良的塔罗牌进行占卜。人们认为这种类型的占卜能够激发占卜者的直觉，使其发掘出存在于其潜意识中的答案。

现代纸牌的起源仍然存在争议，与之相关的理论数量不亚于各种纸牌的玩法。从古至今，卡牌的制作材料包括树皮、兽皮、象牙、竹子或纸板，今天的卡牌多用塑料制成，卡片图案包括手绘、木版印刷和平版印刷等形式。据说，早在公元969年中国就出现了卡牌，印度人则宣称卡牌是他们发明的。根据当地传说，卡牌是一位印度大君的妻子为了给自己患有神经紊乱的丈夫找点儿事做而发明的。不管起源于哪里，卡牌游戏最终在13世纪前后传到了欧洲。

在巴黎的法国国家图书馆，人们可以看到已知最早的一副扑克牌。[98] 据说这副扑克牌是法国国王查理六世（Charles Ⅵ，1368—1422）在饱受忧郁之苦时，手下为了取悦他而制作的。扑克牌的四个花色代表着当时社会的四个阶层：黑桃——军队（形似矛尖），红桃——神职人员，方块——商人，梅花——农民。

中世纪时，教会当局反对玩扑克牌，以至于后来拥有一副扑克牌在清教徒看来都是有罪的。扑克牌在现代有时会被称为“魔鬼的图画书”。迷信因素依然存在于各种纸牌赌博游戏中，要想获得幸运女神垂青就必须依赖各种各样的吉利因素。因此，迷信的赌徒会交叉双腿，以此希望摸到好牌，还会通过打响指或在摸牌前对着反扣的牌吹气以驱除负面因素。所有这些举动都被认为能够为赌徒带来好运。

今天，各种为占卜或冥想而设计的牌组都可以被统称为塔罗牌。许多人痴迷于这种新时代的占卜方法，因此，市面上出现了成百上千种不同的牌组，自称象征着“宇宙的编码奥秘”，牌面上则描绘着各种古代文明、神话和传说的图案。凯尔特、哥特、盎格鲁－撒克逊、埃及及其他各种文化背景的塔罗牌应有尽有；它们以神话范畴、特定的心理学理论或信息传播为基础。然而，当今市面上大多数的塔罗牌都产生于过去的几十年间。

塔罗牌的真正起源无从知晓，但许多理论都将这种占卜与各种各样的文化信仰联系在一起。关于塔罗牌起源的其中一个理论是，圣殿骑士团在1314年解散之前，将他们的信仰记录在了22张大阿卡那牌上。虽然塔罗牌中包含一些基督教元素，但与圣殿骑士团联系在一起似乎不太可能。另一种常见的传说则是，塔罗牌是吉卜赛人从亚洲带到欧洲的。还有一种说法认为，塔罗牌起源于阿拉伯文化，由十字军引入

99

欧洲，因为塔罗牌与伊斯兰世界的马穆鲁克牌十分相近。还有人认为，塔罗牌是一种非常早出现的象棋形式，发源于印度，甚至也有人将塔罗牌的发明与古代中国联系在一起。还有理论认为，虽然塔罗牌与古埃及托特神（Thoth）的象形文字表有间接的联系，但塔罗牌实际上来源于犹太人。最广为接受的还是塔罗牌起源于古埃及象形文字的理论，尽管这种可能性并不大。这一理论是由巴黎新教牧师安托万·库尔·德热伯兰（Antoine Court de Gebelin，1728—1784）经过详细阐述最终得出的。

无论塔罗牌真正起源于哪里，正如现代人所知，它曾植根于文艺复兴时期，当时，各种卡牌游戏都已传入欧洲。最早关于塔罗牌的记载表明，一开始塔罗牌被看作一种纸牌游戏，在法国它被称为 Les Tarots, 在意大利则被称为 Tarocchi。这种游戏是桥牌的远亲，跟今天用于占卜的塔罗牌没有任何相似之处。在中世纪的意大利，这种名为 Tarocchi 的塔罗牌游戏十分受欢迎，特别是在贵族之间。艺术家们受贵族委托，为他们制作精美的塔罗牌，其中一些得以保留下来。这些卡片描绘了神话中的符号和人物，其原型图像通常表达神秘的精神。现存最早的塔罗牌制作于 1450 年，为米兰的维斯康蒂（Visconti）家族所有。然而，其他许多被看作具有历史意义的真品牌组并不是产自意大利，而是来自法国。普通卡牌在民众中也流行起来，但都没有最终流传下来。

从这种名为 Tarocchi 的纸牌游戏开始，塔罗牌逐渐被用于占卜。塔罗牌的整套神秘传统是由相比之下不那么出名的巴黎新教牧师、共济会成员和学者德热伯兰创造的，他在 1781 年的作品中提到了塔罗牌。大多数与塔罗牌有关的神话定义，包括塔罗牌起源于埃及，它与犹太神秘哲学有关等，都是由德热伯兰“创造”的。德热伯兰的观点在人们对埃及铭文知之甚少的时候被人们所接受，他认为埃及塔罗牌是最古老的纸牌占卜形式。德热伯兰宣称，塔罗牌是由古埃及掌管写作、知识以及魔法的托特神发明的。在研究神秘学的同时，德热伯兰提出了塔罗牌与《托特之书》（*Book of Thoth*）之间存在联系的理论。这一假设的提出正值人们对于与埃及相关的任何事物都充满兴趣的时代。19 世纪中叶，另一位对神秘学有着浓厚兴趣的法国人，阿方斯·路易·康斯坦（Alphonse Louis Constant）对塔罗牌进行了修改和“调整”，使其更适合占卜，塔罗牌因此大受欢迎。他所创造的体系带动了多个塔罗牌系列的生产。后来，塔罗牌引起了英国神秘主义者阿莱斯特·克劳利（Aleister Crowly）的兴趣，他更是创作了一系列的长篇著作研究塔罗牌的使用方法。

大多数的塔罗牌包含 78 张牌：四种花色的数字牌、四种花色的宫廷牌以及一系列没有花色的标志牌。经过多年演变，塔罗牌中的王牌最终也被人们用数字编上了号，只有一张被称为“愚者”的牌至今仍然没有数字编号，有时则会被指定为零号。

在当今时代，塔罗牌依旧十分流行，在各种新潮的商店、互联网以及灵异主题展中，有多达几十种塔罗牌组可供人们选择。

七年厄运

通过占卜从镜子中获取某些信息的技艺被称为镜子占卜（catoptromancy）或占卜（scrying）。自古以来，镜子除了原本的用途，在古代占卜和宗教方面也发挥着关键作用。

在中国西部一个约公元前1500年左右的古代墓葬中，人们发现了一个由高度抛光的金属制成的镜子。阿兹特克人用高度抛光的黑曜石做成镜子，而古希腊人和古罗马人使用磨光的铜或银盘作为镜子。镜子的制作方法早在中世纪时便为人所知，但当时人们制作的镜子十分原始，与现代人使用的镜子完全不同。然而，似乎也有一些古老文明很早便已开始使用玻璃镜子，正如古罗马历史学家老普林尼特别提到的，在距他所处时代的几个世纪以前，叙利亚城市西顿便生产出了玻璃镜子。

在古代，镜子总是被用来使恶魔和邪灵现身并将它们吓跑。与水池和湖泊一样，镜子在许多文化中被视为进入另一个世界或维度的入口。据传说，阿兹特克神泰兹卡特里波卡（Tezcatlipoca，其名字可以被翻译为“烟镜”）拥有一个魔镜，他可以通过这个魔镜看到世间发生的一切。类似地，在古埃及，人们相信掌管爱情、音乐和舞蹈的女神哈索尔不仅拥有可以洞察一切的太阳神拉的神圣之眼，还拥有一面可以将一切生物照出原形的盾牌。这个盾牌便成为第一面拥有看透一切之能力的魔镜，不论未来多么遥远，它都可以一探究竟。当然，魔镜曾是许多神话故事的主题。例如，白雪公主的邪恶继母就曾对着魔镜问道：

101

“魔镜魔镜，谁是这个世界上最美丽的女人？”

一般人们认为镜子可以反射邪眼的有害视线。因此在中世纪，那些害怕受到巫术蛊惑的人会购买所谓的巫球（witch-balls）来保护自己，巫球（witch-balls）这一名称很可能就是警戒球（watch-balls）的变体。这种具有反射作用的小玻璃球据说可以反映出物体的微小形态，帮助人们保持警惕，提防女巫接近，以此起到避邪的作用。17世纪在许多欧洲国家，男性和女性常常在帽子或衣服上佩戴小镜子来避免邪眼的侵害。时至今日，将小镜子挂在门口、窗边及车里，将其缝在衣服上或随身携带以发挥避邪作用的做法在现代社会，特别是在中国、印度尼西亚、印度和中东等地仍然十分常见。

自古以来，镜子就与占卜以及神秘事物联系在一起。人们相信，把镜子浸入水中，然后对病人在其中的映像进行解读可以诊断出疾病的严重程度。以前，若有人重病缠身，人们就会将其家里所有的镜子遮住。之所以这样做，是因为人们相信人在生病期间，灵魂会暂时与肉体分离，人们担心灵魂受到镜子迷惑找不到返回的道路，而被永远地困在镜像世界中。另一种迷信思想认为，如果有人在放有死人尸体的房间里从镜子中看到自己的镜像，就会在不久之后死去。这种迷信起源于一种观念，即一个人的灵魂存在于其倒影之中——因此，房间中的镜子必须被盖住，否则活人的镜像就会被死者的灵魂掳走。古人相信无形世界与有形世界紧密重叠，由于迷信恐惧，人们也害怕在镜子中看到死者灵魂。

打破镜子预示死亡或者七年的坏运气，这种迷信思想曾广泛流传。

这种说法来源于一种古老的观点，即人的映像包含一部分自己的灵魂。打破镜子的同时，人的映像会一同破碎，其灵魂就会受到伤害，并且此人会遭遇厄运，甚至会过早死亡。有关吸血鬼的传说证实了人们的这一观念，据信，吸血鬼没有灵魂，因此在镜子中没有映像。同样，这一观念也解释了为什么在古代，人们认为在水中看到一个人的倒影是十分危险的——因为人们害怕深水生物、水灵或小精灵会将蕴含灵魂的倒影掳走，拉入水底未知世界或湍急的水流之中。

与摔碎镜子有关的各种观念的产生更加合理的解释是，镜子在那个时代十分昂贵，因此拥有不可替代性。虽然早在中世纪就出现了原始的玻璃镜，我们今天所使用的镜子直到19世纪中叶才开始大量生产。尽管人们在16世纪和17世纪就掌握了玻璃片的制作工艺，但由于高昂的成本，镜子成了只有皇家才能负担的财富象征。因此欧洲的每一座大型宫殿中都有一个用来放镜子的房间或大厅，它的大小代表其主人的富有程度和地位。因此，打破镜子这种昂贵东西自然会被看作不祥之兆。打破镜子招致七年厄运的说法则是因为古人相信，人的身体每隔七年就会改变它的生理构成——而七这一数字在各个古代国家都拥有着神圣的意义。因此人们认为只有当身体经过七年轮回焕然一新之后，打破镜子招致的厄运才能消散。

古人认为，打碎镜子还预示着失去亲人或挚友，迷信观点认为保留镜子的碎片会使厄运增加。不过，有几种方法可以避免这种不幸。其中一种需要人们小心地收集起所有的镜子碎片，然后将它们扔进湍急的河流，这样水流便可以将厄运“冲走”。此外，还可以将碎片尽快掩埋，以此抵消各种邪恶影响，掩埋法的效果取决于掩埋地点——掩埋地点越凶险，抵消作用就越有效！

过去，有关镜子的奇怪观念数不胜数。也许是人们深知虚荣的罪恶，因而产生了盯着镜子看太久会召唤出魔鬼或其他“骇人之物”的迷信说法。人们还认为在烛光下照镜子是不吉利的，还有一种迷信观点认为，两个人同时看一面镜子会增加两人发生争吵的可能。

从梯子下穿行

害怕从梯子下面穿行是一种广为人知的迷信观念，广泛存在于众多基督教和非基督教国家。各种文化中都存在与梯子有关的迷信观念，证明这些迷信观念背后蕴含着丰富的象征意义和历史悠久的宗教观念。

早在约公元前3000年，苏美尔人便以一种敬畏的态度看待梯子，将其看作通往天堂之路的象征，是“超凡入圣”的标志。对于古埃及人来说，梯子是亡者进入冥界的一种通道。古埃及神奥西里斯（Osiris）利用其父拉创造的梯子升入天堂，梯子代表从物质世界到更高意识的过渡。希腊哲学家普罗提诺（Plotinus）宣扬“美德之梯”，他认为通往完美的道路是由一级一级的阶梯构成的。但丁在他《神曲》的《天堂》（*Paradiso*）篇中表达了相同的观点。中世纪时，宗教象征主义在梯子上表现得尤为明显，人们常常在梯子刻上各种各样的神圣符号，如十字架、三位一体、伯利恒之星和天使。

各种各样的古老象征，以及人们对待梯子虔诚而敬畏的态度不可避免地导致人们认为从斜靠在墙上的梯子下方穿行是不吉利的。然而，这一观念产生的最初原因早已无迹可寻，许多新说法取而代之，成为人们奉行这一观念的理由。

104

尽管人们对从梯子下穿行的恐惧由来已久，但将其与魔鬼联系起来则始于基督教的传播。在人们看来，斜靠在墙上的梯子与墙和地面形成了一个天然的三角形。从这样的三角形中穿过不仅是对上帝的不敬，更是与魔鬼结盟的象征，因为在基督教中，三角形被看作是三位一体的象征。所有敬畏上帝的人都不应该从这一神圣的拱形结构中穿行。

对于这一观念的起源还有另一种常见的解释，据说在旧式的绞刑架中，人们会将梯子斜靠在绞刑架的支撑梁上。即将接受绞刑的犯人必须爬上这通往死亡的阶梯才能够到绞索，因此梯子总是与厄运联系在一起。还有人说，这些犯人首先要被押着从梯子下穿过，之后才能踏上梯子，因此从梯子下面穿行与死亡联系起来了。

还有一种更加深入的观点认为，这一观念来源于一种广为流传的禁忌，即从许多物体下经过都是不吉利的。而害怕从梯子下穿行或许就是所谓头部禁忌的一部分，这种禁忌来源于古波斯人，当地许多民族至今仍严格遵守着这些禁忌。当地人认为头是人类的精神所在，任何东西都不应该遮蔽它或被置于其上，这种奇怪观念产生的根本原因便在于此。在澳大利亚、所罗门群岛、缅甸以及大多数南太平洋国家的原住民社会中也存在一个类似的禁忌——男性不能从严重倾斜的树木或其他物体下走过。例如，柬埔寨当地人从不允许任何东西悬在自己的头顶之上，同时也会竭力避开任何可能出现这种情况的地方。

与梯子有关的迷信不仅是不能从梯子下穿过。在有些人看来，将手从梯级之间伸过或在梯级之间传递东西都是不吉利的。但如果一个梯子的梯级数是奇数，它便可以为爬上梯子的人带来好运，因为奇数向来与好运联系在一起。爬梯子时脚底打滑意味着此人经济上将受挫。梯子平放在地上时，在梯子的梯级之间走来走去也是不吉利的。万一有人不小心从梯子下穿过，他就必须立即交叉手指或用手在胸前画十字，以此避免厄运降临。

在现代社会，与从梯子下方穿行有关的迷信观念仍十分盛行，只要用心观察就会发现，现代城市中有的人宁愿走机动车道也要绕开放在人行道上的梯子。多么有趣的现象啊！

月色“迷”人

虽然登月宇航员们早已澄清了月球是由新鲜奶酪制成的传说，但人类或许永远都不会放弃任何关于这一发光天体的观念和信仰。自古以来，人类就对月球怀有敬畏之情，并将它与各种各样的神话和可怕的迷信观念联系在一起。

对我们的祖先来说，月亮不仅揭示了死亡与生命不可分割的联系，而且向人们证明，死亡并不是终点，因为它总是伴随着新生命的诞生。太阳神统治白天，月亮女神则统治黑夜。这两位神被尊为生命的源泉，受人崇拜，神话传说中，两者常常被联系在一起。因此，在埃及神话中，女神伊希斯既是月神又是太阳神。与此类似，阿兹特克神话中的月亮女神（Coatlicus）则是太阳神的妻子。随着时间的推移，我们祖先的狩猎采集式生活方式让位于农业生活，地球以及万物生灵便与月亮女神的丰产能力联系在了一起。

随着月盈，月亮会像怀孕的妇女一样逐渐膨胀，因此在所有神话中，月亮都与生长、生育、出生和再生联系在一起。作为生育的象征，月亮在世界各地的古老民俗中都占有一席之地。根据一个古老的欧洲民间信仰，如果女性在夜晚从倒映着月亮倒影的水池中喝水，她就会获得生育能力。在格陵兰，年轻女孩从来不敢盯着月亮看，担心会因此怀孕。令人惊奇的是，同样的观念也存在于世界的另一边。在澳大利亚原住民的神话中，月亮带来了生育能力，它被看作一个拥有强大生育力的男性，赋予了妇女、植物和动物以生殖能力。

106

人们普遍认为月亮与女性生理存在联系，这种看法一直以来十分流行。希腊人、印第安人、罗马人、日耳曼人、凯尔特人、埃及人、阿拉伯人、中国人和澳大利亚原住民中都存在相应的神话故事，认为月球周期神秘而神圣的特质与女性的月经存在联系。因为在人们看来，月球影响着地球上的水域，因此也影响着人体内和所有其他生物体内的液体。从古代起人们便认识到了月亮的周期性与女性月经周期间的关系——在古罗马神话中，门萨（Mensa）便是同时掌管计量、数字、历法和记录的女神。

据说，人类的排卵周期大体与农历月份相吻合，英语中表示“月经”的 menstruation 一词表达的是“每月一次”的意思，从这里我们便可以看出两者之间的联系。在许多文化中，人们把女人月经称为她的“月亮时间”。新西兰的毛利人称月经为 mata marama，意思是“月亮病”。由于月亮与女性的生理节律、生活周期以及自然界奥秘有关，因此在大多数神话中，月亮都被视为女性。月亮女神便成为所有女性——包括少女、妇女、老妪以及女性智者的代表。

传统上，月亮还与巫术、魔法和妖术联系在一起；因此在基督教时期，所有与月亮关系密切的异教女神都被视为女巫之王。人们认为女巫会施展魔法，并根据月相举行集会。人们相信古代的塞萨利女巫能够随意将月亮从天上招引下来。据说，帖撒罗尼迦的女巫就曾想把月亮弄到地球上，以便将其有益力量集中到她们用来施咒和制作药剂的各种植物上。“招引月亮”的象征性仪式也被称为“招引女神”，威卡教徒作为现代和平异教巫术崇拜运动的追随者，至今依然会举行这种象征性仪式。

作为一种护身符，新月形或角状弯月是月亮女神的象征，它被认为能够有效抵御各种有害影响，特别是邪眼的伤害。这种符咒，被用来作为人和动物的装饰物，如《旧约》中提到的月饰。今天，许多黄铜制成的装饰物依旧可以体现这一传统，其中许多新月形的装饰物被人们用来装饰马具。

作为“潮汐的统治者”，月亮也被人们看作黑暗、神秘，甚至负面力量的象征，因此古人相信长时间盯着满月看可能会导致精神失常。过去的人们曾坚信月亮会导致人发疯；事实上，他们认为月亮会对人施咒。英语中表示“疯子”的 lunatic 一词便来自拉丁语中的 luna（月亮）。精神失常（lunacy）一词表达了“被月之灵附身”的意思。英语中的一句谚语“月圆时智衰”（When the moon's in the full, then's wit in the wane.）体现的正是这种观念。人们认为月亮控制着人体所有的体液，包括大脑中的液体，因此导致“月疯”的出现。性格不稳定的人据说会“被月亮支配”。莎士比亚在《奥赛罗》中提到了月亮使人精神失常的力量：“那都是因为月亮走错了轨道，比平常更近地球，所以人们都发起疯来了。”

在月光下睡觉被认为是十分危险的，特别是年轻的女孩晚上不能让月光照进窗户，以免因长时间暴露在月光下而招来怪物。人们认为月光是有害的，会导致月盲。熟睡的人被月光照到便可能产生精神错乱，出现无害的白痴症状，还会引发通常所说的疯子行为。

由于古人相信月亮会造成危害和损伤，随时随地向月亮致以恭敬的问候便成为一项传统。20 世纪 90 年代早期，英格兰许多地方的孩子每月第一次看到新月时还会习惯性地说：“我看见月亮，月亮看见我。上帝保佑月亮，上帝保佑我。”人们大声朗诵这一对句，避免月亮带来厄运或可怕的灾难。

用手指月亮也被认为是不吉利的，据说这样的行为会冒犯“住在月亮上的人”。用手指物体或者人意味着会将坏运气集中到那个方向并使其引起恶魔的注意。据说，“住在月亮上的人”是因为在某个星期天捡拾柴火而被遣送到月亮上去的，他无法容忍别人的指指点点，会给指点他的人带来厄运。在欧洲各地都存在禁止用手指月亮的禁忌，但其原因则各不相同。例如，德国传统认为，指向夜空中的月亮或星星会伤害天使的眼睛。

108 月亮的三个主要阶段——满月、月盈和月亏——被认为模拟了地球上所有生命，不管是动物还是人类从自然出生、成熟再到死亡的过程。人们认为，月亮的盈亏不仅影响着出生和死亡，在很大程度上还影响着一切事物的发展过程。月盈、满月和月亏分别象征财富的增加、繁荣和衰落，而各个阶段的间隔期则被认为是最不吉利的。例如，如果天空中没有月亮，就不应该展开新行动，而在此期间出生的孩子则被认为在将来的生活中必定无法取得成功。因此，对我们的祖先来说，伐木、盖屋顶、割草等一切活动的开展都取决于月相。作物、头发、指甲甚至玉米的生长也都直接归因于月相。

一般来说，新月阶段被看作是一个吉利的时期。在英格兰和德国，人们有向新月鞠躬，同时把口袋中的银币翻面的习俗，据说这样可以保证在整个月亮周期保持好运，获得成功。新月对于情侣来说拥有特别的幸运意义，过去，将婚礼安排在新月时期是最理想的。月盈期间，大型动物的交配冲动似乎也会格外强烈，人们还观察到某些海洋鱼类的运动也具有月周期性。在所有古代社会，农民都是“依月”播种。今天的许多乡村园艺师仍只在月盈和月光渐强的时候才会播种，而许多农民只有在此期间才会制作腌肉，播种作物。一些理发师仍然认为，头发的生长与月盈时剪发密切相关。月盈时期是宰杀牲畜，特别是猪的最好时期，人们相信这样的猪肉在烹饪时会膨胀而不是萎缩。人们还认为，在月亮渐满之时宰杀的猪其肉制成的培根格外肥美。在这段时间里剪羊毛，未来的羊毛也会长得又厚又长。

古人相信月亏会带来不利的影响，尤其是对新生儿出生和新人婚礼。在这个时期剪头发和指甲是不明智的，据说这样会导致它们停止生长。然而，此时却是砍伐树木和放血的好时机。月亏也是采摘药草和花朵的最佳时期。

109

传统上，农村居民会通过观察月亮来预测天气。例如，如果新月的尖角朝上，即预示好天气的来临；然而，如果月亮被薄雾笼罩，那么十有八九就要下雨了。

在星光灿烂的美好夜晚，我们望向悬在空中的明月，仔细端详这个美丽的天体，联想到它不可思议的光芒竟对我们的神话、信仰和传统产生了如此深远的影响，怎会不感到万分惊奇呢?

吉凶天象

自古以来人们就相信，天空中出现的重大现象预示着地球上将要发生的巨大变化。古人流传的一个普遍观点认为，一个命中注定的伟人，其诞生总是通过天象宣告世界的。

闪亮星星的出现通常被认为预示好事的发生，特别是神明、皇帝、国王和英雄的诞生。各大宗教创始人的诞生都曾有天象预示。伯利恒之星宣告了基督的诞生。根据犹太族长和先知的传说，亚伯拉罕和摩西出生时，天空中都出现了一颗闪亮的星星。佛教经书提到，地平线上一群星星的升起伴随了佛陀的诞生。印度的克里希那（Krishna）诞生时，他的星星在天空中出现。所有印度神的化身在出生时都有天象预兆。关于中国第一个朝代的创始人禹的出生以及老子的出生也存在同样的传说。这种神话同样出现在美洲大陆，中部美洲文明普遍信仰的羽蛇神（Quetzalcoatl）的象征便是晨星。同样，古希腊和古罗马人认为天体的出现和消失象征伟人的诞生和死亡。据说多位罗马皇帝在诞生时，天空中都曾出现过辉煌的天象。

110 人类相信众神居住在天堂之中，与天堂有关的迷信观念便起源于此。流星在古代被视为来自众神的讯息，预示死亡、战争和灾难即将来临。莎士比亚在《理查二世》中提到了这一概念："……流星震撼着天空的星座；脸色苍白的月亮用一片血光照射大地；形容瘦瘠的预言家们交头接耳地传述着惊人的变化……这种种都是国王们死亡没落的预兆。"①

陨石，即从太空坠入地球的岩石，经常以流星的形式出现在夜空中。在中世纪的欧洲，人们普遍认为流星是孩子们的灵魂从天而降，赋予新生儿生命。另一种常见的观点是，当地球上有人死亡，生命之火便会点燃一颗新星。

虽然大多数陨石在进入地球大气层的过程中就燃烧殆尽，但仍有一些最终落到地面，许多信仰都围绕着这些碎片产生，在历史的不同

① 莎士比亚在《理查二世》第二幕第四场中提到了这种迷信观念。

阶段引起人们的敬畏和崇拜。类似地，马来西亚历代国王曾崇拜过一块从天而降的陨铁，西奈半岛的贝都因人相信，用陨石制成的剑可以使佩戴者战无不胜。很多中世纪文学都提到了这种从天而降，具有魔力的石头。尽管各种史诗中所提到的圣杯（拉丁语为 gradalis，意为广口空心容器）通常被描述为一个“黄金容器”或杯子，但中世纪德国诗人沃尔夫拉姆·冯·埃森巴赫（Wolfram von Eschenbach）在其史诗《帕西法尔》（*Parzival*，写于 1195—1210 年）中则把圣杯描述为一块“从天堂坠落的石头”。

流星在现代已经摆脱了其不祥的象征意义，并被视为好运的使者，因此便有了“抓住一颗流星，把它放进口袋，以备不时之需……”这样脍炙人口的歌词。根据迷信观念，如果看到流星就要马上许一个愿，错过许愿机会则会带来厄运。

111

虽然人们在看待陨石或“流星”时总是心情复杂，但看到彗星则无疑会激发人们深深的不祥之感。彗星的出现普遍被看作灾难的预兆，几个世纪以来，彗星一直与战争、饥荒、干旱、瘟疫以及君主的死亡联系在一起。彗星与灾难的联系可能源于它总是以迅速而不可预知的方式划过天空，这被看作扰乱了上天的规律和秩序。许多世纪以来，与彗星有关的信仰带来了许多可怕的观念，这些观念引发了许多狂热行为，带来了十分严重的后果。

在古代，只有迦勒底人毫不畏惧彗星，而在哲学家中，毕达哥拉斯学派（毕达哥拉斯形而上学主义的追随者，创立于公元前 5 世纪）似乎对彗星的概念已经有了一个模糊的认识，认为它是一个拥有固定返回周期的天体。公元前 43 年哈雷彗星的出现被认为对当时的罗马统治者尤利乌斯·恺撒是个不祥的征兆，次年 3 月 15 日他便惨遭谋杀。同样，据说彗星出现也曾预示罗马暴君尼禄的垮台。根据罗马历史学家塔西佗的描述，当人们在天空中看到这颗彗星，便在心中断定尼禄的统治已走到尽头，更换新统治者的时机已经到来。人们甚至开始猜测谁将成为他的继任者。据说，一颗彗星的出现预示了 1066 年诺曼人对英格兰的入侵，这就是为什么在描绘黑斯廷斯战役的贝叶挂毯上，这一著名战斗场景的背景中画着一颗巨大的彗星。1665 年，哈雷彗星的出现再次引发了一系列灾难降临的预言，之后不久便真的发生了举世闻名的伦敦大火。

中世纪、宗教改革时期及之后，早期基督教会向人们宣传一种观点，宣称每一颗彗星都是一团火球，上帝愤怒地用右手将它们抛向人类，警告人类的罪行和随之而来的报应。这种观念激发了人们的狂热，助长了教会的暴政。彗星的预兆性是人类恐惧的一个重要来源，教会当局利用它来鼓励信徒进行忏悔。

112

3 世纪时，早期教会最具影响力的神父之一奥利金（Origen）坚称彗星预示灾难降临以及帝国和世界的毁灭。盎格鲁－撒克逊学者、历史学家圣比德（the Venerable Bede）在他的著作《物性论》（*De Natura Rerum*）第 24 卷中把彗星描写为“长发星”，它们伴随着火焰突然出现，预示统治权的更替、战争、瘟疫或洪水的暴发。圣托马斯·阿奎纳接受并继续宣扬了这种观点。马丁·路德（1483—1546）在他的一篇降临节证道讲章中宣称“异教徒写道，彗星可能是由自然原因造成的，但上帝从未创造过任何一颗未曾预示灾难的彗星”，以及“任何在天空中以一种反常方式运行的物体都是上帝愤怒的标志”。这样的声明无疑导致人们产生了看到彗星就不应该开展新行动的迷信观念。

另一种凶险不祥的天象是日食和月食。在过去的历史中，日食和月食总是被归咎于邪灵企图掠夺地球的光芒。在古代，人们害怕日食和月食，这很容易理解，因为在他们的宇宙观中，太阳和月亮是强大的神灵，需要受到人类的供奉。因此，所有被冠以不祥预兆名号的天象，都会被人们解读为神灵传递的信号。

过去，在日食和月食期间举行神圣仪式是全世界的惯例。人们通过吟唱、舞蹈和献祭恳求太阳神或月亮神再次现身。在许多文化中，人们认为某个饥饿的恶魔吞下了太阳或月亮，人们举行仪式则是为了劝说恶魔吐出这一会发光的“食物”。古代占星家深信，天地之间因果相连，日食和月食的出现会导致瘟疫、灾害及灾难的发生。

传统上，日食和月食被认为是神灵和君主死亡的预兆。希腊人相信，普罗米修斯、赫拉克勒斯、阿斯克勒庇厄俄斯及亚历山大大帝死时，大地都曾被黑暗笼罩。根据古罗马传说，罗马创始人罗慕路斯死时，黑暗持续了 6 个小时。同样，尤利乌斯 · 恺撒死时，大地也曾笼罩在黑暗之中。根据基督教传说，耶稣受难时，从第六小时到第九小时，黑暗笼罩大地长达 3 个小时。

113

日食和月食，尤其是其发生在战斗前或战斗中时，常常会使古希腊和古罗马的军队陷入恐慌。古代最著名的日食之一发生在公元前 585 年 5 月 28 日，古希腊哲学家泰勒斯（Thales，前 640—前 546）准确预测了这次日食的日期。这次日食结束了吕底亚人（小亚细亚半岛西部的一个古老民族）和米底人（一个古老的波斯民族）之间长达5年的战争。“白天变成了黑夜”，两军士兵惊慌失措，立即停止了战斗。古希腊历史学家希罗多德在他的《历史》（*Histories*）中多次提到了日食或月食影响战争的案例。其中一次发生在公元前478年2月17日，波斯国王薛西斯（Xerxes）在其军队将要与希腊人展开战斗之前目睹了月食。针对这一预兆，占卜师为焦虑的国王进行了解读，他们解释说这是太阳的阴影遮蔽了月亮，由于太阳是波斯人的象征，而月亮是希腊人的象征，因此月食预示着希腊城邦的毁灭。然而，事实证明占卜师们对萨拉米斯海战的预测是错误的，波斯人最终大败而归。同样，公元前413年8月27日晚发生的月食使原本整装待发，做好与叙拉古人战斗的准备的雅典军队惊慌失措，导致他们最终决定撤军，这一决定让他们付出了数千条生命的代价。

据说，克里斯托弗·哥伦布在第四次美洲航行时携带了众多日历，其中一本标记了未来即将发生的一次月食，正是这一信息拯救了哥伦布和他的同伴。1485年，由占星家雷格蒙塔努斯（Regiomontanus）在威尼斯发行的日历显示1504年2月29日将会发生一次月食，预计持续1小时46分钟。从西班牙启航将近两年后，哥伦布和他心怀不满、焦躁不安的船员被困在牙买加的北海岸，他们的船只遭到虫蛀并开始漏水。在多次船员抢劫以及与岛民产生纠纷事件后，当地人不再愿意向被困在搁浅船只中的船员们提供食物。形势越发难以控制，哥伦布疲惫不堪，不得不寻找一个解决方案。他通过阅读日历，注意到了这次预测的月食，以及其发生的确切时间和持续时长。之后，他与满怀敌意的当地人安排了一次会面，他警告当地人，如果不与他们合作，月亮将会从天空中消失。不久，月食真的出现，当地人大惊失色，乞求哥伦布让月亮重新回到天空。不用说，哥伦布和他的手下最终得到了他们所需要的食物，不久之后就被西班牙船只救了出来。

曾经，人们普遍认为日食是导致人类所有疾病的原因。莎士比亚在《奥赛罗》中写道：“啊，难堪！啊，不幸的时辰！我想现在日月应该晦暗不明，受惊的地球看见这种非常的灾变，也要吓得目瞪口呆。”所有的日食和月食都预示着疾病和不幸，这一观念根深蒂固，欧洲的占星家甚至将始于1314年的大瘟疫即黑死病归咎于同年发生的月食事件。事实上，这一瘟疫沿着贸易路线，从亚洲传到了欧洲，并在欧洲肆虐了4年，造成了2500万人死亡。除了瘟疫，还有自然灾害和战争，如1914年爆发的第一次世界大战也被迷信的人认为是以日食为先兆的。

神的使者以及其他预兆

预兆或征兆可以是预示吉凶的事或物。预兆是一种预示性的信号或占兆，经过解读便成为一条关于未来事件的信息。从古至今，某些特定的现象和不寻常的事件被人们看作是对吉凶的预测，因为人们相信，即将发生的事情在真正发生之前都会留下印记。自古以来，预兆和征兆都被视为对危险的警告和对机遇来临的提醒。

根据对某些事件和对象之间关系的长期观察，预兆对古代统治者的统治具有重要意义，任何公共或私人活动进行之前，首先需要一个好的预兆。在古希腊和古罗马人的日常生活中，任何公共活动的开展和决定的做出都不能缺少专门向相关的神明请求兆示的环节。古人深信

115 神与他们沟通的方式就是将这些事物的信号或信息标记在周围的自然环境中。因此，众神的信息可谓无处不在。然而，古代占卜者们面临的首要挑战是识别和界定这些信息，然后才是正确地解读它们。

预兆可以从天空中的迹象，如天象中解读而出。因为天空被视为是由星辰按照一定规律和顺序排列而成的，任何打破这一秩序的天象，如日食月食、流星或彗星，都被视为预兆。莎士比亚在《约翰王》中提到了这一观念："每一件惯有的常事，他们都要附会曲解，说那些都是流行陨火、天灾地边、非常的预兆以及上帝的垂示。"同样，雷鸣和闪电在过去也常常被视为众神愤怒的表现。古希腊人认为，闪电出现在自己的右边是一个好兆头，出现在左边则是一个坏兆头。古人认为被闪电击中身亡者是受到了神明的憎恶，因此，他们的尸体要么被分开埋葬以免连累他人，要么就被留在现场任由其腐烂。在古希腊，所有发生在东方的预兆都被看作是吉利的，因为赋予万物生命的太阳正是从东方升起，散发光芒。

预兆也可以来自对献祭动物或囚犯的血液、肝脏或内脏以及动物和昆虫行为的解读。在古代，圣鱼或经过驯养的蛇的行为会被看作某些迹象，加以解读并应用于人类活动。若这些动物行动缓慢，人们可能

将其解读为预示作物生长缓慢，收成欠佳。但若是它们动作迅猛，则预示作物生长迅速，丰收可期。看到蚂蚁打架，则预示敌人接近。一群蜜蜂停留在花园中则被认为预示着繁荣富裕即将来临。

从人类文明伊始，鸟类就被看作吉凶的先兆。人们会仔细观察它们的行为，从它们的飞行和动作中解读预兆。一直以来，鸟类都被认为与居住在天上的各种神明有着密切的关系，因此人们相信鸟类是众神的使者，也是神灵秘密的拥有者。古希腊和古罗马的占卜者善于解读鸟类的飞行，这种技艺被称为鸟占术。在古希腊人看来，希腊语中名叫 oionoi 的猛禽尤其具有重要的预示作用。传说罗马建城的时候就曾出现过 12 只雄鹰，荷马的《伊利亚特》则记载希腊军队利用鸟占术占得吉兆，最终得以攻入特洛伊城。世界各地的不同文化都有通过观察鸟类行为进行占卜的习俗。例如，在非洲大陆，鸟类在某一特定地点的左右两侧飞行或啼叫都被看作某种特定的预兆，这与古希腊和古罗马人的习俗存在相似之处。

116

自古以来，看到特定的鸟类具有特定的含义。猫头鹰向来为古罗马人所憎恶，看到猫头鹰是一件十分不吉利的事。类似地，孔雀在欧洲国家被视为一种象征不祥的鸟类，把孔雀羽毛带回家预示着灾难和疾病。在南太平洋国家，听到夜出活动的鸟的叫声，或者有乌鸦尖叫着从头顶飞过都被看作不幸的预兆，必须立即祭拜相应的神灵以免遭不幸。在阿比西尼亚，白色或黑色的鸟类飞走或接近旅行者，则分别预示不幸或好运的降临。

在北欧，关于布谷鸟的叫声存在着各种广为流传的观念，人们认为布谷鸟的叫声为人类带来了各种各样的预兆。人们一年中首次听到布谷鸟的叫声时若口袋里没有钱，则预示接下来的一年财务状况会不好。不论某人一年中首次听到布谷鸟叫声时在做什么，这都会成为他在接下来一年中做的最频繁的事情。

传统上，农村居民会通过观察鸟类行为来预测天气和季节的更替。海鸥在岸边低飞预示天气恶劣，孔雀尖锐刺耳的叫声被看作即将下雨的征兆。尽管基督教会曾试图根除这些迷信思想，但时至今日，这些观念依然存在于一些农村地区。

有些鸟被人们认为预示死亡，其中渡鸦、乌鸦以及猫头鹰的出现则是最强烈的死亡预兆。在澳大利亚原住民中，乌鸦被视为“死亡之鸟”，特别是当其在住宅上空长时间地盘旋时。夜晚出没的猫头鹰则与不幸联系在一起。同样，在欧洲，渡鸦在房子上发出哇哇的叫声是一种不祥的预兆，白鸽在屋子上筑巢会引起人们极大的忧虑，因为这也是一种死亡的预兆。同样，公鸡夜里打鸣或者鸟儿撞上窗户都被认为是预示有人即将死亡的不祥预兆。

117

除了各种自然现象，对内脏以及动物、昆虫和特定鸟类行为的研究之外，还有许多其他的预兆需要人们留心。死亡笼罩的神秘感总是向人类心中灌输着害怕和恐惧。例如，不由自主地打冷战会被认为走过了自己未来的坟墓。各种文化都有各自所谓的预示死亡即将来临的征兆。就在不久之前，人们对各种疾病的成因还知之甚少，这导致人们在身患严重疾病时会感到无比的恐惧和焦虑，从而对周围的景象和声音变得过于敏感。有些动物被认为拥有看到死亡来临的天赋，家犬不停号叫会被看作是家中有人即将死去的预兆。根据人们的解读，犬吠不止是因为察觉到有鬼魂在房屋周围游荡，随时准备带走逝者的灵魂。同样，如果狗在某人生病时表现出不寻常的怪异行为，或者马匹在夜间持续嘶鸣都会被视为死亡的预兆。

时钟节奏的任何变化都会被视为不祥，因为它象征人类生命周期发生了相应的扰动。镜子、带框的照片或画像无缘无故从悬挂处掉下并摔碎，或者老树倾倒都预示家中有人即将死亡。如果有人卧病在床，夜里听到持续的敲门声则意味着死神准备夺走病人的灵魂。房梁和家具发出嘎吱嘎吱的声音也被普遍认为是一种预兆。考虑到以前大多数的房子都属于木质结构，一栋房子又往往代代相传，可以想象这些怪异的声音会给人们带来怎样的不祥预感，更不用说它们往往出现在夜深人静的时候。

黑色星期五

有些日子在人们看来是不吉利的，有些日子则被看作是幸运的。118 这是一种十分古老的信仰，并一直延续到现代社会。公元前 3000 年左右，美索不达米亚早期城邦的神圣历法中，每个月都由一些幸运的和不幸的日子组成。同样，古埃及人相信，某些日子与好运有关，其他日子则不然。这一点体现在现存于大英博物馆的一张第十九王朝莎草纸画中，这张莎草纸是根据古埃及预言家的预言，详细标出幸运和不幸日子的一份日历。这一系列日历就叫作《幸运和不幸的日子》，有人认为它们来源于亚述，但其实它们更有可能来源于古埃及的占星术。人们总是认为好运来自仁慈的神明，而厄运则是由邪恶生灵造成的。

大多数人有时会认定某些特定的日子、月份或季节是不吉利的。我们在某些日子似乎从来都不会交到好运，有些日子则真的会给我们带来运气；这就是为什么我们往往希望把事情或决定推迟到自认为吉利的日子来做。尽管几乎可以肯定，日子、月份或季节的幸运与不幸并无科学道理可言，但仍然有许多理性的人对这种迷信观念深信不疑。有观点认为，有些日子对所有人来说都不吉利，有些日子对特定人群来说不吉利，对其他人却是吉利的。一般而言，在西方社会，人们认为星期天是吉利的，星期五是不吉利的，如果 13 日恰好又是星期五，那么这一天则会被认为是最不吉利的一天。

在迷信观念中，星期五是一个不幸的日子，而它招人厌恶的原因却多种多样。在基督教信仰中，耶稣受难就发生在星期五，这种阴郁的象征意义被人们扩展到每一个星期五中，星期五因此变成了不幸的一天。但是，这种观念只存在于基督教时期，古罗马人和日耳曼部落则将周五看作最幸运的一天。

古罗马人将星期五献给女神维纳斯（Venus），并将其命名为“维纳斯之日”，这在法语中表示星期五的 vendredi 一词中仍有体现。因此，这一献给爱之女神的日子被看作幸福的一天，人们经常将婚礼安排在星期五举行。同样，日耳曼人将这一天献给他们的爱情和婚姻女

神芙蕾雅（Freyja），德语中表示星期五的Freitag就是由她的名字派生而来的。 119

然而，根据基督教信仰，耶稣在星期五这天被钉在了十字架上，门徒犹大在星期五上吊自杀，早期的基督徒还普遍认为亚当和夏娃正是在星期五这一天被逐出伊甸园。后来，天主教会将耶稣受难日禁食的传统改为每星期五禁食，新年如果以星期五开始则会被认为预示着不幸。

在英格兰和美国，罪犯通常在星期五被处以绞刑，这使得星期五获得了“绞刑日”的称号。人们认为星期五这天事故会发生得更加频繁，因为邪恶影响会在这一天发挥作用。人们还认为星期五也应该避免接受医疗救治，如果长期卧病在床，则最好不要在星期五这天首次起床。星期五出生的孩子会被认为注定将要遭受不幸和厄运困扰，但如果这一天是恰巧是耶稣受难日，那么这一天的圣洁性就会抵消与之相关的所有其他不幸。星期五缝制的衣服会不合身；在星期五大笑，在星期天就要哭泣。同样不吉利的行为还包括在星期五上法庭、结婚、搬家、开始新的工作或新的冒险、旅行或海上航行。在星期五，即使是剪头发或剪指甲也曾经被认为有招致不幸的风险。据民间传说，法国皇帝拿破仑和德意志政治家俾斯麦这样的大人物在对待星期五时也十分小心，俾斯麦从不会在星期五这一天举行任何重要的活动。

若某月的13日正好与星期五重合，星期五的晦气与数字13的不祥意味会叠加，因而这一天会被认为是特别不吉利的。基督教会宣称，视数字 13 为不祥是因为出席耶稣最后的晚餐的人数正好是 13，但人们对数字 13 的偏见其实由来已久，这种观念据说在基督教诞生之前便早已存在。

迷信观念中与 13 有关的不幸联想无处不在，自古以来人们便认为这是一个背负不幸和厄运的数字。（见第九章中的《不吉利的数字十三》）

第五章

特定的日期和节日

Chapter 5

Specific Days and Festivities

无处不在的异教

121

自古以来，不同文化的人们会将具有宗教或世俗纪念意义的特定日子挑选出来作为节日。在现代，这样的日子不仅以传统的庆祝活动为标志，特定节日还常常伴随着假期。然而，今天的许多节日已经失去了其传统或宗教意义。对于某些节日，如情人节或愚人节，人们仍然会举行纪念仪式予以庆祝，但却不会设立专门的假期。

英语中表示异教或异教徒的 pangan 一词源于拉丁语 paganus，意思是“乡村居民”，与表示大城市人的单词 urbus（英语中 urban 一词的来源）相对应。在城里人眼中，乡村居民（pagani）固守当地村落的生活方式，远离罗马和其他大城市的快节奏、新思想和新观点。随着基督教传入城市并得到普及，pagani 成了那些仍然遵守旧仪式，侍奉旧神的人的代名词；换句话说，在其他人看来，他们“落后于时代”。然而，到了 3 世纪，pagani 一词已经用于代指所有非基督徒人群，并最终被赋予了明显的负面含义，甚至被用来暗指撒旦崇拜。

自远古时代以来，人们便会庆祝具有宗教意义的节日，包括祈求丰产的仪式、丰收节及太阳节。对基督教主要节日的研究表明，许多异教仪式与基督教宗教节日，如复活节、万圣节前夜及圣诞节的传统庆祝活动产生了融合，因而得以延续下去。异教崇拜给早期的教会神父们带来了一个难题，他们很快意识到，抵制大众习俗的行为难以获得成功，因此，教会采取了同化政策代替对抗政策。因此，北半球人们在春分时节赞美大自然复苏，土地丰饶和春天来临的节日庆典被基督教的复活节取代，传统的仲夏节变成了向施洗者约翰致敬的节日，圣诞节取代了与冬至有关的节日，其他异教节日、仪式及庆典也大多经历了这样的过程。

122

魔法之树变成了“福音橡树”，古老的魔法泉和魔法井成了与特定基督教圣徒相关的圣地。异教庙宇和建筑或被征用为教堂，或被题写上声明，表示这些恶魔的住所已经划归上帝所有。例如，巴黎圣母院就是在罗马女神狄安娜（Diana）的神庙地基上建立起来的，而巴黎的圣舒尔皮斯教堂则建于伊希斯的神庙遗址之上。异教中的森林和溪流之灵被描绘成了怪物，在传统神话传说中变成了诱导人们误入歧途的仙子仙女，而半人半羊的农牧神法翁（Fauns）和萨堤尔（Satyrs）则被与中世纪恶魔学中有角有蹄的邪恶生物联系起来。

在我们每年纪念的特殊日子和节日里，迷信起到了重要作用。人们在这些特定日子举行的庆祝活动早已失去了最初的含义，对于某些庆祝活动的意义和原因，特别是为什么要做某些特定的事情或遵守某些特定的习俗，我们常常不知所以。在接下来的章节中，我们将按照历法顺序对部分至今仍然存在的传统习俗的起源及其历史意义进行探究。

3月25日过新年？

尽管许多人相信，全世界的新年都是从1月1日开始，但实际上对于不同的文明和社会，新年开始的日期也不尽相同。[①]过去，对于一些原始部落来说，某些特定猎物或鱼群的到来标志着一年初始。在古代近东地区的一些地方，人们在秋天庆祝新年，因为那时降雨标志着夏季漫长干旱的结束。而古埃及人则会留意“狗星”即天狼星的升起，它预示着尼罗河的泛滥，为田地和人民带来新的生机，预示新年的到来。但通常情况下，以北半球的春分为标志，大多数文明的新年都是

123

① 在古代，古希腊人从公元前776年开始，以每届奥林匹克运动会登记表（记录每届奥林匹克运动会的获胜者）的时间作为参照系纪年。罗马人从公元前754年罗马建城开始纪年。今天仍存在着各种不同于公历的宗教历法。因此，不同的人群会在不同的日期庆祝新年。东正教会（罗马尼亚和希腊东正教除外）继续使用儒略历，儒略历至今已累计比公历晚了14天，因此他们会在1月14日庆祝新年。印度历法将塞种时代开始的公元78年作为元年。印度教徒在10月19日排灯节庆祝新年，纪念罗摩加冕成为阿逾陀国国王。犹太教历认为宇宙创造于公元前3761年。犹太新年又叫哈桑纳节，即犹太教历7月（提市黎月）的第一天和第二天。

从春天这一万物复苏的季节正式开始。

春天是万物复苏和种植新作物的季节，因此，春天伊始是作为新年开端的合理时节。约公元前 2000 年，古巴比伦的新年就被定于 3 月 25 日，在许多古代文化中，这一天被看作春分的固定日期。在古波斯即现在的伊朗，新年被叫作“诺鲁兹”，意思是“新的一天”，从 3 月 21 日开始。在今天的伊朗，人们仍会在这一天庆祝新年到来。

古罗马人同样将 3 月 25 日作为新年的开始。最初古罗马历法只有 10 个月，这仍体现在英语中某些源自罗马数字的月份名称中。如果 3 月是一年中的第一个月，9 月就是第七个月；10 月就是第八个月；11 月是第九个月；而 12 月则是第十个月。约公元前 715 年，1 月和 2 月被加入到古罗马历法中。随着时间的推移，经过历代皇帝的不断改动，罗马历法与太阳运行不再同步。因此，在公元前 46 年，尤利乌斯·恺撒颁布法令规定新年从 1 月开始，该举措也是历法改革的一部分，因此 1 月 1 日成了古罗马人欢庆的节日。然而，随着基督教的传播，教会认定这一传统的庆祝活动不合教规，并以逐出教会为威胁禁止任何基督徒在这一天举行庆祝，因为这些庆祝活动代表着异教和偶像崇拜，它们起源于纪念双面神雅努斯（Janus）的节日，英语中的 1 月（January）一词便来源于他的名字。

公元 567 年，在图尔公会议（Council of Tours）上，这一情况再次发生了变化！拥有了绝对权威的基督教会再次把新年日期从 1 月 1 日改回古人一直遵循的 3 月 25 日。因此之后的许多世纪，欧洲国家都在 3 月 25 日这天庆祝新年，这一事实在今天已经鲜为人知。

然而，这种情况并没有一直持续下去。教皇格列高利十三世（Gregory XIII）在1582年推出了格列高利历（公历），新年日期再一次被改回了1月1日。然而在欧洲，不同国家最终采用这一日期的时[124]间也各不相同：天主教国家在那之后很快就采用了这一日期，但新教国家却花了一些时间才最终采用这一日期——德国在1700年，英格兰在1752年，瑞典在1753年。所以说就在几个世纪以前，这些北欧国家在3月25日时还会互祝新年快乐。

从本质上说，新年日期的变化对现代人仍然遵守的一些传统，包括愚人节、复活节兔子和复活节彩蛋等习俗都产生了持久的影响（见下文）。

“做我的情人吧”

对于年轻的情侣们来说，日历上最受他们欢迎的一天毫无疑问是2月14日的情人节（圣瓦伦丁节）。尽管在早期的殉道圣人录中，2月14日这个日期下至少提到了3位不同的圣瓦伦丁，但人们普遍认为这一天是以一位违抗罗马皇帝克劳狄乌斯（Claudius）法令的基督教神父的名字命名的。克劳狄乌斯的御令规定士兵不能结婚，因为他认为婚姻会对士兵的战斗力产生负面影响。因为替许多年轻士兵主持婚礼，这位神父在公元269年被判处死刑，在2月14日这天执行，从此之后，这位神父便成为情侣们的守护神。

然而，早在这之前，2 月中旬似乎便与爱情联系在一起，早在古希腊和古罗马时期，人们便开始在这一时间举行庆祝活动，分别纪念他们掌管婚姻的女神赫拉（Hera）和朱诺（Juno）。赫拉是古希腊神话中到处沾花惹草的主神宙斯的妻子，向来以忌妒心和报复心强而闻名。虽然掌管着女性生活的各个方面，但她主要被看作是婚姻和生育女神。朱诺是罗马神话中与赫拉相对应的女神，她也被看作一个母性角色。在这几天中，古罗马的男孩和女孩们会随机抽取名字，随机选取自己的伴侣，以纪念爱情女神。与对待其他异教迷信思想和粗俗习俗一样，教会用基督教圣徒代替了异教传统中的神明，125 将原本属于朱诺的节日分配给了圣瓦伦丁。慢慢地，庆祝这一节日的传统传播到了欧洲各国。在这一天挑选伴侣或“情人”的古老习俗至今依然存在。

关于将这一天与爱情联系起来的原因，其中一种解释是它源自中世纪时英国和法国普遍流行的一种观念，当时的人们相信鸟类会在一年中第二个月的中段择偶。这解释了为什么许多迷信观念将情人节和鸟儿联系在一起。据说，年轻女孩在情人节当天看到的第一种鸟就是她未来丈夫的标志；例如，黑鸟代表神职人员；知更鸟代表水手；麻雀代表农夫；金翅雀则代表富人。另一种广为流传的观点认为，某人在情人节当天见到的第一个人将对其未来的命运产生重要影响。或者，未婚的人在这一天遇到的第一个人将成为其未来的丈夫或妻子。

女士特权日

每隔4年，人们都会在2月29日这天庆祝闰年的到来。公元前46年，尤利乌斯·恺撒的占星家通过测量得出，1个太阳年包含365天又6小时。为了消除这多余的6小时，罗马儒略历规定每4年为2月额外增加一天。

英语中“闰年”（Leap Year）一词的诞生是由于最初英国法律并不承认2月29日的存在，就像“跳背游戏”一样，这一天会被人们简单地“跳过”。因此，任何发生在这额外一天中的事情都会被记到2月28日上。

闰年一直以来都被视为不寻常的存在，因为它扰乱了这一年中时间的有序推进，因此，各种各样的传说和迷信便与这不同寻常的一天联系起来。2月29日常常被称为“女士特权日”，在这一天，年轻女性可以向迟迟不肯开口发问的年轻恋人求婚。对于这一习俗起源最可能的解释是，在人们看来，2月29日是原本不属于日历之中的一天。因此，人们日常的行为准则在这一天不再适用。然而，不列颠群岛流行的观点认为，这一传统始于5世纪的爱尔兰，当时的修女圣布丽姬（St. Bridget）向爱尔兰主教圣帕特里克（St. Patrick）抱怨女性通常需要苦等很久，恋人才会来求婚。因此，善良的圣帕特里克便同意渴望婚姻的女性在闰年2月的这一天向男性求婚。

126

与今天包容的社会相比，过去的求婚程序要严格得多，男性一般负责发问，女性选择接受或者拒绝，2月29日是一年中唯一允许女性开口求婚的一天。然而，对于女性特权的适用时间人们存在普遍的分歧——有些人认为它只适用于这额外的一天；而其他人则认为这一特权适用于整个闰年。

为了求婚成功，这些女性习惯穿上一条鲜红的衬裙，鲜艳的颜色使人可以透过其外面的裙子看到，以此清楚地表明她的意图。据说，这便是英语中 scarlet woman（字面意思为鲜红女人）这一表达的由来，这一短语今天被用来形容厚颜无耻或者过分主动的女人。

美国有一个赛迪·霍金斯节（Sadie Hawkins Day），这并不是一个固定的节日，人们会在距离 11 月 9 日最近的一个星期六举行庆祝活动，这同样也是一个“女追男”的节日。这一节日以卡通电影《莱尔·艾布纳》（*Li'l Abner*）中主动追求男性的女性角色赛迪·霍金斯的名字命名，在这一天，女性可以主动向男友求婚或向男性提出约会请求。

4 月傻瓜！

每个人都曾在愚人节那天对某个毫无戒心的朋友或家人进行整蛊，并为恶作剧的成功而沾沾自喜，尽管如此，我们却并不清楚这一习俗的确切来源。

正如本章前面提到的，教皇格列高利十三世在 1582 年推出的公历将新年日期从 3 月 25 日正式改到了 1 月 1 日。不同的欧洲国家分别在不同时期采纳了这一修改，有的国家直到 1753 年才开始实行。

在 4 月第一天戏弄人的传统起源于 16 世纪的法国。古代大型节日的庆祝活动通常会持续 8 天，其中第一天和最后一天是主要的庆祝日。因此，根据旧历，3 月 25 日是新年 8 天庆祝活动的第一天，4 月 1 日则是最后一天，标志新年庆典的结束。因此，这两天到处都洋溢着欢庆的气氛。然而，1582 年，天主教占主导的法国采用了新的历法——1 月的第一天突然被定为新年的开始，4 月 1 日的所有庆祝活动因此被取消。

在当时那个消息主要靠口口相传的时代，信息传递并不像现代社会这样即时。许多人过了很久都没有收到新年时间变更的消息。还有一些人强烈反对将新年改为 1 月 1 日，毕竟欧洲大部分地区的 1 月仍然冷得要死，毫无之前的欢庆气氛。心怀不满的民众选择在这一天嘲笑戏弄朋友、家人以及政府官员，派他们去做傻事，在他们身上搞恶作剧，借此向人们证明 4 月 1 日这一曾经充满欢闹的日子仍然是新年庆祝的最后一天。

这种传统在 18 世纪传到了英格兰和苏格兰，后来又被引入美洲殖民地。如今，在 4 月 1 日这天嘲笑和戏弄他人的习俗依然受到全世界的认可。

彩蛋的节日

基督教的复活节以结合了许多异教和基督教元素的仪式和习俗为标志。复活节彩蛋、复活节兔子及热腾腾的十字面包都起源于异教传统。

复活节是基督教会的主要节日之一，用于纪念耶稣基督的复活。在西派基督教会和东正教中，每年复活节日期的确定方式是相同的，即128春分之后首个满月后的第一个星期日。然而，基督教会的两个主要分支在确定复活节日期时使用的历法却不同——西派教会使用的是格列高利历（公历），即世界上大部分国家所使用的标准历法，而东正教则保留了较为古老的儒略历。这意味着作为基督教信仰基础的复活节，却因为这两个教会机构而拥有两种不同的日期，这一神学上的不一致至今仍是基督教会需要应对的一个棘手问题。

据西方历史记载，古代地中海文明会在 3 月 25 日春分前后庆祝某种节日——大多数情况是庆祝新年。在北半球，这些新年庆祝活动是一种欢庆大自然复苏的方式，伴随春天的到来。人们将季节的变化通过仪式表现出来，从冬天大地象征性的死亡到春天来临，植物发芽开花，大地复苏。关于这一时节，各个文化中大都存在着关于神灵或圣人奇迹般降生，被杀害，再重生的神话。早在 4 000 年前，古埃及人每年都会庆祝冥王奥西里斯的复活，古叙利亚人在早春的同一时期也拥有类似的节日，纪念他们的神明阿多尼斯（Adonis）。同样，古罗马人每年春天也会庆祝女神西布莉（Cybele）之子阿提斯（Attis）的死而复生，每年，纪念他的节日庆祝会一直持续到 3 月 25 日。

不同的文明还会向各自的丰产女神致敬，以此标志太阳和大自然的重生。日耳曼部落的丰产女神叫作奥斯塔拉（Ostara），她的名字演化成了德语中表示复活节的单词 Ostern；盎格鲁 - 撒克逊人的丰产女神叫作厄俄斯特（Eostre），据说英语中复活节（Easter）一词便是由此而来。同样，与繁衍有关的“雌性激素”（estrogen）一词，以及表示雌性繁殖期的“发情期”（estrus）一词也是源自于此。

人们在每年的这个时候吃鸡蛋和送鸡蛋的传统起源于一个叫作“鸡蛋宴”的习俗，作为前基督教春天庆典的一部分——鸡蛋在传统上象征着大自然的重生。鸡蛋宴也标志着母鸡（在集约农业破坏母鸡自然的产卵周期之前）在漫长的冬季后终于重新开始下蛋。

129

大多数的古代文明——包括埃及、波斯、中国、罗马、希腊、凯尔特和日耳曼文明——在太阳历新年的庆祝活动中都会相互赠送鸡蛋。在埃及、波斯、希腊和罗马，鸡蛋会被染成红色，象征人的子宫，并在春节庆典中赠予别人。依照传统，人们会将染成红色的鸡蛋在田地里滚动，以确保新播下的种子能够丰收。基督教传入后，鸡蛋宴成了基督教复活节庆祝活动的一部分。人们仍然保留着为鸡蛋上色和装饰的习俗，只不过现在，彩蛋上的红色成了基督之血的象征。

尽管在 16 世纪，用糖制成的复活节蛋在欧洲很受欢迎，但人们现在吃的巧克力复活节蛋是不久前才出现的。直到 17 世纪末，欧洲民众才接触到现在所谓的“可食用”巧克力。

如今，复活节彩蛋主要作为一种高度商业化的经济商品存在，其象征意义和古老起源大多已被人们遗忘。

可爱的复活节兔子

世界上第一个可食用的复活节兔子是德国人在 16 世纪用糖制成的。

今天，这一复活节食品拥有各种各样的尺寸，通常由巧克力制成。

每年，著名的复活节兔子都会为全世界几百万儿童带来可口的巧克力蛋，复活节兔子的传统来源于盎格鲁－撒克逊丰产女神厄俄斯特（又称奥斯塔拉）的宠物神兔。通常，厄俄斯特被描述为长着兔头的形象。像所有的月神一样，她代表了大自然的复苏丰饶，在春分时节受到人们的供奉。复活节（Easter）一词便是从她的名字衍生而来，她的兔子也因此被误称为“复活节兔子”（Easter Bunny）。

大多数古代神灵都有专属的守护动物。例如，猫头鹰是与雅典娜相对应的神圣动物，而野兔由于其强大的繁殖能力成了那些最为著名的异教女神（维纳斯、阿佛洛狄忒、狄安娜和奥斯塔拉）的同伴和象征。这种联系或许导致了后来兔子在基督教社会声名狼藉，基督教传入后，异教神与他们的守护动物被丑化，兔子因而被与巫术联系起来。

130

丰产女神象征大自然的再生与循环，她们不仅被与兔子联系起来，还与月亮联系在一起。月亮与重生的概念相关联，在每个月运周期后，月亮都会从天空中消失 3 天，然后以新月的形式重生般地再次出现。丰产女神、野兔和月亮三者形成了一个联系链。作为一种繁殖能力极强的动物，野兔出现在世界各地的神话中，其历史甚至可以追溯到远古时期。亚述浮雕和古埃及壁画中也有它们的身影。野兔在神话中常常是月亮神的代表，因此，它也成了丰产的象征。古代梵文文学中，野兔是月神旃陀罗（Chandra）的标志，后者常常被描绘成怀抱野兔的形象。同样，斯堪的纳维亚人的女神芙蕾雅也有野兔作为随从，凯尔特月神则通常被描绘为手托野兔的形象。缅甸神话中，野兔也是月亮的象征，而在中国的中秋节，兔子作为月亮阴性力量的象征，也是节日庆祝的重要元素之一。

因此，有关著名的复活节兔子的真相便是，它由一个全世界普遍存在的古老联想演化而来：春分和复活节的时间大体一致，而重生和丰产则与各种文化中的月亮神联系在一起，月亮神总是与野兔密切相关，因此便有了复活节兔子的诞生！

热腾腾的十字面包

今天，曾经被人们简单称为“十字面包”的节日食品已经变成了一种高度商业化的商品，通常，在距离复活节尚有时日的时候，人们便可以在超市中买到十字面包，而在很多情况下，即使节日过去很久，人们依旧可以在货架上找到这种面包。称呼十字面包时，在前面加上一个“热”字使其显得更加可口诱人。

十字面包因其表面的十字花纹而被看作耶稣受难的象征，传统上只在耶稣受难日当天供人们食用。然而，现在的十字面包起源十分久远，与古代不同文化中人们在宗教节日时祭祀用的神圣蛋糕和面包一脉相承。面包和小蛋糕在早期宗教崇拜中的地位十分重要。在古埃及的伊希斯祭祀仪式期间，祭司会在神庙门口向人们售卖用最纯净、最美味的原料制成的祭祀蛋糕。《旧约》中的先知耶利米（Jeremiah）曾提到用于祭祀的面包：“我们向天后烧香……作天后像的饼供奉她……”

131

十字面包最初是用小麦面粉和蜂蜜烘焙而成的小面包，在北半球的异教春节期间供人们食用。古希腊人在每块面包上印上一个犄角状的符号，代表新月，作为月亮女神的祭品。与这个犄角状符号有关的boun（希腊语中的“公牛”）一词很有可能就是英语中表示小圆面包的单词bun的来源。最终，这一符号演变成了一个十字，象征耶稣受难，人们用这种面包纪念耶稣在最后的晚餐上与门徒分食的面饼。

关于面包上的十字符号，另一种观点解释说这是一种基督教传入以前便存在的符号，它象征月亮的四等分，用以致敬保佑丰产的月亮女神。

人们还将许多迷信观念与十字面包联系在一起，总是将这种面包看作好运的象征。过去有一种十分流行的习俗，人们会在耶稣受难日之后留下一两个十字面包，将它们挂在家里。人们相信这种十字面包拥有魔力，可以作为护身符，在接下来的一年中抵御邪恶力量的影响。何况经过几个星期的晾晒，这块小小的面包还会变得坚硬无比，实在是居家必备的防身利器。

不给糖就捣蛋

Hallow Even、Hallowe’en或Hallow’s Eve，再到如今人们所说的Halloween，指的都是万圣节前夜。万圣节（All Saints’ Day）是天主教徒纪念圣徒和殉道者的日子。Hallow在古英语中表示“圣徒”（saint）

的意思。而新教徒会在10月31日这天庆祝宗教改革日，1517年的这一天，马丁·路德在德国维滕贝格的城堡大教堂大门上贴出了划时代的《九十五条论纲》。

现代万圣节前夜源自古老的凯尔特异教火节“萨温节”庆祝活动。为了将这一节日基督教化，教会将万圣节前夜定在10月31日，万圣节定在11月1日，万灵节定在11月2日，但这一系列措施并没有抹去该节日的异教特征。怪诞的面具、挖空的南瓜、骑扫帚的巫婆，这些人们用来吓走邪灵和恶魔的形象依旧是万圣节前夜的标志。甚至“不给糖就捣蛋”的说法也可以追溯到人们用食物作为赶走邪灵的报酬的习俗。

132

基督教诞生之前，欧洲的凯尔特人每年都要庆祝两个大型的火节：5月1日前夜的五朔节及10月31日的萨温节。尽管这些日子与分点（春分和秋分）和至点（夏至和冬至）、收割和播种没有关系，但五朔节和萨温节分别标志夏季和冬季的开始，因为凯尔特人主要是一个游牧民族，而非农业民族。在高纬度地区，太阳年通常被划分为2个而不是4个季节。当时的日耳曼人和凯尔特人已经了解到二至的日期是不确定的，据信，这些知识是欧洲人在与古埃及人交换锡和盐的过程中获得的。

萨温节从10月31日的日落持续到11月2日的日落。在北欧，它标志着一直持续到5月的漫长冬季的开始，同时也标志收获时节的结束。古老的萨温节代表人类对死亡和黑暗的敬畏。因此，在萨温节期间，人们习惯在山头点燃神圣的篝火。

太阳一般会被视为万物的生命和营养之源。然而，太阳并不是永远高悬在天空中，它会在夜晚降临时“消亡”，并在第二天早上“重生”。特别是在北欧国家，太阳一年中每天出现的时间变化很大；在仲冬时节，白昼极短，太阳几乎完全消失。这对古人来说是十分可怕的，在他们看来，火是太阳的象征，通过各种与火有关的仪式，古人们希望使白昼得以延续。除了火焰，车轮和圆盘也被用来象征太阳，人们在中欧、西欧以及东方和亚洲国家的墓葬中发现了这样的陪葬品，据推测，这些物品的作用是为了能为死者的灵魂照亮通往冥界的道路。

133

萨温节（Samhain）的字面意思是“夏天的结束”，它不仅标志着北方漫长冬天的开始，还是凯尔特新年开始的标志。与婴儿从母亲子宫的黑暗中诞生一样，大自然也被看作是从黑暗的地底萌发而出，因此，根据凯尔特人的信仰，新年是从黑暗的冬天中诞生的。在此期间，人们会将牛从周边的牧场赶到室内，家畜和人类一起在屋檐下度过漫长的冬天。

在凯尔特人看来，万物生命循环中所有的转折点都充满了魔力，特别是代表辞旧迎新的新年。爱尔兰、威尔士及英格兰西北部的神话和民间传说将这一时间点与鬼魂、妖精和仙女的造访联系在一起。人们认为，在这一短暂的时期，现实世界与超自然世界间的屏障会变得很薄，万物之灵突然变得肉眼可见，各种超自然力量现身于物质世界并对人类产生影响。

凯尔特人相信，随着冬天来临，太阳消失，逝者们可怜的灵魂会在乡间游荡，因为寒冷而瑟瑟发抖，因此它们会在夜晚拜访活人的家庭寻求庇护。为了寻求遮蔽和保护，这些鬼魂很可能会进入人们家中，因此，战战兢兢的人们会为它们在客厅中留下食物，也不会熄灭炉火。但对于人们来说，最重要的还是采取各种手段，将这些鬼魂拒之门外或将它们吓走。为了不被邪恶的生灵或仙子认出而被诱拐，人们会佩戴各种面具。人们用各种装扮愚弄或欺骗邪恶的鬼魂，包括用炭把脸抹黑以及把衣服前后或里外反穿等。将挖空的萝卜头插上点燃的蜡烛放在窗台上据说也可以将这些鬼魂吓跑。这个夜晚既不属于现实世界，也不属于超自然世界，因此，在漫长黑暗的冬天降临之前，这是一个可以随意玩闹和恶作剧的夜晚。

在山上生起篝火是北欧国家万圣节前夜古老庆祝仪式的特殊标志之一。在英格兰，点燃篝火的传统被改到了 11 月 5 日，以纪念阴谋家盖伊·福克斯（Guy Fawkes）[①] 被捕。在盖伊·福克斯之夜，人们仍然可以观察到古代萨温节的一些传统。在北欧，人们仍然普遍相信，如果在这天晚上听到身后传来不断接近的脚步声，一定不能回头看，因为这可能是鬼魂的脚步，不幸看到它们的人不久之后也会变成它们中的一员！

134

19 世纪，许多欧洲人移民美国，致使不同文化的节日和传统融合在一起。万圣节前夜在今天也被叫作“魔鬼之夜”或“地狱之夜”，对于许多人来说还成了“恶作剧之夜”，是一个捉弄他人的好机会。在美国，镂空的南瓜取代了欧洲人使用的萝卜。过去大多数与这一天相

① 天主教“阴谋组织”的成员，该组织企图实施火药阴谋，刺杀英格兰国王詹姆士一世和英格兰议会上下两院的所有成员。

关的信仰都已被人们遗忘，万圣节前夜也被笼罩在商业化的氛围之中。在美国，万圣节已经成了一种家庭活动，戴面具和化装的习俗仍得以保留。此外，人们还会戴上各种有趣的塑料帽子，大人们会参加假面舞会或化装舞会，家人们在一起享受美食和聚会，孩子们喊着“不给糖就捣蛋”，挨家挨户索要糖果、饼干、苹果和其他的小玩意儿。如果没有交出吃的或礼物，房主可能会受到恶作剧的“惩罚”。

在信仰天主教的南美洲和中美洲，纪念亡者的节日被称为亡灵节，这一庆祝活动持续整整 3 天。世界上没有任何其他国家像墨西哥人一样热爱“亡者的节日”。开始于 10 月 31 日，持续到 11 月 2 日的亡灵节是墨西哥人一年中最重要的节日之一。为了纪念祖先，人们会点上蜡烛；家中的祭台也会被装饰上水果、面包、糖果和鲜花；人们穿着华丽的套装和戏服，跟随游行的队伍在各条街道中穿行。

为什么在 12 月 25 日庆祝圣诞

《圣经》中从未有过关于为基督诞生，即我们所说的圣诞节而举行任何庆祝活动的记载。根据历史记载，基督诞生后的第一个世纪里也从未有过这样的庆祝活动。在基督纪元（公元）的前 3 个世纪，基督教会内部强烈反对庆祝生日这一异教习俗，因为在他们看来，只有异教徒才会为他们的神、皇帝和国王庆祝生日。公元 245 年，希腊教会神父奥利金表示反对任何为基督设立生日的做法，在他看来，这让基督

135

看起来像是世俗的法老。现代历史学家认定，耶稣的出生时间在公元前 8 年到公元前 4 年之间（并非大多数人认为的公元 1 世纪）。但举行庆祝的具体日期则是后人规定的，这一日期的确定受到了各种异教节日的影响。

圣诞节的庆祝活动是由宗教人士创立的，确定日期时距离耶稣诞生早已过去了几个世纪。因此，这些人并不知道耶稣诞生的确切时间，也无法从《圣经》中准确地获知。根据《路加福音》描述，耶稣诞生可能是在 5 月，因为“……牧羊的人在夜间按着更次看守羊群”。牧羊人看守羊群是在羊群的产羔期，产羔期一定是在春季，而不是在致命的寒冬，冬天羊群都被关在围栏里，并不会由牧羊人照看。

有证据表明，过去的人们曾将不止一个日期定为基督的诞生日。4 世纪初，人们对于该将哪一天定为圣诞日，甚至该不该确定圣诞日都无法达成共识。由于无法从福音书中确定基督的确切出生日期以及其他传统，早期的教会神父将 1 月 6 日定为庆祝基督诞生的日子，这一天同时还是基督教的主显节。尽管这一天与基督的诞生并无关系，教会仍在 4 世纪初将 1 月 6 日定为了耶稣的诞生日。

选择 1 月 6 日作为这个重要节日的日期似乎也受到了埃及亚历山大城的传统影响，在古罗马时期，当地有座名为科瑞昂（Koreion）的巨大神殿。在耶稣时代，亚历山大可能是当时世界上文明程度最高的城市，当地人每年都会为伊恩神（Aeon）的诞生举行庆祝活动。圣伊皮法纽（St. Epiphanius，约 315—402）的著作中就有关于这一异教节日的描述，在他所处的年代，这一传统似乎仍然存在。他写道："在亚历山大这座被称为科瑞昂的巨大神庙中，整夜的音乐和赞歌过后，他们手持灯烛下到一个地下墓穴中，抬起一个毫无遮盖，平放在床上的木像……他们抬着神像，绕最里面的大殿转七圈，用管乐、鼓声和赞美诗作伴奏……若被问到这一神秘仪式的含义，他们就会回答：'此时今日，少女科莱（Kore），也就是圣母，生下了伊恩……'"这其中处女生子的情节与基督诞生存在着令人惊讶的联系。教会将基督诞生日定为1月6日的教令使许多亚历山大当地的异教徒皈依了基督教，因为他们早已习惯了在这一天举行庆祝活动。他们可以接受耶稣就是伊恩，科莱就是圣母的说法，同时还不必改变他们主要节日的日期。

136

"众所周知，在尝试将异教徒转化为基督徒的过程中，基督教神职人员发现，要想使人们摆脱旧习俗，或者根除原始信仰是不可能的，为了应对这一状况，他们选择小心地将异教节日的主题转移到对基督的崇拜上来。"采用附加的方法，将基督教的内容附加到现有的异教节日上成了基督教会的普遍做法。因此，通过将古希腊人和古罗马人的节日与基督及其门徒生命中最重要的事件相结合，异教信徒的成见得到减弱，新的皈依者也更容易接受。这样，基督教会抓住机会通过允许异教徒保留原来的节日来迎合他们，使人们渐渐远离了罗马和欧洲各地举行的各种异教仪式。

君士坦丁大帝胜利之后，基督教在公元324年成为罗马帝国的国教。然而，与罗马基督教化密切相关的是基督教的"罗马化"。尽管东正教教会一直将1月6日作为圣诞节庆祝日，但罗马教皇尤利乌斯一世（Julius Ⅰ）领导下的教会则在公元353年将基督诞生日从1月6日改到了12月25日。

由于另一种与基督教形成竞争的宗教长期以来占据着罗马人的心灵，罗马的早期教会被迫将12月25日的庆祝活动合法化。必须提到的是，直到公元300年，大多数罗马人仍然是非基督徒，在这一时期，无数宗教在罗马帝国的疆域上并驾齐驱，百花齐放。其中一个宗教叫作“无敌太阳神”（Deus Sol Invictus）。在君士坦丁大帝（306—337）统治时期，这一宗教达到了前所未有的高度，其信徒会在12月25日举行庆祝活动，纪念“无敌太阳神的诞生”（Dies Natali Invicti）。

137

另一种在公元2世纪和3世纪流行于罗马帝国的宗教叫作密特拉教（Mithraism）。这是一种来自波斯的神秘宗教，主要信仰密特拉神，12月25日不仅是密特拉神的出生日，也是他作为人类和光明之神的中间人，使他的信徒得到救赎的日子。

大约在同一时期，每年的12月17—23日罗马人还会庆祝冬至和农神节，以纪念农业之神萨图恩（Saturn）。农神节期间，人们的狂欢、庆祝和庆典成了大自然变化的标志，人们在这时不会受到法律和道德的常规约束。出于娱乐目的，阶级差别也被暂时废除，主人甚至可以受到奴隶的嘲弄，在平常，奴隶可是会因此受到惩罚的。大家会选出一位所谓的农神节国王，这位国王将带领他的臣民喝酒、跳舞和狂欢。节日结束后，“国王”会假装在萨图恩的祭坛上死去，秩序便得到恢复。农神节期间，古罗马人习惯暂停一切公共事务，并向朋友和亲人们赠送礼物。

在当时的12月25日，欧洲北部的日耳曼人也会为一个重要节日，即冬至举行庆祝活动，德鲁伊教徒将其称为耶诞节（Yuletide），而斯堪的纳维亚人则称其为“母亲之夜”。现代英语中的Yule（圣诞节）一词来源于盎格鲁－撒克逊语中的geol，即冬至节，这是他们的历法中最重要的节日之一，在这时，人们会向神明咨询未来事宜，制定新的协议，然后尽情娱乐狂欢。这一节日的许多特色活动，如焚烧圣诞木，用槲寄生和常青树做装饰等习俗都保留了下来。

通过将基督诞生的庆祝活动定在12月25日这一早已被各种不同节日占据的日子，基督教会没有铲除异教习俗，而是加以利用，为现有的异教传统赋予了新的意义。

许多人认为将圣诞节拼作Xmas是不敬的行为，是试图将Christmas中的基督（Christ）钉上十字架的表现。但事实上，Xmas的拼法来源于希腊语。“X”是希腊语中基督一词的首字母。Xmas一词在16世纪的欧洲十分流行，在今天也仍经常被人们使用，但它的起源早已不为人知。

禁止庆祝圣诞节?

想象一下，如果人们被禁止庆祝圣诞节，世界将是一番怎样的景象！然而在17世纪的英国，清教徒统治下的英格兰就曾短暂出现过这样的情况。

清教徒是英国教会中一个极端的新教徒群体，他们认为英国的宗教改革在改革基督教会教义和结构上做得远远不够。他们的目标是通过清除所有天主教影响来净化英国教会。英国教会同样也将受到净化，任何《圣经》中没有的仪式和做法都将被废除。对于清教徒来说，《圣经》是唯一的权威，他们相信《圣经》可以指导他们生活的方方面面。

清教徒不认同圣诞节、复活节以及其他节日和圣日，因为这些节日都是后人创造而不是《圣经》规定的，因此不能被视为圣日。圣诞节尤其不受清教徒的欢迎，它被看作罗马天主教信仰的残留，而且有异教的特征。《圣经》中并没有号召人们以这样的方式庆祝基督的诞生。

17 世纪 40 年代早期，英国的国家权力从查理一世（后来被处决）手中转移到了以清教徒为主的议会，即所谓的“长期议会”手中。长期议会立即禁止了所有与圣诞节有关的教堂仪式和庆典活动，并对所有的圣诞节庆祝活动表示了谴责。在圣诞节这天，议会照常举行会议，所有议员必须照常出席。所有的店铺和市场都必须在 12 月 25 日这天营业。士兵们甚至会闯入私人住宅，搜捕举行庆祝的人，没收一切节日食品。尽管有人上街抗议并制造骚乱，圣诞节庆祝活动最终还是受到了镇压。清教徒对待星期日即主日则格外严格，为此特地制定了相应的法律。直到 1660 年查理二世复辟，冷酷的清教徒时代终结，圣诞节庆祝活动才得以恢复，为当地民众带回了欢乐和活力。

139

与此同时，清教徒移民也将他们的虔诚带到了美洲大陆。因此，1659—1856 年间，马萨诸塞都不允许举行圣诞节庆祝活动。在 1870 年之前的波士顿，公立学校在圣诞节当天仍然会照常上课，没有到校的学生都会受到惩罚。但随着19世纪末爱尔兰人和德国人移民美国的浪潮，人们对圣诞节的热情重新高涨起来，这一古老的传统得以再次流行，并传遍了整个美国。

圣诞老人

身穿红衣服，胖乎乎、乐呵呵，大名鼎鼎的圣诞老人是美国圣诞节庆祝和商业活动的符号，他是一位历史、神话和民间传说中的传奇人物。从历史上看，圣诞老人的原型可能是一位仁慈的基督教圣徒，生活在公元4世纪的米拉[①]主教圣尼古拉斯（Saint Nicholas）。

圣尼古拉斯以他所创造的许多奇迹和善举，尤其是对孩子们的关爱而闻名。与圣诞老人一样，他给人们送礼物的名声也广为流传。有一个关于他的传说提到，他会去拜访一些十分贫困的家庭，从他们屋顶的排烟孔中扔下几枚钱币。有一次，他扔下的金币没有掉进壁炉，而是掉进了壁炉旁挂着的长筒袜中。许多人认为这便是圣诞老人传说的起源，今天的孩子们相信圣诞老人会在圣诞节的清晨从烟囱钻进房子，在孩子们留给他的长筒袜子里装满礼物。然而，关于北欧神话中的主神奥丁（Odin）也存在类似的故事，圣诞老人的传说很有可能也是基督教会为了改变人们对这一异教故事根深蒂固的观念而采取的一种基督教化措施。

---

① 米拉位于今天的土耳其境内。

人们对圣诞老人与基督教化之前北欧神话中的主神奥丁进行了许多比较。盎格鲁 - 撒克逊人称奥丁为沃丹（Wodan），在他们称为 Yule 的冬至节期间，奥丁骑着八条腿的骏马斯雷普尼尔（Sleipnir）指挥着一个狩猎队横跨天空，这被拿来与圣诞老人的驯鹿相比较。每年的这个时候，孩子们都习惯将装满胡萝卜和稻草的靴子放在排烟口，作为给奥丁战马的饲料。为了表示谢意，奥丁会在靴子里放上礼物，回报孩子们的体贴。这是圣诞老人与奥丁之间另外一个相同之处。这一习俗在基督教传入后继续在北欧国家流传，但却被人们与圣尼古拉斯联系在一起，人们依然遵循着这一习俗，孩子们将长筒袜挂在烟囱旁边，盼望着第二天能够在里面收获满满的礼物。

140

善良的圣尼古拉斯的传说从米拉传到北欧国家，在荷兰，他被称为 Sinterklaas，是一个十分受欢迎的人物。荷兰人将 Sinterklaas 的传说带到了新大陆，1870 年左右，美国人将他的名字改成了今天的圣诞老人（Santa Claus）。后来，这个著名人物与伊丽莎白时期的圣诞老人（Father Christmas）融为一体，英国人传说中的圣诞老人是一个乐呵呵的老头，他会为人们带来圣诞大餐。今天在英国和欧洲，人们仍然将圣诞老人称为 Father Christmas，但他的形象与美国人的圣诞老人并无二致。另一个有趣的事实是，这两个人物居住的地方也不相同，Father Christmas 据说住在芬兰，而美国人口中的 Santa Claus 则居住在北极。

今天，圣诞老人的形象是一个圆圆胖胖的白胡子老头，穿着红白相间的衣服，这一形象经过众多艺术家的创作，最终于 20 世纪 20 年代出现在公众视野。然而，这一新形象的流行主要应该归功于可口可乐 1931 年的宣传，在广告中，圣诞老人的新形象与可口可乐的红白标志形成了完美的搭配。这一广告让美国人相信，可乐可以解他们的“四季之渴”，同时也使圣诞老人成了当代商业文化的标志。

圣诞树

对于圣诞树的起源，人们的解释各不相同。在探寻装饰圣诞树的起源时，我们发现它和其他许多圣诞传统一样，明显受到了异教传统的影响。圣诞树是许多古老观念的缩影，也许是人类历史至今唯一尚存的一种树崇拜形式。知识之树、宇宙之树、五月之树、收获之树，以及世界各地将树视为神明化身的观念基本都已消失。

141

冬至前后装饰圣诞树或冬至树的传统可能要追溯到早期的印欧部落，他们用燃烧的火把装饰树木，作为火焰节庆典的一部分，希望能使太阳再次升起。人们将装饰物和供品挂在圣林中的树上，并将常青植物带回家中，象征冬天死寂中的一片生机。

随着基督教的传播，圣诞节期间装饰圣诞树的传统被与亚当和夏娃的传说联系在一起。早期教会将 12 月 24 日定为纪念亚当和夏娃的节日，根据基督教传说，亚当和夏娃被赶出伊甸园时从知识之树上砍下了一枝树枝。在中世纪，《圣经》故事经常通过舞台剧的形式被展现给不识字的民众。在有关亚当与夏娃在伊甸园的剧中，冷杉树常常被用来代表“诱惑之树”——在北半球寒冷的12月里，这种选择合乎常理。这棵所谓的天堂之树上饰有苹果，象征禁果。渐渐地，人们开始在自己家里立起“天堂之树”，树下放置着亚当和夏娃的小塑像，以此庆祝他们的节日。除了这棵装饰精美的树，许多德国家庭还会搭建一种叫作Lichtstock的圣诞金字塔，这是一种开放的木制框架，上面摆有圣诞人物、蜡烛和常青植物，顶端树立着伯利恒之星。一种流行的观点认为，“天堂树”与这种圣诞金字塔逐渐合二为一，最终形成了今天的圣诞树。

人们普遍认为，德国是圣诞树的起源地，早在16世纪初，德意志的教堂和市政厅就出现了圣诞树。17世纪，这一传统进入了一般家庭。根据路德宗神学家约翰·丹豪尔（Johann Dannhauer）的说法，人们开始用苹果、纸玫瑰、圣餐薄饼、糖果、金箔和洋娃娃装饰圣诞树。到了19世纪，这种德意志习俗已经在欧洲许多国家的贵族中流行起来，甚至传到了遥远的俄国宫廷。

142

维多利亚女王的丈夫、萨克森-科堡-哥达的阿尔伯特亲王（Prince Albert of Saxe-Coburg-Gotha）在1841年将圣诞树从德意志引入了温莎城堡，使之成为英国的一项传统。维多利亚时期的家庭纷纷效仿王室，直到1850年，查尔斯·狄更斯仍然把圣诞树叫作“新的德意志玩具”。在美国，圣诞树最早可能是在18世纪初被人们使用，由德意志殖民者带来并引入宾夕法尼亚西部。

自19世纪以来，圣诞树传统的传播速度如此之快，在整个大众习俗的传播史中，没有任何东西的传播速度可以与之相媲美。圣诞树一直以来深受人们的喜爱，是圣诞节的必备元素。现代的装饰物主要包括塑料小饰品、电灯泡、微型圣诞老人和天使等。由于商业化的影响，人们还会用塑料甚至光导纤维制成圣诞树，这种圣诞树可折叠，可反复利用，在世界各地的商店中均可买到。

槲寄生下接吻

北半球的冬至庆祝活动拥有各种各样的传统。为了吸引太阳回归，人们会仪式性地升起火焰；为了说服失去绿叶的树木重新发出新芽，人们则会用常青植物编成的花环装饰房屋。尤其是在北欧国家，人们会在寒冷的冬天将冬至装饰带进室内。在农神节期间（12 月 17—23 日），罗马人也习惯使用常绿植物作为装饰。神殿和庙宇会被绿色植物，尤其是冬青装饰起来，象征农神萨图恩为人类带来健康和幸福。这一做法被基督徒用在圣诞节庆祝活动中，在现代依旧盛行，圣诞节期间，房屋、教堂、街道和商店都会被人们用冬青树、槲寄生以及其他常绿植物装饰起来。

过去，槲寄生被看作一种神圣的植物，古希腊人、欧洲北部的国家，特别是英国、法国和爱尔兰的德鲁伊教徒会将槲寄生用于各种宗教仪式。尽管槲寄生作为一种寄生植物可以生长在各种不同的树上，但生长在橡树上的槲寄生格外受德鲁伊教徒的珍视。

143

槲寄生是一种常青植物，冬天，翠绿的槲寄生生长在其他树木光秃无叶的枝干上。古人因此认为，这种植物蕴含生命的魔力。因此，槲寄生开始象征永恒的生命和丰产能力，从那以后便与神圣的宗教仪式联系在一起。因此，人们在冬至节庆期间将槲寄生带到家中很可能是为了寻求庇佑，为家庭成员提供保护。

由于槲寄生与异教习俗之间的联系，基督教会将用槲寄生作装饰视为亵渎上帝的行为，禁止人们将槲寄生带入神圣场所。然而，传统植物不会轻易失去它们的仪式性功能，圣诞节期间，人们依然将槲寄生用作圣诞装饰物。根据欧洲许多地方的传统，人们会将槲寄生和冬青保留在家中一整年，也就是从一个圣诞节到第二年的圣诞节，定期用新枝条替换旧枝条，以此带来好运并避免伤害。

对于人们把在槲寄生下接吻与好运联系起来存在着不同的解释。首先，古罗马人视槲寄生为和平的象征，据说当敌人在槲寄生下相遇时，他们便会放下武器，宣布休战。而英国关于情人在槲寄生下接吻，或男性有权在槲寄生下亲吻任何女性的习俗则可以追溯到古老的撒克逊人传统。毫无疑问，这一习俗的流行很大程度上在于槲寄生与生育能力和性能力密切相关。

对于槲寄生被视为“接吻植物”，最可靠的解释是与北欧神话中的神明巴尔德尔（Baldur）的死亡和重生有关。巴尔德尔出生时，他的母亲，女神弗丽嘉（Frigg）命令所有生物承诺永远不会伤害巴尔德尔。不幸的是，她遗漏了槲寄生，后来，邪神洛基（Loki）正是用槲寄生杀死了巴尔德尔。他的死给世界带来了冬天，所有生物都陷入了悲痛。而对于在槲寄生下接吻，有一种说法是巴尔德尔复活之后，槲寄生被定

144

为圣物，弗丽嘉命令它要将爱带到人间，而不是带来死亡，所有站在它枝下的人都必须接吻。但是还有另一种不同的解释，传说槲寄生因杀死巴尔德尔而冒犯了北欧诸神，因此被诅咒每当有漂亮女孩在其枝叶下被亲吻时，它都必须在上面观看。难怪莎士比亚在《泰特斯·安德洛尼克斯》(*Titus Andronicus*)中将其称为“恶毒的槲寄生”。暗指神话中与其相关的不幸、悲惨的故事。根据迷信，任何拒绝在槲寄生下接吻的女孩都会有终身不嫁的危险。

第六章
过渡礼仪

Chapter 6
Rites of Passage

145

过渡礼仪（rites of passage）指大多数社会群体中的个人在一生所有重要环节进行的仪式行为，尤其在人生的重大过渡阶段，例如出生、成年、婚嫁、丧葬。因此，可以说过渡礼仪是个体以新身份进入社会或宗教的标志。

个体遵守某个社会群体的习俗、规则与社会价值观，进而与该社会群体保持良好和谐的关系，这就是过渡礼仪的意义。过渡礼仪具体包括浸礼、割礼、坚振礼、受戒礼、毕业礼、退职礼、婚礼、葬礼等。人生最重大的三件事是诞生、婚姻、死亡，所有社会群体都为这三件事设定了特有的传统仪式。此外，很多文化群体还为这三大事件中间的转折期设定了很多特别的礼仪。

1909 年，比利时人类学家阿诺尔德・范热内普（Arnold van Gennep）

创造了“过渡礼仪”一词，用以概括上述仪式。通过这些仪式，个体与群体的关系以及群体对个体的接受度都会进入新阶段。所有社会群体中的青少年都是通过一定的仪式，进入宗教或获悉该群体的某些秘密礼仪。镶边托伽仪式是古罗马男孩的成人礼；基督徒会为孩子举行浸礼、坚振礼以及首次圣餐礼来表明其宗教身份已经成熟；同样，犹太男孩满 13 岁时便会举行受戒礼或“诫命之子”仪式，这些仪式象征他们已经成为成年教徒。

146 在世界各地，从不需要承担任何责任的童年迈向成年都需要通过一定的仪式。仪式的性质不同，举办形式也不同，取决于该仪式是否具有宗教性、现代性或高度演化性。据说，正是通过一系列过渡礼仪与接连不断的入会仪式，人生才得以圆满。这些仪式对参与者乃至整个社会群体都很重要。

不同文化环境的人拥有不同的人生关键期。有些社会里，小孩子第一次剪头代表婴儿期结束，幼儿期开始，母亲会将剪下来的头发珍藏。同样，第一次剪指甲意义也很重大。但是在很多非西方社会，各类成年礼往往伴随着不悦与苦痛，比如割礼、割阴、扣阴，都代表孩子进入了成年阶段。这一点在约瑟夫·坎贝尔（Joseph Campbell）的《上帝的面具》（*The Masks of God*）中有详尽的阐述：“全世界的成人礼都伴随着痛苦与折磨。通常包括鞭打、禁食、打落牙齿、割皮文身、断指献祭、切除睾丸、生成瘢痕、割礼、尿道割礼、刺伤、烧灼……肉体在苦痛中发生改变，是精神升华的永恒标志。即使在更文明更高级的社会里，人们不再赤身裸体，伤残身体，但在仪式中穿的新衣服，佩戴的新饰品仍旧可以象征他们的精神状态进入了新境界。在印度，人们前额上的种姓标志、光头、服装等可以准确表明一个人的社会地位。在西方，还可以通过军装、衣领、假发来判断军人、神职人员与法官的身份。可在人们还是赤身裸体的年代，唯有改变身体才能表明社会职位。”

每种文化都有自己的过渡礼仪，为了遵守该礼仪的习俗与规则，符合相应的价值观，需要实行具体的仪式行为。可以将仪式行为理解成按计划不断重复的规定性行为，是人类生活共同的组成部分，尤其在宗教语境下显得格外重要。不同宗教与社会群体举行的宗教仪式也不同，包括祷告、唱圣歌、列队游行、献祭、庆祝宗教纪念日与节日等。总的来说，虽然围绕诞生、婚姻与死亡的过渡礼仪内容多样，但它们本质相通，在所有文化中的重要性都是一样的。

147

生而幸运还是生而霉运

人类在生命的每个阶段都会涉及从古至今流传下来的不同习俗传统。也许其中很多现在已经失去了意义，但从当时的普遍认知与信仰看，这些习俗传统的形成是合情合理的。

过去，人们认为新生儿自出生起就会受到各种力量的侵扰。因此，母亲必须要时刻警惕，确保一切程序有序进行，这样才能保护好自己年幼的子女。据说命运星辰能够影响孩子未来的运势与性格特点。因此，怀孕期间，家里会请占星师观测天体位置，并在孩子出生时为其占卜。婴儿出生后所展现的每个特点都可以从迷信的角度解释：生来就长有一颗牙齿是不吉利的；出生时紧握拳头说明以后会慷慨大方，而张开手掌代表吝啬；头发旺盛表明日后富足丰裕；额头上有青筋代表脾气坏。摇篮里的孩子如果不直视自己的母亲，人们便认为这孩子是女巫。所有这些特点都预示了孩子的成长轨迹，以及最终会成为什么样的人。

人们通常认为星期日出生的孩子会受到佑护，一生好运，绝不会溺水或受绞刑。人们还会为星期日出生的孩子举行特别的诞生礼。约克郡人认为这些孩子可以免受邪眼的伤害。德国人相信这些孩子受到了特别的恩典。欧洲大部分地区的人们则认为这些孩子可以看到其他人看不到的事物，比如灵界。还有一些地方的人相信圣诞节出生的孩子活不过 33 岁，因为耶稣正是 33 岁时被钉死在十字架上的。另外，生于闰年的孩子与其母亲注定将不久于人世。

人们认为星期五出生的人是不幸的，这些人不得不带着这种消极的心理暗示度过余生。星期五原本也算幸运日，但是基督教文化里的星期五带有不祥的意味，结果很快每个星期五都被赋予了这种不祥的含义。

出生时间也很有讲究。3 点、6 点、9 点或者 12 点钟声敲响时出生的人长有千里眼。另外，人们相信深夜出生之人的命运没有白天出生的人好。

孩子从胎儿期到婴儿期，再到幼儿期，每个阶段都包含很多错综复

148

杂的思想观念，因此，父母亲人不得不严格遵行各种各样的保护措施，抵御邪恶力量的侵害。例如，很多欧洲与中东国家的人会向婴儿吐唾液，欢迎他们的诞生，很多地区至今还沿袭这一习俗。在英格兰北部地区，孩子出生不久后，人们“会在其身上画十字”（sain）。这种仪式需要人们旋转点燃的蜡烛，携一本打开的《圣经》，绕着躺有母婴的床走三圈。需要注意的是，蜡烛旋转的方向要与太阳运转方向相同，即顺时针方向，以此增强保护效果。

另外一种保护措施是利用母亲的衣物包裹孩子。人们普遍相信任何与身体紧密接触的物件，尤其是母亲的物件，都象征着母性，具有强大而永久的保护力。因此，绝不能用新被单或者新衣服包裹婴儿，否则会丧失保护力。

第一次哺乳时，一定要让孩子先吸吮母亲右边的乳房，否则，孩子有可能成为左撇子，这一点很重要，因为以前人们认为左撇子很不吉利，会带来危险。同样地，总让新生儿朝右侧卧也很必要，否则孩子日后会变得“很笨拙”。

149

人们认为向母亲夸赞她的孩子长得漂亮，会招致邪眼的伤害。同样，以天使称呼小孩子会诱使命运之神将孩子带向天国。在很多欧洲国家，孩子出生一年内，如果用剪子或者任何铁制物件给孩子剪头发或指甲，可能会给孩子带来极大的厄运。所以母亲通常不会给孩子剪指甲，而是咬下，人们认为这样可以避免孩子以后养成偷东西或者撒谎的习惯。人们还相信婴儿要是看见了镜子里的自己，会遭遇不幸，甚至死亡。如果跨过在地上爬的婴儿，或者将孩子从窗户送出去都可能会阻碍孩子的正常发育。

需要严格遵守的迷信传统数不胜数，即使是父母、亲人也做不到恪守所有礼仪来规避孩子日后生活会遇到的一切潜在危险与邪恶事物。

神圣头巾

曾经有一种说法广为流传，脐带与胎盘被切割后，仍然能与身体相互感应。因此，人们相信脐带与胎盘的保存状态与处理方式会影响孩子日后的命运，或好或坏，终其一生。在非洲、美拉尼西亚、波利尼西亚以及澳洲大陆，大多数原住民会小心地将胎盘埋好，防止其受到邪灵侵袭。脐带也会得到小心处理。例如，澳大利亚大多数地区的原住民会在婴儿的肚脐上留下一小截脐带，待其自然皱缩脱落，皱缩的脐带会被用于一场特别的仪式。人们绝不会将脐带烧掉或者毁坏掉，因为这样灾难就会降临到孩子身上。这与全世界盛行的关于脐带的思想观念是相通的。19 世纪早期，一些欧洲国家的人仍然相信一个人的命运与脐带以及胎盘紧密相连。

150

除了脐带与胎盘，还有很多关于胎膜的奇怪习俗与迷信思想。胎膜通常是指母亲子宫里包裹着胎儿的薄羊膜囊，有时会覆盖在新生儿的头上。羊膜囊内含液体，包裹胎儿，可以对胎儿起到保护作用。临近出生，羊膜囊会破裂，并随胎盘一起流出。但是分娩过程中，整个或者部分胎膜有时会紧紧覆在胎儿的头上，这在苏格兰叫“神圣头巾”，在英国其他地区叫“幸运头巾”，美国的一些州则称其为带着“面纱”出生。人们相信裹着胎膜出生的人会一生幸运。

凡是能得到自己胎膜的人都会无比珍视它，因为人们相信胎膜会像当初在子宫里保护胎儿一样继续保护他们，所以裹着胎膜出生的幸运儿通常都会小心保管自己的胎膜。人们相信这些孩子受到上苍护佑，一生好运，还具有特异功能，比如千里眼。但是胎膜的保存状况与其主人的健康状况紧密相连。因此，必须小心保管胎膜，胎膜要是受到损伤或破坏，意味主人也要生病或死亡。人们还相信主人去世以后，胎膜必须与主人的尸体埋葬在一起，否则其主人的灵魂会四处游荡去寻找身体缺失的那部分——胎膜。

奇怪的是，不是只有裹着胎膜出生的人才会受庇佑，交好运，取得成功。换句话说，胎膜这些神奇的力量不仅限于主人，还可以转移给其他人。例如，古罗马的产婆经常偷卖胎膜，她们并未征得产妇同意，也没有提前告知产妇，心里却没有丝毫不安。有趣的是，罗马广场是最好的胎膜市场，那里的律师会付高价买胎膜，因为他们相信任何在胸前佩戴干胎膜的人都会打赢官司。这种想法真令人匪夷所思！

胎膜还可以用来防止溺海身亡，大概因为胎膜原本就包含羊水，将婴儿安全地包裹其中——并且婴儿也不会溺死，所以船员格外看重胎膜防止溺水的能力。人们相信要是在航船上放上胎膜，就能防止海难发生，所以船员们愿意花大价钱去买胎膜。关于胎膜的迷信思想如此严重，甚至连 18—19 世纪的新闻媒体都经常为胎膜打广告。1813 年 2 月 20 日，伦敦的《泰晤士报》(*Times*)上有则很受欢迎的典型的胎膜广

151

告：“出售一份保存完好的胎膜。如有意愿，请联系米诺雷斯区教堂街2号。为免麻烦，直接定价12英镑。”第一次世界大战中，德国为了打击商船运输发动了潜艇战，因此商船船员们迫切地想要在伦敦码头附近购买胎膜，交易价格在13—15英镑间浮动。

关于“神圣头巾”的迷信思想普遍存在于所有大陆，即使在遥远的帝汶岛及荷兰也能发现相似的思想观念。

男孩穿女装

还有一个很奇怪且少有人知的传统，19世纪早期以前，欧洲与美洲男孩会穿罩衫或长裙。因为当时人们普遍认为裙子不仅限于女孩，男孩也可以穿。家人朋友都会欣然期待男孩第一次穿及膝短裤或长裤，从裙装换成裤装是一种重要的过渡礼仪，称为“穿裤子礼”（breeching）。

从17世纪到18世纪，男孩穿裤装的时间往往定在其能够理性思考，明辨是非的时候，即7岁左右。然而到了19世纪，男孩穿裤装的年龄降到了两三岁。但这并不是男孩服装上的第一个重要改变，在此之前，他们已经“缩短了裙装的长度”，也就是说男孩女孩都可以脱下婴儿时代的长裙，换上短一些的袍子。婴儿裙子很长，远长过脚踝，这种裙子在现代仅用于洗礼。

152

让男孩穿裙子可能是出于实际考虑——有助于训练孩子的如厕习惯。另外，裙子更容易调整尺寸，适合成长迅速的孩子，毕竟当时的衣服要比现在贵得多。但是这种风俗有时还有另一种带有迷信色彩的解释，与当时人们对女孩的基本态度有关。欧洲人一度认为女孩的地位要远远低于男孩，其实在很多非西方国家也是如此。孩子需要受特殊保护，才能免受邪恶力量的侵害，但人们认为没有邪灵会浪费时间去袭击女孩，所以穿女装的男孩很安全。很多人也认为男扮女装或者女扮男装都可以规避邪眼的伤害。欧洲王室甚至认为这种传统可以保护年轻的王位继承者免受刺客杀害，因为刺客很难辨认孩子真正的性别与身份。

由于所有孩子都穿裙子，仅通过外貌很难辨别孩子的性别。因此，富人请人为孩子画肖像时，有时会给男孩增加一些能够表明性别的道具，比如玩具马鞭、鼓和弓箭。佛兰德斯画家安东尼·凡·戴克（Anton Van Dyck）曾为查理一世的两个孩子作过一幅著名的肖像画，画中是 4 岁的詹姆士一世与妹妹伊丽莎白（Elizabeth），两个孩子都穿着裙子，只能通过裙子颜色与是否佩戴项链来区分他们（詹姆斯戴了项链）。数十年后，人们还发现了其他几个微小区别。例如，女孩的头发通常是中分，而男孩的头发是侧分；女孩的紧身上衣通常采用成年女性的款式，衣服中间以下的位置没有纽扣——而男生衣服的这部分仍有纽扣。

第一次世界大战后，男孩穿裙子的传统似乎才消失。

男孩专属的蓝色系

过去，孩子从胎儿期到婴儿期，再到幼儿期，每个阶段都包含很多

153 错综复杂的思想观念，父母、亲人要恪守它们以规避一切潜在的危险与邪恶。

每一种颜色都具有独特的象征意义，所以为孩子挑选合适的衣服颜色是很重要的事。孩子不可以穿黑色衣服，因为黑色在欧洲国家往往与死亡或服丧有关。红色是血的颜色，象征激情与活力，不过有时也与巫术相关。而蓝色的意义就不同了，人们认为蓝色能够抵御一切邪恶力量的侵害，因此男孩特别适合穿蓝色衣服。

蓝色是天空的颜色，在世界各地的文化历史里都象征着神圣、纯洁与真实，人们相信蓝色可以抵御一切邪恶势力。波斯神话史诗《列王纪》(*Shahnameh*)中，蓝色代表了王位与主权。古苏美尔与古巴比伦阿卡德的美索不达米亚君王的王冠与衣服都饰有象征王权的青金石。北欧神话的主神奥丁总是身披蓝色外衣，德鲁伊教与犹太教的大祭司也会身披神圣的蓝色长袍。伊拉克北部的雅兹迪人认为蓝色是最神圣的颜色，所以当地人从来不穿蓝色的衣服。现代人常将蓝色与牧师联系在一起。

为了表明神灵的尊贵与神圣，埃及与印度的神话题材油画常以蓝色绘制诸神。埃及人认为造物神卜塔（Ptah）之父即主神克耐甫（Kneph）总以蓝色面目出现；埃及冥神与丰产神奥西里斯亦被称为“绿松石之神”或“青金石之神”。在印度，宝蓝色仍然代表纯净圣洁的莲花或长有千里眼的神灵；印度神克里希那也是蓝色的，克里希那意即“墨蓝色”。而南美洲的玛雅人认为蓝色是天空的颜色，代表神圣、纯粹与圣洁。后来西班牙征服墨西哥，有些人便用蓝色的染料涂抹身体，以表神灵的尊贵与神圣，通过将自己献祭安抚他们信奉的神灵。古布立吞人也有同样的习俗，恺撒带领军队与古布立吞人作战时，发现古布立吞人会身涂蓝色染料，这表明他们可能带着必死的决心赶赴沙场。

154 人类敬畏蓝色，认为蓝色最能抵御邪恶力量的侵袭。基督徒会使用蓝色来抵御不良影响。那首维多利亚时代脍炙人口的关于婚礼必备物件的押韵诗，“一点旧，一点新，一样借，一样蓝”便体现了这一点。

在中东、东欧以及北非国家，蓝色仍然用于规避邪眼的伤害。刻有蓝白相间同心圆的圆盘代表了邪眼，是常见的用于避邪的护身符，据说这种凝视的眼睛能够将巫士恶毒的一瞥反射回去。这种蓝色符号也曾出现在地中海小船的船头，亦常见于土耳其与摩洛哥的房屋与汽车，或是用作个人的护身符。手形护身符上还常出现蓝色的眼睛，这在中东被称作哈姆萨之手或法蒂玛之手，犹太人称其为米利暗之手。

人们普遍认为蓝色象征真理，所以我们现在仍用 true blue（纯蓝）这个词组来表达坚定不移的意思。这种表达可能起源于中世纪时期英格兰考文垂所产的一种蓝布。这种布料很特别，容易上色且染色持久，鉴于当时布匹褪色的情况时有发生，因而不褪色的字面含义就延伸成了忠贞不渝的比喻意义。

同样，人们习惯用 blue-blooded（蓝血）一词代表王室或贵族血统，这可能源于人体生理特性。西班牙语 sangre azul 的含义等同于 blueblood，指肤色浅或者白皙的卡斯蒂利亚贵族身上清晰可见的蓝色血管，他们一向因自己古老的文化遗产而倍感骄傲，声称自己绝不会和摩尔人、犹太人或中世纪聚居于西班牙的其他种族通婚。因此，blue-blooded 一词又象征高贵的血统与地位。蓝色自古就与神性紧密相关，古时的教义还认为王权具有神性，所以 blue-blooded 一词以蓝色象征王权，很可能是该教义的残存思想。

调包婴儿

155 在基督教国家，人们曾坚定地认为那些未受洗礼就死去的不幸之人在来世会受到魔鬼折磨，但不包括未受洗礼便夭折的婴儿，因为他们注定要在地狱边境等待上帝对人类进行最后的审判。还有另一种说法，如果孩子未受洗礼便死去，不论男女，其灵魂注定要在荒凉毁灭之地漫无目的地游荡。在北欧国家，人们认为这些孩子会变成鬼火，鬼火是荧烁于乡村沼泽地上的微小光亮。现在经过科学解释，这些摇曳的微小光亮其实是沼泽地散发的沼气燃烧产生的。

过去人们认为未受洗礼的孩子身边存在各种危险，所以迷信的人会在洗礼正式开始前，就给母亲推荐很多保护措施。根据传统，未受洗礼的孩子会被安置在家，使用各种不同的护身符抵御一切邪恶势力的侵袭。人们经常在婴儿的襁褓中包一把刀子或某种铁器，可以起保护作用。还可以在婴儿床里塞一撮盐或一个圣饼。在爱尔兰及欧洲的其他地区，如果抱起一个未受洗礼的孩子前没有在其上方画十字，将会使孩子陷入危险境地。因此，有必要尽早为新生儿洗礼，如果孩子未受洗礼便“不洁”地死去，人们便无法将孩子从地狱边境中拯救出来；另外，尽早洗礼也能保证婴儿以后健康成长，免得被精灵暗中调换成所谓的调包婴儿。

欧洲人曾经坚定地相信调包婴儿的存在。传说中的调包婴儿往往干瘦多毛，畸形怪异，脑袋似怪物一般，这是因为仙子或秘密精灵偷走人类的孩子后，便将调包婴儿留到摇篮里当代替品。调包婴儿会一直哭，吃得多却长不大——就算长大了也是畸形的。

穷困家庭的孩子营养不良，成长必然受到阻碍，但那时医学尚且诊断不出这个病因，社会上又遍布迷信思想，因此，人们便简单地用调包婴儿一事解释发展迟缓、笨拙畸形孩子的产生。孩子突然长不大，行为古怪或者外貌怪异时，困惑的父母没有办法解释这一切，便笃信这种怪类绝不可能是他们的孩子，一定是调包婴儿！这些孩子往往额头宽大，身材矮小，更印证了人们已有的观念——精灵的孩子样貌畸形。

156

被视为调包婴儿的孩子生活得很艰难，因为人们憎恶调包婴儿，他们会采用无数种方法印证孩子的身份，揭露其真实年龄。在苏格兰高地，如果人们认定一个孩子是调包婴儿，便会用泥煤堆砌一个很高的火堆，将婴儿放置到离火堆尽可能近的地方。若孩子真的是精灵之子，一定会顺着烟囱逃走，就像苏格兰人说得那样，“顺烟囱而上”。蒙骗他人，私自抚养调包婴儿的行为很可能会败露，因为据说调包婴儿长相苍老，人们会通过揭露孩子的真实年龄来判断其身份。为了公开宣告调包婴儿的身份，人们经常会鞭打孩子或让孩子睡在室外。所有这些印证调包婴儿的方法在现代必定会贴上虐童的标签，但是过去，调包婴儿的观念太过根深蒂固，导致人们忽略了这些行为本质上是在虐待儿童。直到 1843 年，《西部周报》(*West Briton*) 才报道了英格兰西南部康沃尔郡发生的一起父母虐童事件。孩子从出生 15 个月起就开始遭毒打，但法院并未受理该案件，只因其父母一脸严肃地解释说，他们的孩子不是亲生的，而是调包婴儿。

命名仪式

西方文化的命名仪式通常与洗礼有关。洗礼一词源自希腊语 baptizein，意为“浸入”或“沉入”。洗礼指接纳一个人进入基督教群体的仪式，是一种基督教圣礼，施洗礼时，人们会用不同的方式洒水以洗除罪恶。大多数情况下会将孩子浸没于水中，或朝孩子头顶上方洒水。

洗礼不仅是一种圣礼。《兰登书屋英语词典》(*Random House Dictionary of the English Language*) 将洗礼解释为“……净化心灵，洗去罪恶，成为基督徒，奉献自我”。而《华兹华斯信仰与宗教词典》(*Wordsworth Dictionary of Beliefs and Religions*) 对洗礼的解释是“基督教产生前，其他宗教也有以水净化心灵的转化仪式，预示永生或重生”。基督教普及前，以水净化心灵并不是一种主流的宗教仪式。

人们普遍认为海水、河水、泉水、井水、雨水与露水都可以用于净化心灵、鼓舞精神。由此推断，洗礼仪式在所有文化里都很常见。以水涤罪的传统在亚洲、非洲、欧洲及美洲的各个宗教中都可见到。其实从很早开始，各个民族便开始将水用于宗教圣礼，认为水具有魔力，能够净化心灵。世界上所有主流宗教都会将水用于各种仪式，不同的社会群体对神湖、神井、神泉的治疗效果都有所耳闻。以水洗涤心灵的仪式在世界各地都象征着转化、重生与永生。因万物皆浴水重生，万事复新亦从水开始，因而衍生出点洗、注洗及浸洗仪式。印度教、佛教、犹太教和伊斯兰教都有用水洁净的仪式。

一般来说，命名仪式自古就需要以水净化。印度、蒙古与中国西藏佛教徒在僧侣面前庆祝孩子的诞生，并在家里的祭坛焚香点蜡，按规定吟诵祷词，对孩子施行点水礼，完成命名仪式。

在古代，波斯人会将新生儿带到寺庙，祈求祭司的祝福，并以水净化，孩子的父亲可以在仪式中为其命名。同样，伊特鲁里亚人在古代也会施行洗礼或入会仪式，在这些仪式中，人们会向孩子的前额洒水，为他们祝福，并给孩子赐名。其实早在基督教建立之前，北欧地区的居民，比如丹麦人、瑞典人、挪威人以及其他日耳曼部落的居民，就已经将婴儿洗礼与命名仪式联系起来。人们会向新生儿的头顶倒水，接着由父亲或母亲的哥哥完成为孩子命名的庄重仪式。

同样，古罗马的孩子在出生第八天或第九天时需要取名，并施行与基督教洗礼相类似的仪式。除了向孩子头部洒水，还要在孩子身上涂抹唾液，抵御邪恶势力的侵袭。还有一种类似习俗在苏格兰人之间广为流传——神职人员必须要用唾液为孩子施洗礼并为其命名。吐唾液来抵御邪恶的习俗在很多非洲部落也很盛行。人们会向需要取名的孩子

158

脸上吐三次唾液，保护孩子日后健康成长。

过去人们认为孩子受洗礼前，直呼孩子名字不吉利。除了父母，甚至不可以让其他任何人知道孩子的名字，因为这样会给孩子带来厄运。这种迷信思想自古就在各种文化中都有体现。（见第一章中的《名字的秘密》）

大多数情况下，孩子会以健在或已故父母、亲人的名字命名，不同文化有不同要求。人们曾经认为新生儿若以同家族里已故孩子的名字命名是很不吉利的，据说死去的孩子会带走同名孩子的生命。只有父亲去世后，孩子才可以顶替父亲的名字，以免父亲被遗忘。但实际上，人们经常用已故亲人的名字为新生儿命名，按常理推测，这应当是为了纪念先人。但事实并非如此，人们这样做是为了将已故先人的灵魂赋予孩子。苏格兰高地人称这种习俗为“招魂”。

斯堪的纳维亚人习惯用已故亲人的名字为孩子命名，这样可以使孩子继承已故亲人的美德，这与苏格兰招魂习俗相似，都是为了唤醒已故之人的灵魂，也印证了古斯堪的纳维亚人坚信灵魂可以轮回。除了上述习俗，日耳曼人命名也受头韵与语言变异的影响——要么名字开头会采用相同的音节，要么通过改变名字中的某个音素创造新名字。例如，挪威名字 Végeirr 就拥有 Vébiorn、Vésteinn、Vémundr 以及 Végestr 等变体。

很多社会群体习惯给后代起相同的名字，仅通过在名字前加“小”与“大”来区分，或模仿贵族将子女名字排序，比如查理一世、亨利八世。而 17 世纪的清教徒会以他们钦佩的道德品质来为孩子命名，比如 Faith（忠诚）、Hope（希望）、Mercy（仁慈）、Constance（坚定），

159

甚至是 Praise-God（颂神）。

从前，关于婴儿洗礼有很多稀奇古怪的思想，其中一些至今依然盛行。基督教中的原罪思想说明邪灵会伺机侵袭未受洗的孩子，他们并未得到教会神圣的庇护，所以施洗礼时必须要替他们驱逐邪灵。孩子在施洗礼时哭闹是吉兆，说明邪灵已被驱赶。英格兰北部流传这样一句谚语，“圣水成功驱赶撒旦之日，即受洗婴儿啼哭之时”。婴儿的哭闹挣扎是邪灵已被驱逐的最好证明。对此还有另一种神学解释，婴儿号哭是因为精神重生伴随着剧痛。所以怀抱婴儿的人常常会掐痛或者扎疼婴儿，可怜的孩子便会号啕大哭，从而让所有在外面焦急等待的虔诚的亲人们放心。

婴儿脸上的圣水绝对不能擦干，而是要自然风干。还有一种说法很流行，如果用圣水清洗眼睛，孩子日后就不会遇见鬼魂。男孩总是先于女孩接受洗礼。施洗礼的日子一定要经过精心挑选，星期日是最受欢迎的选择，其实除去星期五，其他任何一天都是可接受的。因为人们认为星期五受洗礼的孩子长大后会变成恶棍，最后必然死在绞刑吏的手里。一般来说，施洗礼绝对不能安排在葬礼之后，但是据说紧跟婚礼之后的洗礼仪式能为孩子带来好运。

“含着银汤匙出生”

人们会在施洗礼与命名仪式上为孩子准备特别的礼物，这一传统据

160 说可以追溯到耶稣出生时，三位来自东方的国王主动为耶稣准备礼物一事。但是在命名仪式这种喜庆场合上，赠送孩子礼物可能是所有古代民族的习俗，与耶稣诞生并无关系。

人们总认为银是一种可以带来好运的金属，能够抵御一切妖术，没有哪种妖术能够改变银器的保护力量。银是具有最强大保护力量的珍贵金属之一，因此特别适合作为婴儿的受洗礼物。

15 世纪，欧洲的教父母习惯将银杯或银汤匙作为礼物送给孩子。命名仪式上送给孩子的汤匙叫作使徒匙，因为勺柄顶端通常分别刻有十二门徒的形象。有些系列的汤匙还含有第十三个汤匙来指代耶稣。莎士比亚在《亨利八世》(*Henry Ⅷ*)中也提到了这种习俗：主教克兰麦(Cranmer)表示自己不配做小公主的教父，国王亨利回答道：“来吧，来吧，我尊贵的臣子，请赐予他们汤匙吧……”教父母会根据自己的财富状况选择汤匙，通常会送一到两个。但是如果孩子足够幸运，遇到了很富有的教父母，通常会收到整整十二个或十三个银汤匙，所以人们会用“含着银汤匙出生”的说法暗指生在优越家境的孩子。

过去的几个世纪里，英格兰以及北欧其他地区的人经常将雕刻而成的木质汤匙作为爱情与深恋的标志。如果年轻女子接受了木汤匙，就相当于接受了这份爱。这些汤匙的勺柄顶部雕刻了一些精美的符号，每种符号都经过精心挑选，具有特别的含义。例如，心形符号的意思是“我的心只属于你”，链形符号代表“永生永世不分离”，勺柄上如果精心雕刻了缠绕的藤条，象征“爱情不断生长”。这些“爱意满满的汤匙”在精美礼品店与古董店有时仍是非常宝贵的藏品。

古代婚礼

161

随着时代发展，缔结合法婚约的条件也在不断变化。例如，古罗马人认可的婚姻有三种：共食婚，本质为宗教婚礼，需要在见证人面前举办一场正式婚礼；买卖婚，双方在五位见证人面前庄严地缔结婚约，互送硬币，以示对婚姻的同意；时效婚，夫妻连续同居一年，一年内女人外宿不超过两夜，一年后，如果该夫妻仍然在一起，即可确立合法婚姻关系——换句话说，缔结婚约只需要夫妻双方的同意，不需要任何书面协议或正式的仪式。

日耳曼式婚姻涉及圆房，需要得到新娘父母的应允，他们还可以购买新娘。北欧国家的人认为圆房是缔结婚姻契约的合法形式，但最为重要的是征求新娘父母的同意。以武力诱拐妇女的人会被判处死刑，墨洛温王朝希尔德贝特二世（Childebert Ⅱ，570—596）在其颁布的法案中明确强调了这一点。即使女方愿意缔结婚约，如果女方父母没有明确同意可以圆房，夫妻双方也会被判死刑或流放。

古丹麦人与古诺曼人有一种婚姻契约叫作绑手礼，字面意思是“握拳”，也就是携手。绑手礼一词在苏格兰与北英格兰地区也可以指婚约，由此可见，携手订立婚约在盎格鲁－撒克逊时期的英格兰很常见。实际上，盎格鲁－撒克逊时期的绑手礼可以指代任何伸出手订立的誓约。

绑手礼通常会在一年一度的集市上举行，邻近的乡村只有在这个时候才能相聚在一起，男女双方可以根据自己的心意选择伴侣。他们在

162

见证人面前正式订婚，期限为一年零一天或十三个月，到期后，可以选择续约一年，或与伴侣分手，再与别人订立相同的契约，还可以在见证人面前立誓，订立永久契约，“至情消亡，乃与君绝”。随着基督教的传入，人们认为没有神职人员主持的婚礼是不完美的。但是之后的几百年里，先与伴侣同居一年，再通过教堂公证双方结合的习俗依然存在。

9世纪的法兰克法律承认两种截然不同的婚姻形式：包办婚姻 Muntehe（Munt 指监护权）是伴侣之间正式永久的结合，需要将一个家庭的财产转移到另一个家庭；Friedelehe（由表示朋友或爱人的 Fridela 一词演化而来）虽然也是一种正式婚姻，但通常持续时间短，并不涉及财产转移。如果经由 Muntehe 婚姻方式结合的妻子没有继承人，那么以 Friedelehe 婚姻方式娶得的妻子产下的孩子便可以被认定为继承人。就像查理大帝（Charlemagne，742—814）允许他的女儿接受 Friedelehe 的婚姻形式，但绝对不会允许 Muntehe 形式，因为这种婚姻的捆绑条件太多，不仅意味着要转移财产作为女儿的部分嫁妆，而且他对女儿的监管权也会落到另一个男人手上。

在盎格鲁－撒克逊时期的英格兰，女人经常被买卖，虽然买方会将钱付给新娘，而非新娘的家人，但这笔钱究竟是为了购买该女人，还是为了购买丈夫对女人及其财产的监管权便不得而知了。乔治·斯科特在《性与婚姻的习俗》（*Customs of Sex and Marriage*）中也解释过这一现象，“在盎格鲁－撒克逊法律通行的英格兰，凡是想娶年轻女子为妻的男子都必须按规定付给女方父亲一笔钱”。钱的数目由女子的头衔与地位决定。

另一些国家的嫁妆制度曾经乃至现在仍是以购买丈夫的形式存在。所有曾经属于新娘的物品最后都会成为丈夫的财产，因此父亲给女儿的结婚礼物实际上是给了女婿。这个习俗在基督教广泛确立之前就已经存在了，古希腊的新娘早就开始将嫁妆送给自己的丈夫。同样，在古爱尔兰、威尔士及斯堪的纳维亚国家，妻子会将家庭用品以及土地等嫁妆一并带到丈夫那里。

中世纪早期，社会将纳妾与婚姻同等对待，认为它们都是合法有效的。但通常来说，纳妾之前需要有一份正式协议。简单来说，纳妾是为了陪伴，提高性生活的满意度，而婚姻是为了维持或者提高一个人的社会地位。《旧约》里涉及很多妾室。据说所罗门有 300 位妾室，大卫王有 10 位。古希伯来人认为如果一位妾室在一个男人家里生活了 3 年以上，就可以将其地位提升至与妻子一样。直到中世纪，妾室的社会地位仍在不断提高。但随着宗教改革的开始，这种情况发生了彻底改变，人们开始认为妾室属于道德沦丧的女人，是正派社会不能容忍的存在。

163

中世纪及其之前，缔结婚姻的唯一条件就是得到男女双方以及女方家人的同意，神职人员与见证人都不是必需的。中产阶级与富有阶级的婚姻可以分成三步：第一步，新郎新娘的家人聚集一起，拟订结婚协议，此过程不一定需要新娘出席。第二步，订立婚约，无论最后是否完婚，婚约都具有法律约束力。在该仪式上，夫妻通常会交换礼物（通常是一枚戒指），共饮食，紧握彼此的手，相互亲吻。“你会嫁给我吗”以及新娘肯定的答复常常就是双方仅有的誓言。第三步，新娘迁至新郎家，这可能在订婚几年后才发生，视具体情况而定，这种情况下，神职人员仅仅扮演着为夫妻祈福的角色。

后来的婚礼吸纳了很多其他的仪式，但某些象征性行为似乎仅仅局限于订婚协议。根据15—16世纪法国历史记载，人们会以订立婚约的名义相聚到一起喝红酒，吃水果。实际上，仪式性地交换任何东西都可以用来订立订婚协议。在英格兰以及欧洲大陆上，普通百姓常将一块金子或者银子打碎成两半，男女双方各保留一半，作为婚姻的口头契约以及爱情的承诺。

164

情侣订婚的另一个标志是套戒。套戒在恋人之间很常见，用链扣将两个或两个以上的单戒连接在一起。订婚仪式上，新郎的手上会戴两只单戒，而第三只会戴到新娘手上，向所有人昭示他们的结合是两相情愿的。这些特别场合下，如果双方没有相互举杯祝酒，就会导致无效的“干契约”。

1215年召开了第四次拉特兰公会议，宣称所有婚姻必须要有神父作为见证人并祈福，还要在教堂宣布结婚公告。婚礼就这样成了正式的教会仪式。结婚公告会宣布某对新人想在自己居住的教区里结婚。尽管教会颁布了这项法令，教堂仍然承认没有神父出席的婚礼。整个12世纪，神职人员并没有经常现身于婚礼，但是到了13—14世纪的时候，请神父参加婚礼已经慢慢变成了一种传统。

1563年，罗马天主教会在特伦托公会议上，进一步坚定了教会对婚姻仪式的立场。婚姻除了需要得到有关人士的同意，还必须请神父公证婚礼，哪怕只说一句“我宣布你们正式结为夫妻”的套话。但特伦托公会议在英格兰影响不大，因此，这项法令在英格兰难以展开。英格兰人的婚姻实际上受普通法约束，任意两个人都可以自由选择婚姻仪式，既可以请牧师庄重举办婚礼，也可以在没有教会参与的情况下，订立一份同样有效的婚姻合同。在 1940 年前的苏格兰，只要二人彼此两情相悦，就可以在见证人面前完婚。

18 世纪晚期前，整个欧洲教会都继续承认秘密婚姻，也就是没有神职人员主持的婚姻。特伦托公会议之后，教会出台了婚姻法令，由神职人员主持的婚礼要在教堂举行，而不能在新郎的家里。但令人不解的是，交换结婚誓词的场所则是在户外、教堂门前或教堂的门廊，而非教堂内部。英国作家乔叟（Chaucer，1343—1400）生活在爱德华三世在位期间，在其作品《巴斯夫人》（*Wife of Bath*）中提及了这个习俗，他写道：“她的一生很有价值，曾在教堂门前嫁过五次丈夫。”

165

在教堂门廊前举办婚礼很可能是想让婚礼最大限度地展现在公众视野中。所有客人以及支持婚礼的路人都会聚集在教堂门口，这时，通常会有人大声宣布新娘嫁妆的确切数目，当然，是不可在教堂内部宣布金钱等事宜的。一旦婚姻正式成立，嫁妆立刻就会归到丈夫名下。

之所以不在教堂内部举办婚礼，还可能因为人们认为神职人员在教堂内部主持婚礼会亵渎神灵。在基督教会的圣地宣布男女双方从此可以一起“入睡”是很不得体的行为。但是这种解释也经不起仔细推敲。

在教堂门廊举办婚礼的传统受天气影响很大，婚礼遇上阴雨天会很麻烦，特别是那个年代的人没有现代便利的遮雨设施，如雨伞或者遮雨篷。这大概解释了为什么婚礼上下雨是不吉利的。雨滴就像眼泪，雨中婚礼预示婚姻不和谐，正如下面的押韵诗：“婚礼如若下雨，新娘一生流泪”；“婚礼之日落下的每滴雨都是婚后要流的眼泪”；“阳光普照，婚姻幸福；大雨倾盆，婚姻坎坷”。

但是，欧洲国家的婚礼通常在教堂门口举行，英格兰可能是第一个在教堂内部举行婚礼的欧洲国家。都铎王朝早期的礼仪全书中提到，贵族以及上流社会人士可以在教堂内部举行婚礼，而且社会地位越高，离圣坛越近。

现在，结婚仪式都在教堂内举行，而非新娘家里，这意味着整个婚礼队伍需要游行一段距离，自此这便成了欧洲的一种婚嫁习俗。有趣的是，在新娘家举行婚礼的潮流正在复兴，尤其在更富裕的国家，人们会请教堂的牧师来新娘的家里主持婚礼。

“系结连理”

166

结扣代表联系紧密，象征契约正式成立，其隐含意义是任何能够束缚住肉体的事物同样可以束缚住灵魂。全世界的人们都将结扣视为爱情与友谊的象征，代表爱人之间要对彼此承担责任，保持忠诚。

我们有 tying the marriage knot（系婚姻结）这种表达，该短语来源于古代婚嫁习俗，用夫妻衣服上的线将他们的手或拇指轻轻系在一起。很多国家都有系结扣的习俗，一些文化现在依然沿袭了这项习俗。印度传统的婚姻仪式需要遵行捆绑脚踝的礼节，这是婚姻的象征；新郎还需要在新娘脖子上系一条线。斯里兰卡人习惯将新郎新娘的拇指绑在一起，这也是一种婚嫁礼仪。同样，帕西人的婚嫁礼仪要求用七折的绳子将新郎的双手轻轻绑在一起，因为七是幸运数字，神圣不可侵犯。而南太平洋群岛的莫里奥里原住民习惯将一根草绳缠在新郎新娘的肩上，再在绳子上打几个结扣，寓意双方结为夫妇。在斐济，公开给短裙捆束或者打结代表女子已成年，曾经也是传统婚嫁礼仪的一部分。以上所有例子都证明公开捆绑或打结与官方文件具有同等的约束力。

古希腊人结婚时，要求新娘在腰间系一条羊毛紧身褡，再打上一个大结，这就是著名的赫拉克勒斯之结，需要新郎来解开这个结扣。罗马婚嫁习俗也要求新郎在婚礼上解开新娘腰间复杂的结扣。以上两个例子正好呼应了英语中表示结婚的一个短语，loosening the virgin zone（宽衣解带，燕尔幸福）。

欧洲北部民族认为结扣代表了坚固的感情与责任感。北欧古字碑文都是结扣形。日耳曼民族举行订婚仪式时，男女双方或携手前行，或将手象征性地绑在一起。新郎的左右手分别与新娘的左右手绑在一起，从上方看就像一个无穷符号∞。

167

英格兰人与苏格兰人还有一种专门用于婚姻的传统结扣，即同心结，爱人之间常以此作为礼物。英格兰各个社会阶层都会在婚礼上根据自己的喜好装饰一些缎带制成的结扣或玫瑰形饰物，这些所谓新娘喜欢的饰物或头饰都是从同心结演变过来的。在英格兰，人们会将这些颜色各异的缎带打上结扣，装饰在绅士的帽子上。而在法国，则会将缎带系在手臂上。这项习俗现在已经过时了，取而代之的是别在纽扣孔里的白色康乃馨。（见第二章中的《“一结系所有”》）

新娘与婚宴

bridal（婚宴）一词表面意思是 bride’s ale（新娘的麦芽酒），词根是盎格鲁－撒克逊单词 bredale。11 世纪前，麦芽酒对于普通人来说代表盛筵与欢庆。因此，新娘的麦芽酒在那个时候就代表新娘的盛宴，只有在 15 世纪以后，麦芽酒才与啤酒同义。新娘的麦芽酒很快与婚宴上特制的麦芽酒与啤酒联系起来，当时，新娘的家人有权将此酒卖给所有的客人。新娘通过向朋友以及熟人售卖麦芽酒得到的所有收入，可以用于支付婚宴费用或用于未来的家庭生活开支。

有时，从新郎新娘出价以及邀请客人的角度来说，新娘的麦芽酒也可以被称为“竞标”。竞标在威尔士很普遍，人们会雇用投标人或设立公告牌来邀请客人竞标。竞标欢迎所有人参加，只要能为幸福的新婚夫妻贡献一点儿东西即可，比如钱或者家庭用品。与竞标相似的是“便士婚礼”，唯一的区别在于便士婚礼的客人甚至包括那些衣衫褴褛的陌生人，只要能为幸福的新婚夫妻捐赠东西，就可以来参加婚礼。

领主特权

根据“贵族特权”法，中世纪贵族有权在自己的封地与任何一位新娘度过新婚之夜或“初夜”。 168

新娘结婚后，与其度过初夜，破其处女之身的人可以不是她的丈夫，这种习俗可以追溯至千年以前，根植于古代的一种思想，上帝在世间化身为人，是所有生命的来源。人们起初认为是神父，后来又认为是被庄严任命的国王在人类与上帝之间架起了一座沟通的桥梁，承担破贞的任务，人们相信这样可以确保夫妻子孙兴旺。国王的生殖能力代表了该国整体的实力与活力，能够保证土地肥沃，穰穰满家。

初夜习俗最早记录在巴比伦的《吉尔伽美什史诗》（*Epic of Gilgamesh*）中，这是公认的最古老的英雄史诗，包含吉尔伽美什在苏美尔早期的传说（大约公元前2100年）。苏美尔国王吉尔伽美什统治乌鲁克时凭借权势，态度嚣张，经常行使占有新娘初夜的特权。正因如此，半人半兽、性情粗暴的恩奇都（Enkidu）向吉尔伽美什发起了挑战，这也说明初夜习俗自那时起就已经不得人心了。

尽管初夜习俗能够保证丰收富足，新娘多子的谎言早已被拆穿，但还是有很多罗马首领遵循类似的习俗。罗马首领甚至得寸进尺，向想要与新娘度过初夜的丈夫收费，旨在制造一种假象，即领主们行使初夜权是为人们提供的一种服务，而不是为满足自己的肉欲。

一些欧洲地区直到中世纪还保留着初夜习俗，若是统治封地的封建领主并无皇家血统，头衔也是受封而来，他们便无权称自己具有神性。

当然，他们有权放弃使用领主特权，尤其是他们估计新娘的身姿毫无吸引力时。但是似乎并没有足够的历史证据证明，欧洲中世纪是否真正存在或者施行过领主特权法，领主特权的概念或许并不是一种习俗，而是一种敲诈封地人民的手段。换句话说，该习俗要求封地百姓缴纳赎金，以此避免领主实施初夜特权。

169

在美国奴隶制时期，人们委婉地称这种强奸为“主人的义务”。虽然美国奴隶制在 1865 年得以废除，但在那之前，奴隶一向被视作个人财产。奴隶主可以在任何时间强奸任何女性奴隶，并不一定要在新婚之夜，这种行为在当时是合法的，不会受到任何惩处。

6 月宜婚嫁

关于婚期有很多讲究，最古老的一种是 5 月忌婚嫁。有几个流传很广的谚语都与这种迷信思想有关，包括“5 月结婚，抱憾众生”；“5 月结婚所得之子，或堕落颓废，或英年早逝”等。

这种奇怪的讲究似乎是从希腊人与罗马人那里流传下来的。著名的希腊哲学家兼散文家普鲁塔克对此做过阐释，5 月不吉是因为它夹在两个吉月，即纪念女神维纳斯的 4 月与纪念婚姻女神朱诺的 6 月之间。罗马诗人奥维德（Ovid）的作品《岁时记》（*Fasti*）里也有 5 月婚嫁不吉利一说。罗马人在 5 月还会祭祀贞洁女神玻娜得亚（Bona Dea），举行驱亡魂节，因此人们更不愿在 5 月婚嫁。

5 月不祥其实还有一个原因，5 月（May）是由玛雅女神（Maia）的名字演变而来的，她是最古老的罗马战神伏尔甘（Vulcan）的妻子，人们常以活人向伏尔甘献祭。玛雅不仅是大地母亲的化身，司管生命，同时也是老年人的守护神，并不适合守护年轻的恋人们。

实际上，5 月最不宜婚嫁很可能是出于实际考虑。我们正处于舒适、资源过剩的年代，可能很难理解为什么古人不喜欢在 5 月这个美好的春季里许下结婚誓言。因为欧洲漫长寒冷的冬季过去后，乡村开始在 5 月复苏，人们有很多农活要做。5 月是种植庄稼作物的最好时节，每个人都需要投入其中，无暇玩乐，所以有句古语这样说："播种时婚嫁，难有大丰收。"

170

6 月一直都适宜婚嫁。因为 6 月以主神朱庇特（Jupiter）之妻，即罗马女神朱诺的名字命名。朱诺是年轻人的守护神，司掌女性与婚姻。据说她会为 6 月结婚的男女赐予特别的祝福，男子荣华富贵，女子幸福快乐。这种传统从罗马一直传播到其他欧洲国家，尽管这种习俗背后的原因已经慢慢被人遗忘，但是 6 月婚礼直到现在也备受欢迎。

人们过去不喜欢在 5 月举办婚礼，教堂也认为每年有一些时间不宜婚嫁。例如，所有的忏悔日都不宜举办喜庆的婚礼，正如谚语所说："斋期婚嫁，忏悔终生。"同样，降临节也不宜婚嫁。苏格兰人认为 12 月 31 日最宜婚嫁。因为全世界的人都会庆祝这一天，相当于婚后生活里的每个结婚纪念日都有全世界的人一起庆祝。

结婚时不仅要选取合适的月份，星期几的选择也很重要。基督教国家总认为星期五不吉利，星期日最宜婚嫁。就像下面这首古老的英语歌谣描述的那样：

星期一享福禄康宁，

星期二乘荣华富贵，

星期三乃良辰吉日，

星期四恐日渐式微，

星期五终前路坎坷，

星期六本自甘坟茔。

171 尽管歌谣里说星期六不宜婚嫁，但是现代婚礼通常都在星期六举行，因为综合考虑来说，星期六是最方便、最适宜的。

过去，就连结婚的具体时辰也极其重要。日落后举办婚礼，婚后必定不幸，不仅要饱受丧子之痛，还会过早离世，难以安享晚年。另外，推迟婚礼很不吉利，预示新郎或新娘不久后便会死去——婚期一旦确定，绝对不能更改。

选择婚期时，还有一个重要因素需要考虑，那就是月亮的阴晴圆缺。婚期要定于月盈时期，若结婚时恰逢月亏，运势也会一同衰落，遇到很多不如意。在英格兰沿海地区，人们认为潮汐能够给婚姻带来好运。奥克尼群岛流传着这样一句谚语："渐盈月与潮汐，为婚姻不可缺。"

一点旧，一点新

许多与新娘礼服有关的传统反映着人类的迷信思想。最著名的就是那首关于新娘婚礼必备物件的古老英文押韵诗。

一点旧，一点新，
一样借，一样蓝，
鞋里再放六便士。

这句谚语可以追溯至维多利亚时代，过去，很多新娘会这样准备她们的新娘礼服。但是现代人已经基本将这种传统礼节遗忘了，只有少数人还沿袭部分传统，会保留一点借的东西或蓝色的吊袜带。人们迷信地认为，新娘穿的每样东西都需要精心挑选，尽可能对她的未来产生最有利的影响。新娘即将以新身份开始人生历程，因此，除了那一点旧、一样借、一样蓝以外，新娘穿戴的其他每个物件都必须是新的，只有这样才得以与她的新身份相匹配。

172

“一点旧”代表新娘与过去、家人以及朋友的联系，也可以指幸福的已婚女性穿戴过或者拥有过的东西，人们相信这样可以把幸福传递给新娘。人们曾经普遍相信，与身体亲密接触过的任何物件都具有深远的影响。因此，为了让新娘永远幸福快乐，人们会让新娘紧紧戴上一位已婚幸福女子穿戴过的东西。据说，感情深厚，生活美满的新娘穿戴过的东西，也会浸上幸福的色彩，传递给新娘。从前，人们习惯用旧手帕或者穿旧鞋，就像谚语说的那样，“新娘穿旧鞋，好运便来到”。

小诗里的“一点新”象征着新娘即将顺利开始人生的新篇章——婚礼就是一个新起点。“新”指的是结婚礼服或新娘在婚礼上穿的其他服装。“一点新”预示好运来临，这是人类常有的迷信思想，却也自相矛盾——新东西与旧东西都可以带来好运。但人们总是相信新事物具有某种潜在力量，是好运的来源，所以随身带上一枚新硬币是很吉利的。此外，除了婚礼随员，没有任何人在婚礼前看过新娘的新礼服，这是一种婚礼习俗，象征新娘即将获得妻子这个新身份，也预示好运来临。

从结婚多年，生活幸福的人那里“借一样东西”穿戴，可以神奇地将已婚者的幸福传递给佩戴者。通常，人们最想借的东西就是新娘母亲在自己婚礼上佩戴的面纱。借金制品则能保佑夫妻日后富贵荣华。如果新娘能够穿上自己母亲的婚纱，还会带来额外的好运。任何借来的东西都是吉利的，但是借给别人则往往意味亏损。德国流传着这样一首小诗：“借别人钱赌一输到底；向别人借钱赌大吉大利。”借来的东西也是在告诉新娘，如果遇到磨难，经历不合，需要帮助的时候，家人与朋友一直都在她的身边。

“一样蓝”象征真爱、虔诚、忠贞。婚礼上的花束或新娘的吊袜带通常是天蓝色的。蓝色自古就是真实纯粹的象征，可以引发一连串的联想——上帝居住于天堂，天堂隐匿于天空，而天空是蓝色的，因此，蓝色是神圣纯洁的象征，可以抵御一切邪恶势力。同理，蓝色适用于人生所有重要环节，比如出生、洗礼、婚嫁、丧葬，人们认为新娘没

173

有保护措施很容易在婚礼上受到邪恶势力的攻击。所以新娘的整套服装上一定有蓝色饰品作为护身符，以防发生不幸。在中东、北非及欧洲的某些国家，蓝色仍然用于规避邪眼的伤害，因为人们相信蓝色具有最强大的保护力。

硬币预示好运来临，因此英国人会放六便士银币，而美国人会放一枚新的十分硬币在新娘左脚鞋子的脚后跟处，这样可以保佑夫妻日后富贵荣华。

白色婚纱?

白色自古希腊与古罗马时代以来就是洁净纯粹的象征，古罗马女祭司与维斯塔贞女都身着白色衣服。但是白色也可以用来传达喜悦与幸福，因此教堂神职人员在复活节庆祝耶稣复活时所穿的祭服都是白色的。可以说，白色婚纱未必是为了宣告新娘的贞洁，但一定是为了传达新娘的幸福。

不过，新娘在婚礼上穿白色婚纱是近代才形成的传统。据大多数资料记载，19 世纪晚期，欧洲地区的新娘才开始穿白色婚纱。这种传统在维多利亚时代（大约 19 世纪 40 年代—1900 年）十分盛行。上层阶级的维多利亚女士穿白色婚纱是为了在社会上彰显富贵。毕竟白色婚纱很不实用，只能是一次性礼服。在那个年代，大多数人只拥有两套衣服：一套工作服，一套节日盛装。像这种一生只穿一天的衣服，只有富人才负担得起。尽管白色婚纱源于招摇炫耀，但还是逐渐获得了大众的欢迎，如今已经成了不可更改的传统。

174

白色婚纱出现以前，新娘可以自由选择婚纱的颜色，红色和黑色除外，因为这两种颜色总是与巫术、魔鬼相关。但如果是遗孀再嫁，在发间别上一朵玫瑰，便可以在婚礼上穿黑色婚纱。准新娘不会急于为婚礼购置新物件，而是会精心打扮自己。下面这首小诗讲述了不同颜色婚纱的含义。

结婚穿蓝色，真爱永恒，
结婚穿白色，琴瑟调和，
结婚穿红色，香消玉殒，
结婚穿黑色，走回头路，
结婚穿棕色，流落远方，
结婚穿黄色，忌妒同行，
结婚穿粉色，一生被爱，
结婚穿绿色，泪眼飘零。

很多英格兰地区的人都认为绿色不吉利，新娘尤其不宜穿绿色衣服。绿色是残忍精灵、小妖怪及邪恶木精灵的颜色，人们认为这些恶毒的小东西憎恨自己族类之外的人穿戴绿色，会想方设法报复这些人。因此，人们不惜一切代价规避绿色。很多北欧国家的人自古就相信，穿绿色婚纱的新娘容易被这些“小矮人”抬到他们的地下住处里。

除了婚纱的颜色，婚纱的制作以及材质的选择也有很多讲究。迷信的人认为，新娘自己做婚纱最不吉利，这预示着一生苦难，日后只有艰苦的工作，没有幸福可言。此外，人们认为新娘在举行婚礼前不可以试穿整套结婚礼服。但是这很难避免，所以只能要求新娘试穿礼服时不照全身镜。这种迷信思想源于人们相信照镜子时，自己的一部分会被拘禁在镜子中。这样，新娘就无法将全部的自己展现给丈夫。还有一种方法也可以用来化解不祥，既然新娘穿整套结婚礼服照全身镜会带来厄运，那新娘试穿礼服时，只需少带一只手套即可。

175

还有很重要的一点是，婚纱一定要等婚礼开始的前一刻再做好，否则新娘将来会招致厄运。因此，可以留一小段褶边等最后一刻再缝制好；或者在新娘赶往教堂的前一秒，为新娘礼服缝上最后一针，就可以使新娘日后好运连连。人们也普遍认为，在新娘来到圣坛与新郎会合前，新郎绝对不可以提前看到婚纱。另外，新郎新娘在教堂会面那天早上不可以提前见面。严重迷信的人甚至会警告新郎不要注视自己的准新娘步入教堂长廊。

过去的人们认为缎子这种材质不吉利，天鹅绒礼服对普通大众来说又太浮夸，用这种材质做礼服会使夫妻日后生活拮据，因此，人们更喜欢用丝绸制作婚纱。此外，一些新娘会在婚纱里缝上一根头发或者一枚银币，以此祈求好运。而珍珠是眼泪的象征，婚纱上绝对不要饰有珍珠，新娘也不会佩戴珍珠饰品。据说，新娘戴几颗珍珠，婚后就要为丈夫流几次眼泪。最后一点，一定要有一位生活幸福的已婚女子来为新娘梳头发，理面纱，这样就能将自己的幸福传递给新娘。

现在，人们已经遗忘或者选择性地忽略了大部分传统，新郎会与年轻的新娘一起挑选婚纱；婚纱可以采用任何质地、任何风格；新娘的母亲、各位宾客甚至伴娘的衣服最常选的都是红黑两色。另外，新娘捧花也没有那么多讲究，大多数鲜花都可以，只要依据个人喜好，与新娘的衣服搭配即可——年轻新娘的捧花各式各样，附加的象征意义却早已丢失或者被遗忘。

手捧花的美好寓意

176

新娘捧花曾经象征性欲与生育能力，用缎带绑花束可以带来好运。最初，捧花里有一部分是香草，因为人们相信香草具有神奇的魅力，会影响夫妻日后的生活。新娘以前还会手捧味道浓烈的植物，比如大蒜、细香葱、月桂叶、迷迭香等，选择这些香料是因为它们能够抵御邪恶事物，具有保护功能。新娘还会手捧麦秆以及玉米杆，或者在头部戴上用小麦与玉米叶子缠绕而成的花环，寓意丰收。香草不仅有保护作用，还象征某些美德，例如，鼠尾草代表智慧，常春藤代表忠贞，莳萝与金盏花代表性活力。这些鲜花与香草都可以用于婚宴——金盏花甚至还可以食用。捧花里包含各式各样的香草，以各自的美好寓意护佑新娘的婚后生活。后来，鲜花取代了香草，也被赋予了特殊的象征意义。

鲜花与人性中美好的心意相通。童年时鲜花带给我们喜悦；捧花可以用于求爱，带来爱情；花环用于缅怀逝者。鲜花在婚礼上更是占据了十分重要的地位。不同国家有不同的结婚习俗，使用的鲜花也各不相同，想要认出所有鲜花的名字近乎不可能。婚礼上以花环与花冠装饰新郎新娘是幸福的象征，这种习俗可以追溯至远古时代。

古希腊有一种习俗流传已久，雅典地区的新娘会用山楂花作为婚礼随员的配饰；新娘佩戴的花环由山楂叶制成，圣坛上面另饰有山楂花。为了纪念希腊婚姻之神许门（Hymen），人们用山楂树制成的火把点亮他的祭坛，这种矮小的山楂树隶属蔷薇科。山楂树之所以用于婚礼，可能是因为它的保护作用，人们自古就认为荆棘树具有强大的保护作用，能够抵御邪恶势力的侵袭。

177

古罗马时代的新婚夫妻经常头戴墨角兰花冠。榛树在婚礼上的地位比其他树木植物都重要，人们会在婚礼当晚点燃榛树火把，保佑新婚夫妇一生荣华。罗马人还会将橡木枝用于婚礼，这是儿孙满堂的象征。如果新娘要戴马鞭草花环，必须自己亲自摘采。老普林尼曾称马鞭草为“神圣之草”，马鞭草的保护作用自古就很出名。在德国，人们习惯送新娘马鞭草花环，或者桃金娘花环，新娘会将其戴在头上，桃金娘科植物具有神秘的特性。

香橙花象征洁净纯粹、子孙满堂，数世纪以来，东方人习惯用香橙花装扮新娘。中世纪时期，十字军战士将这一习俗传播到了欧洲。很快，欧洲地区的新娘捧花里也开始出现香橙花。但是香橙花稀有，价格昂贵，只有贵族与富人才承担得起。橙树边开花边结果，娇嫩雅致的花朵象征洁净纯粹的青春年华，硕果累累则预示儿孙满堂。因此，戴香橙花的新娘据说都很有福气——这里指的自然是儿孙满堂的福气。

人们习惯上避免选择白色的花朵，因为它们总是与死亡相联系。尤其是百合花，人们公认的死亡之花，常用于葬礼上的花圈或花束。同样，在北欧的某些国家，白玫瑰也常常与死亡相联系。因此，新娘捧花绝对不能只用白色的花，如果非用不可，也要与其他颜色搭配起来。

扔捧花的习俗似乎很常见。实际上，这种传统是近来才起源于美国的，代替了欧洲人扔新娘鞋的传统——毕竟鞋砸到人可能会很痛。

爱与力量之环

戒指是闭合的圆环，无起点亦无终点，象征永恒、统一与完美。现代所有准备结婚的夫妻都要遵循一个很重要的传统，那就是购买订婚戒指。与朴素的结婚戒指相比，订婚戒指通常更奢华一点。基于相关的文化背景，一般只有新娘戴订婚戒指。但是有些国家，尤其是东方国家的男女双方会各戴一只奢华的订婚戒指。

178

人们普遍认为，首枚订婚戒指与教会在1215年举行的第四次拉特兰公会议密切相关，当时教会宣布订婚与结婚的时间间隔可以更长一点。起初，样式简单的金戒指、银戒指及铁戒指都可以用于订婚。就算没有戒指，如果双方在见证人面前举杯祝酒，喝酒时小指紧扣，订婚仪式也算正式生效。

以宝石，尤其是钻石来装饰华美订婚戒指的起源已经鲜有人知。但是为订婚戒指挑选宝石曾经也是新婚夫妻的头等大事，因为人们相信不同月份受不同种类宝石的影响，每一块宝石都有其独特的寓意与价值。有历史记载的第一枚钻石订婚戒指是1477年奥地利大公马克西米利安（Maximillian）送给勃艮第女公爵玛丽的订婚礼物。

过去，绚丽的宝石是贵族阶级身份的重要标志，还有法律确保只有上层阶级才可以佩戴宝石，相当于确立了一道社会阶级的鸿沟。曾经，人们流行在订婚戒指的左边装点新娘及其父母的诞生石，在右边装点新郎及其父母的诞生石，这象征并宣告了两个家族的结合。

16世纪，情侣订婚的另一个标志是套戒。套戒在恋人中很常见，由两个或两个以上的单戒套在一起。每只戒指上分别刻有某个图案的一部分，只有这几个单戒合在一起的时候，才能形成完整的图案。这种所谓的重合戒指利用链扣将单戒连接在一起，订婚仪式上，新郎戴两只单戒，新娘戴第三只单戒，向所有人昭示他们的结合是两相情愿的。正式婚礼上，新郎会将单戒连在一起组成婚戒，送给新娘，但是这种习俗后来便消失了。近几个世纪，男方都习惯在订婚仪式上送未婚妻订婚戒指，尤其是在以英语为母语的国家。

179

订婚戒指上会镶嵌祖母绿、红宝石、蓝宝石，自然也包括钻石，这些宝石是最能带来好运的。钻石象征夫妻之间的爱情，是每个女孩的梦想，也是“每个女孩的朋友”。但是订婚戒指上很少会出现珍珠，因为珍珠形似眼泪，据说会给婚姻带来痛苦。猫眼石是不祥的，也不能用于婚礼，除非佩戴者的出生石就是猫眼石。有些欧洲国家，比如德国、丹麦、瑞典、荷兰的人们在订婚时仍然会佩戴样式简单的金戒指，但是像法国等其他国家的人，订婚时更偏爱各色宝石，而非钻石。

关于婚戒的起源有很多种说法，很难确定婚戒具体是在什么时间成了固定的社会习俗，不过可以确定的是戒指自古就是婚姻的外在标志。婚戒作为婚姻的象征，使人联想起当初新郎偷新娘的习俗。如果女方拒绝被拖走，她的手脚就会被捆起来，这并没有听起来那么难以置信。例如，南非的文达人仍然保留这样一种习俗，住在乡村地区的已婚女子会在腿上戴很多沉重的金属环。这些金属环从脚踝一直缠绕到膝盖以下一点儿，自古就是一种美的象征。一直佩戴会影响正常走路，而且也没有办法清洗金属环覆盖下的皮肤。佩戴金属环最初是为了防止女人逃跑，但是随着时间的流逝，逐渐成了部落内部婚姻的象征。

《圣经》里并没有提及婚戒，但提及了犹太法典执行时期交换戒指的仪式，象征双方之间永恒的誓约。人们曾在埃及坟墓里发现希腊与罗马女人的手上戴有婚戒，这似乎表明婚戒在早期文明里已经成为婚姻仪式的一部分。德尔图良是早期教会的领导者，也是一位多产的作家，他曾告诉我们，古代新郎会给心仪的新娘送上一枚金戒指；这样看来，这种习俗在公元2世纪就已经形成了。北欧盎格鲁－撒克逊部落的人习惯在婚礼前送戒指，作为誓约。wedding（婚礼）一词派生于盎格鲁－撒克逊语中的wed（表示“誓约”）一词。

180

从古罗马时代到整个中世纪时期，再到后来的文艺复兴，只有富人才可以佩戴戒指，拥有这样一件饰品是贵族身份与地位的象征。单身或者未婚的人不可以戴戒指，除非此人拥有法官、医生或其他受人尊敬的职业。而下层阶级唯一可以佩戴的戒指就是婚戒，这表明了人们对婚戒的推崇。那些将要结婚的人会迫不及待地购买戒指，他们因为自己被允许佩戴戒指而倍感骄傲，虚荣心得到了极大满足。

教堂订婚仪式出现前，订婚双方只需要在众人面前深情一吻，订立婚约，便可以交换戒指。这些戒指通常是简单的铁质指环，只有富人才买得起金戒指。但戒指并不是合法婚姻必要的组成部分。有些人什么材质的戒指都买不起，但是婚礼上可以借戒指，神父经常会在婚礼上借新婚夫妻一枚金婚戒，收取很低的费用，又或者让新娘把手指伸到教堂的钥匙环里，以此代替婚戒。买不起婚戒的人还可以弯折一枚硬币，许下结婚誓言。新婚夫妻对着弯曲的硬币许诺言，念誓词，这些硬币便成了情感联系的纽带。人们相信这些弯曲的金属块具有神秘的魔力与治疗效果，因此每对夫妻都会小心翼翼地保存好这些硬币。

13 世纪英格兰的贫困阶层偶尔还会使用灯心草戒指。莎士比亚在《两位贵族亲戚》中提到了灯心草戒指，埃德蒙·斯宾塞（Edmund Spenser）在《仙后》（*Faerie Queene*）中也有所提及。威廉·达文南特（William D'Avenant）的作品《情敌》（*The Rivals*）里有这样两句话："我要以稻草花环作为你的花冠，我要以灯心草戒指娶你为妻。"但是灯心草戒指以前主要出现在假婚姻上，权威的教会机构会警告年轻女孩不要让男人为自己戴灯心草戒指，因为这只是在故意引诱她们。

戒指是婚姻的象征，有很多与之相关的迷信思想。新人在婚礼上绝对不能掉落戒指，谁掉落谁就会先于对方死去；不管什么时候摘下

181 戒指都会影响婚姻生活的幸福；丢失戒指意味着丢失了丈夫的爱；戒指开裂或者不在身边都会带来不祥；取下戒指，永远不戴甚至会有生命危险。但是这些迷信思想后来也发生了改变——一旦夫妻生活幸福，生下第一个孩子以后，便可以取下婚戒。如果婚戒越戴越细，快要开裂，则说明夫妻中有一人即将离世。婚戒还可以用于占卜，把婚戒挂在一根绳子上，悬挂于孕妇腹部的上方，通过解读婚戒的旋转方式，可以判断孩子的性别。

对着戒指立誓的习俗可以追溯至上古时期，体现在婚礼的戒指交换仪式上。戒指过去是权力的象征。罗马人习惯在左手戴一枚铁制戒指，象征勇猛。罗马历史学家老普林尼阐述了古罗马元老院在公元22年通过的一部关于戴戒指权的法律："本法则系……现开始实行，无人有权佩戴戒指，除非他本人、父亲以及祖父都是自由人，有价值总计40万塞斯特斯（古代罗马货币名）的资产。另外，根据朱利安法律的规定，该人需要在剧院前十四排拥有一个座位。"

戒指作为权力的象征，常被用作下达命令的印章，因此人们总是将戒指当作十分有价值的东西来守护。正如下面这段出自《旧约》的话："他说：我应该给你什么东西作为信物？她答：您的印章戒指和您的手镯……"从古代到中世纪甚至现在，托付印章戒指可以表明托付人对被托付人的信任，是双方之间最深厚友谊的象征。一个女人如果能拥有丈夫的印章戒指，就可以代表丈夫下达命令，在任何方面全权代表她的丈夫。

由于戒指具有不同的图案与材质，人们曾经普遍认为戒指具有超自然的神力，比如神奇的治愈效果。人们也相信戒指表面的光泽可以体现佩戴者的幸福康乐。如果戒指上刻有神秘铭文，饰有魔法石，可以增强戒指的力量，使佩戴者隐身、不惧火烧，或者无坚不摧。圣女贞德（Joan of Arc）骁勇善战，托马斯·克伦威尔（Thomas Cromwell）平步青云，枢机主教沃尔西（Cardinal Wolsey）节节高升，有很多传奇故事都说是魔戒的力量促成了他们的成就。据说《圣经》里的领袖摩西与所罗门等十分精通戒指的制作工艺，在建造耶路撒冷圣殿时，由于禁止使用铁制工具，所罗门便利用魔戒来准备石料。

182

人们还相信戒指具有治愈效果，可以治疗风湿病、瘫痪以及一些痉挛症。在欧洲国家，所谓的扣环往往由棺材里的金属附件制成，比如手柄、铰链、钉子或螺丝钉。当然还有别的治疗方法，风湿病患者可以安静地站在教堂门口，等着收取教区里单身汉的便士。等收到很多硬币后，再完成三场圣餐宴席。如果牧师乐于助人，还会帮助风湿病患者将这些便士换成一枚银币，用这枚银币制成的戒指据说可以治愈很多小病——找不到单身汉捐硬币的病人则无法摆脱病痛。

戒指上刻的铭文有的是咒语，有的是深爱之人的名字，人们认为这样可以有效抵御邪恶力量的侵袭，这种戒指相当于护身符。所谓的魔戒上会刻有蕴含魔力的字符，制作时会选择诸如银这样具有保护作用的材质，据说可以抵御邪眼的伤害。人们甚至相信只要在戒指上刻有圣家庭（圣婴耶稣、圣母马利亚、圣约瑟）以及东方三博士的名字，就能帮助他们抵御可怕的瘟疫。

哪只手指?

圆圈代表永恒，可以象征性地将夫妻双方结合在一起。但是很少有人知道曾经的新郎不戴婚戒，只有新娘才戴。这种习俗一直延续到 19 世纪早期。但是哪只手的哪根手指戴戒指才象征婚姻，这取决于所在国家与所处时期。

据记载，13 世纪的人们会将婚戒戴在食指或中指上。16 世纪晚期到 17 世纪早期，有些女人甚至把婚戒戴在大拇指上。在信奉天主教的欧洲地区，订婚戒指与结婚戒指都戴在右手。只有到了 16 世纪宗教改革运动以后，人们才开始将结婚戒指戴在左手。

183

如今，婚戒到底戴在左手还是右手取决于该夫妻的国籍，不同国家有不同的传统。在说英语的国家，人们习惯将婚戒戴在左手，但是在德国、法国及其他一些欧洲国家，婚戒却要戴在右手。

婚戒之所以要戴在第四指上有以下几个原因。罗马人称第四指为无名指或“环指”，盎格鲁－撒克逊人称其为“金手指”，众所周知，无名指与心脏直接相连，人们自古以来就认为心脏是灵魂寄居的地方，也是人类所有情感的发源地。因此，以无名指作为爱情的载体再合适不过。据希腊历史学家阿庇安（Appian，95—165）所说，无名指上有一段细小的静脉连通心脏，罗马人称其为“爱情之脉”——这种观念在欧洲盛行了数个世纪。

将婚戒戴在无名指上的习俗很有可能起源于基督教会。根据基督教教义，拇指、食指和中指分别代表圣父、圣子和圣灵，而第四指通常也叫环指，代表尘世男女之间的爱情。但是罗马人基于实际情况给出了另一种解释，即很难在其他几根手指不动的情况下伸展无名指，换句话说，无名指被保护得最好。这样看来，戒指戴在无名指上是最安全的。

狰狞死神

人们普遍认为死亡也是一种过渡礼仪，因为死亡会使人进入最高层次的生命状态——新的精神存在。

184

迷信的人总是愿意倾其所有来保证逝者的灵魂顺利进入来世，主要因为他们认为处于灵魂状态的人要比其在世时具有更强大的力量。结果，所有文化都衍生出了关于死亡的习俗，这些习俗流程复杂，广泛流传，旨在平息安抚逝者的灵魂。因此，祖先崇拜成了世界各地不同社会文化中很重要的一部分。

在一些亚非国家，某位家庭成员的离世并不会破坏整个家族的团结统一。家里的长辈离世后会被看作“虽死犹生”，人们认为他们仍然会关注生者的日常琐事。因此，任何情况下他们都要尊重逝者，事事与逝者商量。人们相信祖先的力量会影响之后 3 到 5 代子孙的实际生活，后离世的家庭成员会取代更早离世的那一辈，因为后离世的这些人尚存于生者的记忆之中。忽视家族的祖先必会为生者带来疾病与灾难。但是家族里的败类以及无后的人不能受到祖先庇佑，因此在这些社会里，没有孩子注定一生悲剧。反过来说，生者通过祭奠与祷告来为逝者后世的灵魂提供力量。

很多社会认为，只有按规定举办葬礼，正式地将逝者的灵魂超度到另一个世界，才能说逝者的生命真正结束了。没有按照民族习俗下葬的人，不能认为他们的生命真正结束。澳大利亚大部分的原住民认为逝者的灵魂会萦绕在生者身边，尤其是逝者生前亲近的人。因此，亲人们会鞭打自己并割肉，以充分展示对逝者的哀悼之情。人们坚信除非用恰当的方式使逝者安息，否则逝者的灵魂就会一直烦扰生者，甚至偷取他们的生命。同样，在欧洲大陆，人们也相信没有举办合适的仪式就不能说逝者真正死亡。这种情况下，生者会十分恐惧，担心逝者会变成厉鬼来复仇。

从前，逝者临死前以及死亡时有无数讲究。随着时间的流逝，不同文化衍生出了不同的习俗。欧洲有一种迷信思想普遍流传：如果垂死之人躺的方向与地板的朝向不同，那么灵魂就无法顺利离开身体。所以在人临死前，要移动床的位置，使其与地板的朝向一致。另外，填满鸠鸽羽毛的枕头会给垂死之人带来无法言说的痛苦，因此要把将死之人的枕头拿走。还有一种讲究也值得注意，人不可以站在躺有垂死之人的床尾，以免挡住灵魂离开的路。

185

同样，数个世纪以来，英格兰、欧洲大部分沿海城镇的人认为，死亡伴随着退潮。查尔斯·狄更斯在小说《大卫·科波菲尔》(*David Copperfield*)中也提到了这一点，辟果提先生（Mr. Peggotty）说起垂死的巴克斯（Barkis）：“他就要随潮流一同退去，”又补充道：“人绝对不可以死在海边，除非马上临近退潮；人也绝对不可以出生在海边，除非马上临近涨潮——只有潮水涌来，才算正常出生。”于是产生了这样一个英语短语：go out with the tide（随潮水一同退去），这是表示死亡的委婉语。有意思的是，我们在世界另一头的澳大利亚也发现了完全相同的迷信思想。约翰·考特在《阿纳姆地的医生》中记录了各式各样能够预知未来的梦，这些都是澳大利亚阿纳姆地一位雍古族女人做的梦，后来一并告诉了约翰·考特。她解释说根据雍古族的传统，不管何时她梦到退潮，都表明有人去世。

很多欧洲国家在19世纪前有这样一种传统，与逝者生前亲近的一位亲人可以有幸吸入逝者的最后一口气，人们相信这样会为生者灌输一股强大的精神力量。2000多年前的古罗马人也有相同的习俗，最亲近的亲人可以吸入逝者的最后一口气以滋养精神。

欧洲人与亚洲人普遍相信逝者的灵魂会从烟囱、烟口或者屋顶离开。因此在德国，迷信的人认为如果屋里有人即将离世，需要移走屋檐上的3块瓦片。东方国家也有相同的迷信思想。中国人会在躺有即将辞世之人的房子顶部开一个口，以便灵魂更容易离开。如果逝者临死前承受了很长时间的痛苦，人们会在屋顶上再移走一块或者多块木板瓦片，有时甚至会打破屋顶。

186

人们普遍持有的一种观点是，锁上的门、结扣或门闩都会妨碍即将离世者的灵魂离开身体。于是人们习惯将门窗大开，并解开所有的结扣、门闩，减少生死挣扎的痛苦。德国人常常这样说：“人死，窗开，魂离。”埃德温·雷德福（Edwin Radford）在《迷信思想大全》

(*Encyclopaedia of Superstitions*)里写道，这种迷信思想在20世纪50年代的北欧乡村地区仍然盛行。人们认为结扣会特别阻碍生命结束的进程，所以周围或者身上有结扣的人无法真正离世。

不管以前还是现在，大多数欧洲及美洲乡村的人都认为，一个人最钟爱的时钟会在他死亡的时候停止运转。产生这种思想的原因最可能是因为过去的时钟性能不稳定，只有时钟的主人最清楚该如何修理。如果时钟的主人长期卧床，时钟也会慢下来，再过一段时间就会停止工作，可能恰巧与主人气息断绝赶在同一时间。有些家庭里有人去世时，会故意把时钟调停，并用布覆于其上，以此表示时间已经同死亡一并静止了。人们这样做也常常是为了暗示“死亡天使”的工作已经完成，可以离开了。葬礼之后，家里所有的时钟便可以恢复工作。

据说人在临死前具有预知能力，这种观念广为流传，可能源于人们认为逝者的灵魂与肉体分离时，已经有半只脚踏进了灵界。因此，可以说正在抽离的灵魂横跨了阴阳两个世界，自然也就拥有强大的超能力。这种观念也出现在很多文学作品中。莎士比亚在《理查二世》(*Richard Ⅱ*)中就提到过：“我觉得自己仿佛是一个新受到灵感激发的先知，在临死之际，预言出他的命运。”《理查三世》(*Richard Ⅲ*)也有类似的片段，

187

海司丁斯(Hastings)在被处死前大喊道：“我向你预告，一个最恐怖的时代就要到来。好，带我去断头台……此刻对我嬉笑的人，在瞬息间自己也休想活得成。”《旧约》里雅各对儿子们说的话也能够体现临死之人具有预知能力：“你们都来聚集，我好把你们日后必遇的事告诉你们……雅各嘱咐众子已毕，就把脚收在床上，气绝而死……”

人去世的时候如果自己合目是好迹象，但如果逝者没有合目，旁边照料的亲人会立刻为他们合上双眼，尸体未瞑目代表要“等人一起走”——换句话说，这代表死者在寻找下一个去世的人。现代人仍然遵守这项习俗，但背后的原因已经鲜有人知。

还有一个很重要的讲究，尸体的双脚一定要朝向门。这还衍生出了一句谚语，即“他们将他脚在前抬了出去”。只有尸体的双脚才会朝向门，所以床在卧室里摆放的位置如果也朝向门，迷信的人就会非常恐惧。

哀悼逝者

除了前文提到的关于死亡的习俗以外，身边的人去世后，周围的生者仍然要遵循很多传统习俗。在中东地区，表达悲伤的方式有禁食、披麻、撕裂衣裳、撕扯头发，当然不同社会文化都要求人们在某些仪式上痛哭。《圣经》时代，人们有大量追悼习俗，以至于《旧约》各个书卷不得不明确规定禁止过度举行哀悼礼仪，比如不允许人们为此剪发或者自残。

在欧洲国家，守丧和穿戴黑色衣服仍是哀悼逝者的主要形式，除此之外，还有许多其他的传统，包括蒙住镜子，或将有人去世的房屋里 188 的镜子转向墙壁。这种习俗几乎遍及世界各地，包括像英格兰、印度、德国、希腊及马达加斯加这样相距遥远的国度。这种传统背后体现的其实是一种迷信思想，人们认为每个人的镜像中都包含着自己的一部分灵魂，在最近有人去世的房屋里，逝者的灵魂会将生者投射在镜子中的灵魂带走。因此，一旦有人离世，生者首先要做的就是帮助逝者的灵魂安全地进入冥界，以此敬而远之。没有人希望在房子里留下逝者的鬼魂，毕竟照镜子时背后突然出现一个鬼魂，想想就让人毛骨悚然。因此，有些国家的人不仅习惯将镜子蒙上，还要将房子里所有反光的东西都蒙上，包括金、银、铜等材料的制品。

除了镜子，人们认为肖像画也包含该人物的部分灵魂，所以画像要是无缘无故从墙上掉下来，画像里的人也会跟着倒霉。直到现在，还有一些人相信照片会禁锢他们的灵魂，一看到照片里的自己便大惊失色。土耳其、摩洛哥以及一些亚洲国家现在仍然存有这种观点。

还有一点要注意，对于亡者唯有赞美，也就是"永远不要说逝者的坏话"。早在公元 77 年，老普林尼就对此感到惊讶："为什么一提及逝者，我们就要宣称绝对不会破坏他们的回忆？"现在人们仍然保留着这种迷信思想。自古人们都认为不能说逝者的坏话。一提到逝者，人们便会觉得心有不安，因此通常都会加一句"愿上帝保佑他的灵魂"来表示自己的歉意。并且，如果非要说一些消极的、贬低逝者的话，往往还会加上一句表示同情或者尊敬的话，比如"可怜的人啊"或者"诚实的人啊"，但是这些描述往往与逝者的真实情况相反。

从前，人们十分害怕提到死者的名字，因为人们坚信一提到死者的名字，他的灵魂也会跟着出现。这不禁使人联想到古老的《埃及亡灵书》中的一句话："提及死者的名字，会使他们复活重生。"欧洲

189

国家的人现在仍然避免讨论与死亡有关的话题，只会说朋友亲人“过世”“逝世”“踏上不归路”或“生命之线已断”，而避免直接谈及“死”这种让人不舒服的字眼，因为内心深处还是隐隐害怕招来鬼魂。但是这种迷信思想在很多传统社会里依然盛行。澳大利亚原住民在人离世后的一段时间内对死者的名字绝口不提。

还有一种重要的丧葬礼仪，触摸尸体可以作为最后的礼节或告别仪式。这种习俗流传广泛，包括很多欧洲与美洲地区，这表明人们并不厌恶尸体。人们曾经认为，触摸尸体后，逝者的魂灵就不会再来打扰他们，也不会给他们托噩梦。苏格兰人坚信一个人被谋杀以后，如果哀悼者没有按照仪式来触摸这个人的尸体，那尸体就不会腐烂。触摸尸体来表示祝福的传统可能是中世纪神判法的一种遗风，它要求杀人嫌疑犯用手触摸尸体。如果伤口渗血，或者尸体的手脚颜色有所改变，该嫌疑犯就会被判有罪。

通常，人们是想通过这种审判形式让嫌疑犯表现出极度恐慌，一旦他表现出害怕，无论实际情况如何，人们都会判他有罪。詹姆士一世在《恶魔学》(1597)中也提到了神判法：“秘密谋杀案中，不管杀人犯何时触摸受害者的尸体，尸体都会涌出大量鲜血，就像在向上天哭诉，要为受害者复仇。”

但是在很多亚非国家，触摸尸体以及其他相关习俗仍然属于禁忌。印度人认为任何触摸尸体的人都会受到污染，需要通过一定的仪式才能得到净化，这就是为什么自古以来，焚烧尸体的工作都是由印度种姓等级中最低等级的首陀罗来完成。《旧约》里有这样一段话：“碰过

190 尸体的人，七天之内都是不洁的。他必须在第三天和第七天用除污秽的水洁净自己；这样，他就洁净了。”

除了触摸尸体，欧洲国家还有亲吻逝者的告别仪式。他们认为必须要遵循这种神圣的传统，英语国家的人们自古就认为，孩子尤其应该亲吻逝者，以此得到过世者的护佑，身体健康，长命百岁。自然不用说，很多孩子被迫参加这项礼仪时一定十分恐惧，甚至可能留下了严重的心理阴影。

很多社会还有雇用专业哭丧者的习俗，以此夸张地表现生者的悲恸。根据西方文化习俗，有身份的哀悼者需要压抑情绪，约束举止。因此，富人会雇用专业哭丧者，以免周围的人说自己冷漠。女人向来比男人更善于表达自己的悲痛，所以古人大都雇用女人作为专业哭丧者。她们会跟随古希腊人与古罗马人来到坟墓旁，捶胸挥手，失声痛哭，之后会得到合理的报酬。20 世纪早期，很多欧洲国家仍然保留着这一习俗。

另一方面，有些人认为过度的哀悼与眼泪会叨扰逝者的魂灵。英格兰人或德国人认为在葬礼上号啕大哭是错误的行为，这会妨碍逝者灵魂的离开。哭泣被看作是在挽留垂死之人，通常被人们称为“把死人哭回来”，是有违神明旨意的行为。在爱尔兰海岸线以西的各个岛屿上，只有在死者去世 3 小时之后人们才能痛哭悼念，因为此时不会再影响死者灵魂与肉体的分离。

1839 年，摄影术诞生，催生了遗体艺术摄影，这种习俗竟然受到很多人的欢迎。在此之前，只有富人才有钱画肖像画，摄影术使得那些没钱画肖像画的人有了留下自己形象的机会。若是死者一生也没有拍过照，同时又想给家人的悼念仪式提供便利，亲人们会请摄影师在摄影棚或到逝者家里拍摄其“遗容”。从现代人的角度来说，这种拍摄“遗容”的习俗听上去可能有点儿难以接受。但是 19 世纪时，这项习俗曾遍及世界各地，是欧美文化追悼仪式中很重要的一部分。死亡在那个年代时有发生，当时婴儿死亡率很高，人类的平均寿命也很低。整个社会开始流行为逝者拍摄照片，人们习惯使逝者看起来像是睡着了或者在休息，所以有时会故意让逝者挺直靠在床、椅子或者沙发上。甚至会将逝者的眼睛张开，让尸体看上去更有生气。父母会将婴儿的尸体抱在怀里，并在整个布景里增加鲜花或者十字架等道具，暗示人们这张照片拍摄的是逝去的人。随着时间推移，逝者照片的关注点慢慢发生了改变，人们开始将尸体放在铺有绸缎，饰有鲜花的棺材中拍照。

191

黑色——死亡之色

在大部分西方国家，穿黑色衣服是为了表示哀悼，但是不同文化有各自恰当而真诚的方式来表达悲痛，所以世界各地的人在表达哀悼时选取的颜色都不一样。但黑色一般被看作是最适合用来表达悲痛与哀伤的，因为暗淡的黑色可以象征自然生命的结束。因此，大多数国家自古就喜欢用黑色直观地表达悼念之情。

希腊哲学家普鲁塔克认为衣服的颜色既要与葬礼肃穆的氛围相适宜，也要纯洁无瑕，不受污染。因此，古希腊的妇女丧夫后，会穿白色衣装。古罗马人用黑色与白色表达追悼。罗马遗孀过去常穿白色衣服来追悼亡夫。意大利所有守寡的女人都会在头上系一条白色的带子。英格兰以及其他欧洲国家都习惯在追悼仪式上穿白色衣服。古时，如果去世的人是处女，所有的追悼者也会身着白衣。葬礼刚开始的时候，要带一双象征爱与纯洁的白色手套。直到 20 世纪末 21 世纪初，如果死者是一位年轻的乡村未婚少女，英格兰乡村的人仍然习惯在其坟前挂一串白色纸玫瑰花环。

192

在中国、越南、印度等某些亚洲国家，白色象征纯洁与神圣。因此人们认为应该穿白色衣服参加葬礼，追悼逝者。还有些国家会穿黄色或蓝色衣服来表达对逝者的怀念。古埃及人认为黄色代表死亡，因为尼罗河谷地的自然风景最终都以植物枯黄而告终，因此可以用黄色象征短暂即逝的生命。叙利亚人和亚美尼亚人选择穿天蓝色衣服，埃塞俄比亚人则身穿灰衣，因为这是大地最原始的颜色，毕竟人类终有一死，最终都会长眠于大地。

人们最常用黑色来追悼逝者，尤其在欧洲，这明显起源于古罗马传统。数个世纪以来，人们从迷信的角度对这种习俗做了多种阐释。有些人认为穿黑色衣服哀悼逝者并不是为了表达对死者的尊重，而是为了在狰狞的死神面前显示人类的卑微。还有些人解释说，穿黑色衣服是因为死神的眼睛无法辨别黑色；因此穿黑衣的人便能够对死神隐身。由于死神总是会在葬礼上出现，寻觅抓捕刚刚脱离肉体的灵魂，所以人们要穿黑色丧服隐藏自己，欺骗死神的眼睛。此外，有些人认为如果大家都穿黑色丧服，看上去会很难辨别，这样逝者的魂灵就辨认不出任何人，尤其是戴着面纱的女性。这样一来，参加葬礼的人就不会受鬼魂缠扰。

过去，为不同层级血缘关系的人哀悼的时长也不同，全部有明确规定，需要严格遵守。无论关系亲疏，基本都要求穿黑色丧服。遗孀甚至整个余生都要穿黑色衣服，这种传统现在仍然存在于很多天主教国家，尤其是某些乡村地区。现在，除了罗马天主教及南美国家外，人们已经摒弃了大部分哀悼仪式的礼节。

193

守灵仪式

举办葬礼前，人们要遵守各自文化里的不同习俗。在西方国家，尽管某些与死亡有关的民俗尚存，但是大部分传统礼仪已经消失了。有种观念自古就根深蒂固，即举办葬礼之前不能将遗体单独放置。但是早期的时候，所有社会都对尸体持有恐惧心理，只想让逝者安然离世。有些社会群体为逝者举行告别仪式，以此抚慰逝者的灵魂，守灵大概也是由此而来。

今天，如果有人去世，人们会马上请送葬者抬走尸体，但过去并不是这样。古人会清理尸体，按照礼仪存放尸体，将死者双手交叉于胸前，周围点上守灵的蜡烛，一直到葬礼前都会安排人守护遗体。临终看护现在也叫守夜，最初就如其字面意思，小心守护尸体到葬礼。人们总是担心已经去世的人可能只是晕厥过去，随时会苏醒！由于邪灵以及魔鬼惧怕光亮，只能生活在黑暗里，所以人们不仅会在尸体周围点燃蜡烛，而且经常在其他房间点燃蜡烛，使邪灵远离垂死之人或逝者。某人去世后，人们经常会连续数天在他去世的房间里点燃蜡烛。

除了在头部、脚部或尸体周围点燃蜡烛外，临终看护以及守灵仪式还涉及很多其他礼仪。欧洲人习惯于在葬礼开始前在尸体的胸部放一碟盐，以此抵御邪灵的侵袭。因为盐可以保存很长时间不变质，在全世界都是永恒不朽的象征。死神也很讨厌盐，因为盐可以使逝者的灵魂自由行动或者“升天”，正如不列颠群岛人常说的一句话：“没有东西比放在死人身上的盐更沉重。”这种习俗曾在整个欧洲广为流传，据艾奥娜·奥佩的《迷信词典》描述，这一做法直到 20 世纪 50 年代才被人们第一次记录下来。

194

守灵时，人们经常会在死者闭合的眼睑上放置硬币，这在英国称为卡戎服务费或卡戎通行费。这种习俗起源于古希腊，古希腊人习惯将一枚硬币放入死者的口中或手里，当作交给卡戎（Charon）的渡资。据传说，卡戎是一名年迈的丑陋男子，负责在阿刻戎冥河（Acheron）与斯提克斯冥河（Styx）边渡运亡魂，并收取一奥波勒斯（古希腊银币）的费用。有趣的是，这种传统习俗不仅限于欧洲国家，人们解开古印加的木乃伊后，发现他们的嘴里也含有薄铜片。这些铜片是给冥界之神修罗特尔（Xolotl）的通行费，他负责引领亡魂通过冥河（Chicunauictlan）。直到 19 世纪后期，欧洲人还会在死者身边放上卡戎便士，但是现在已经很少有人再为死者准备他们死后所需的东西了。

普通百姓过去在守灵时，经常会聚在一起吃饭喝酒。结果导致人们纵情酒色，行为放荡。为了弥补逝去的生命，他们可谓是抓住了一切孕育新生命的机会！

这种传统的守灵仪式现在已经很少见了，也很少有人在遗体旁久坐陪伴，因为大多数人都不愿意将遗体放在家里。相反，殡葬人员则会聚集遗体，郑重存放，经殡仪员同意后，亲人朋友便可以瞻仰遗容，悼念亲人。

丧葬礼仪

丧葬礼仪在人类社会行为中一直占据着重要地位。funeral（葬礼）一词源于拉丁语 funus，与拉丁语 fumus（烟）一词联系紧密，这表明火葬是处理尸体的一种古老方式。尽管世界各地的丧葬礼仪各有不同，但似乎都反映了人们相信来世的存在。最初举办葬礼其实是为了保护生者免受死者的控制。埃及人的丧葬礼仪认为人死后的生活与尘世生活很相似，只有将遗体保存完好，才能转入来世，于是古埃及人开始制作木乃伊。中国人举办丧礼则是为了让逝者的灵魂安全地穿越地狱，封存于家族祠堂的祖宗牌位中。生者会按时去祠堂祭拜，使逝者的记忆永远鲜活。

195

不同的国家与文化有不同的埋葬礼仪，这不仅与该民族的习俗有关，也受特定年代背景和国家性质的影响。例如，气候炎热的地方必须尽早将遗体埋葬。人们担心如果没有及时埋葬，灵魂就会感知到这一切，所以为逝者修建合适的坟墓刻不容缓——只有这样逝者的灵魂才能转世。《旧约》提到违反了十大戒律的人会受到如下的诅咒：“……你们的尸身，必被空中的飞鸟，和地上的野兽吞吃……”这反映了人们渴求合理的埋葬仪式。

全世界的人们都相信，鬼魂之所以会返回现实世界，主要是因为没有举办丧葬仪式。因此，人们愿意尽可能地完善丧葬仪式，免受鬼魂侵扰。现在很多的葬礼习俗都起源于古希腊与罗马，包括穿黑色衣服为逝者哀悼、步行送葬、为坟墓立坟头（在拉丁文化里叫坟冢）、用鲜花装饰坟墓，以及在葬礼之后与亲人朋友共享宴食。

很多文化认为死者的罪孽在死后可以转移到另一个人身上，这样死者后世的生活会更舒坦一些。欧洲人习惯花少量的钱雇用穷人参加葬礼，代替逝者承担身上的罪孽，他们就是所谓的食罪者。（见第一章中的《替罪羊》）

人们过去重视丧葬礼仪还有一个重要原因，古人认为肉身会影响后世的生活。因此，人们会采用木乃伊或者其他方法保存尸体，人们相信肉身对于逝者的后世生活十分重要。坟墓里会留下食物、水及个人财产，以供死者来世使用。对尸体的畏惧决定了人们处理遗体的方式。196 比如在古希腊，杀人犯常常会砍下受害者的四肢，并将他们整齐地放在死者的腋下，用以安置死者的灵魂，防止他们对自己造成身体上的伤害——人们相信此时的灵魂没有胳膊也没有腿，无法报复谋杀犯。同样，敌人死后，澳大利亚原住民会砍下他们的大拇指，这样敌人的鬼魂便会残缺不全，无法投掷长矛刺伤他们。

由于基督教教义中关于死人复活的内容以及教皇颁布的禁止分解尸体的禁令，信奉基督教的欧洲人对于保持遗体完整的信念得到加强。人们不惜一切代价保存完整的尸体，以待复活之日。正因如此，中世纪早期，欧洲的解剖学家若想对尸体进行解剖研究，可谓是举步维艰。下葬时，如果遗体有部分缺失，死者在后世的肉体也会有相应的永久性缺失。因此，很多人费尽心思也要找到死者掉落的所有牙齿，将他们与遗体一起埋葬。英格兰有些地区在埋葬死者时，经常会将死者的《圣经》、圣歌集以及在主日学校上课用的入场券当作陪葬品，以便上帝对人类进行最后的审判时，死者可以得到一个好的审判结果。

如今，西方普通百姓死后，生者会尽快联系殡仪员全权操办葬礼。殡仪员通常会为死者提供木制棺材，棺材制作工艺不同，价格也不同，迎合了不同经济条件的人群的需要。传统棺材通常是锥形的，能够勾勒出人体形状，但是现在西方国家更常用的是美国人普遍使用的方形棺材。人们会在报纸上发布讣告，待一切准备得当便开始下葬。运输棺材的灵车通常是一辆黑色四轮载重马车，这种马车往往是人们在生前负担不起的。棺材上通常会饰有葬礼鲜花。人们过去会用鲜花制作一些精美的花圈与十字架，但现在用的更多的是样式简单、颜色单一的大型花束。追悼者跟在灵车后面，灵车缓缓开入教堂或者墓地的葬礼祈祷室，之后人们会开始举办丧葬仪式，将棺材放入事先挖好的坟墓。哀悼者离开之前，可以向棺材上撒上一些花或一点泥土。墓地工

197

作人员会负责填好坟坑，最后立上墓碑。有意思的是，人们刚开始在坟墓上立墓碑是为了使逝者的灵魂长眠于地下。但是慢慢地，墓碑演化成了死者财富与社会地位的象征，彰显死者成就，记录死者信息。亵渎坟墓、打扰死者会带来巨大不幸，这些行为在今天甚至会被定为犯罪。

献给逝者的花与树

传统上人们会将鲜花撒在心爱人的坟墓、棺材和手上。用鲜花来象征脆弱的生命再合适不过了。人们相信死者只是在地下沉睡一段时间，等到最后的审判日，“公义之子”耶稣便会唤醒他们。同理，人们认为鲜花只是暂时在冬日里冰雪尘封的地下休眠，只待春阳的第一缕暖光便可苏醒绽放。《旧约》也曾将大自然与人类相比较，比如公元前 8 世纪希伯来先知以赛亚（Isaiah）曾说：“睡在尘埃里的啊，要醒起歌唱！因你的甘露好像菜蔬上的甘露。”我们的祖先是非基督徒，他们自古就习惯将鲜花撒在还未下葬的遗体上，并在遗体旁放上特定种类的鲜花或花圈，因为人们认为某些植物具有特别的力量，可以抵御邪恶势力的侵害。

过去，人们认为紫色与白色的鲜花特别适合献给逝者，坟墓上也会放有各个品种的紫花与白花，表达对逝者的爱意与尊敬。白百合自古就与死亡有关，所以绝对不能给病人送白百合，也不能把它们当作切花养在家里。白色的雪花莲看上去像裹着寿衣的尸体，现在仍然会用于装饰葬礼花环或者坟墓。玫瑰通常也与死亡有关，古罗马人曾经会在坟墓上撒玫瑰花。奥地利人、德国人及瑞士人现在有时仍然会称墓地为“玫瑰园”，因为那里通常撒满了玫瑰。在北欧国家，人们会在处女坟墓上放置白色玫瑰，为未婚女性送葬时，人们会在棺材前摆上白色纸玫瑰花环。

198

同样，人们早期还经常在墓地种植某些品种的树木。希腊人与罗马人喜欢在坟墓旁或墓地里种植柏树与紫杉木，以示哀悼之情。这些树木存活时间久，树叶几乎长青，是永生的象征。

众所周知，柏树的生命力非常顽强，总是与葬礼、墓地联系在一起，也可能是因为其抗虫蛀的特性。正因如此，大多数存放埃及木乃伊的箱子，古雅典人专门为英雄制作的棺材，以及罗马圣彼得大教堂的各个大门都是用柏木精心制成的，历经数百年而不朽。同理，英格兰葬礼也会用到柏树，就像希尔德里克·弗兰德（Hilderic Friend）在著名的作品集《花卉志》（*Flowers and Flower Lore*）中所说的：“柏树花环在上层阶级的葬礼上必不可少，而普通大众在葬礼与婚礼上通常会使用迷迭香与月桂。”

在北欧和西欧，紫杉木的树叶在葬礼上很常见，这主要与宗教崇拜有关。因为紫杉树的寿命比欧洲任何一种其他树木的寿命都要长。紫杉树可以长成参天大树，人们相信有的紫杉树已经超过了 1000 岁，因而成了永生的象征。

但是紫杉树也与死亡有关，大概是因为希腊人与罗马人认为紫杉树毒性极强。老普林尼也说这种树毒性特别强，就算在树下睡觉或者吃东西，也会即刻致死。《理查二世》中，莎士比亚将紫杉树称为“双重致命紫杉树”。紫杉树树叶有毒，紫杉木自古就被用来制作可以置人于死地的武器——弓。

古不列颠、法国与爱尔兰的德鲁伊教徒也奉紫杉树为圣物。早期的基督传教士很可能是在紫杉树下传道，后来便在紫杉树旁建立起了第一批教堂。这种推测是因为很多紫杉树远比一旁的教堂更古老，这表明在基督教传入之前，人们便将神圣的紫杉树附近作为宗教崇拜活动的场所。基督教传入之后，紫杉树与宗教信仰之间的联系得以保留，在教堂墓地种植紫杉树已经成为一种传统，如此往复，紫杉树便成了欧洲教堂墓地不可或缺的一部分。

199

爱德华一世（Edward Ⅰ，1239—1307）最先允许人们砍伐教堂墓地里的树木用以完成建筑或修缮工作，但是由于众多与之有关的迷信传说，紫杉木成了教堂墓地中唯一免遭砍伐的树木。当时的人们喜欢用紫杉木制弓，所以人们也猜想，将紫杉树种在教堂墓地可能正是因为那里最不易受到亵渎，可以限制人们用紫杉木制弓，毕竟在引进火药之前，先人对弓箭的需求量很大。英格兰旧时的武装自由民是欧洲最优秀、最令人生畏的弓箭手，他们的弓就是由紫杉木制成的。结果，人们对紫杉木的需求只增不减，导致紫杉树变得十分稀有。以至于到了爱德华四世（Edward Ⅳ，1442—1483）时，议会通过了一项法案规定弓箭手需要配备 4 张弓——其中 3 张的材质是分别是榛木、梣木与榆木，只有剩下一张是用紫杉木制成。

包含白百合或纯白色玫瑰（两种都是传统的葬礼用花）的新娘捧花被现代人接受，说明现代葬礼所用鲜花的颜色与品种已经不再受到限制。不同品种的鲜花与树木具有不同的外形、属性与特点。数个世纪以来沉淀了很多与之相关的繁杂的传统习俗与背景知识，其中大部分已经遗失在历史的长河中——未来我们在这方面的知识将越来越匮乏。

第七章

人体部位

Chapter 7
The Human Body

动物形态的灵魂

201 我们的祖先认为，赋予人类活力的生命力来源于灵魂，在古人的想象中，灵魂是我们身体中一种微小的存在，支配人类一切行为与大脑活动。动物与人类行为的发生都是因为灵魂的存在，但是人们认为人睡觉或者心神恍惚的时候，灵魂会暂时离开身体，如果灵魂永远离开，人就会死亡。因此，避免死亡就要避免灵魂脱壳。但如果确认灵魂已经永久脱离了身体，首先要做的则是防止灵魂返回。因此，为了保证灵魂不随意脱离身体，同时防止死者还魂，祖先们采取了很多方法，包括各种各样的仪式与禁忌，以及在鼻子、耳朵与嘴巴上佩戴各种饰品。

大多数文化群体的人都曾相信灵魂可以短暂地离开身体，而且不会导致人的死亡。但是灵魂短暂离开存在极大的风险，因为漂泊的灵魂可能会遇到各种不幸，遭受伤害，甚至落入敌人的手中。需要注意的是，过去人们认为灵魂并不是一种抽象的存在，而是有形的物质存在，能看到，可触摸。因此，灵魂可以存放于盒子或者某个容器中，灵魂会受伤，也会遭到粉碎或者毁灭。有数不尽的童话故事都可以证明这一点，想使坏人或者巫师丧失力量或魔力，需要先将他们的灵魂拘禁于某个容器中，然后摧毁该容器。

202

人睡着时，灵魂会四处游荡，去往熟睡者梦境中的地方。这种情况下危机四伏，因为灵魂很可能找不到来时的路。因此，以前没有人会将熟睡的人叫醒，因为人们担心熟睡者的灵魂尚未返回，如果此时将其叫醒则一定会导致其生病。灵魂不管漂泊到多远的地方，最后一定都会回来。即便灵魂不在体内，只要不受到伤害，它便能够维持生命，保护人身安全。

世界各地的神话传说中，死者的灵魂或者受咒语禁锢的灵魂，经常会暂时寄居于飞鸟、蝴蝶、蜥蜴、毒蛇、老鼠、青蛙与蟾蜍的体内。因此，人们从不会猎杀这些动物。

印欧人、中国人、印度尼西亚人、美拉尼西亚人、非洲人及美洲人都认为死者的灵魂或者受咒语禁锢的灵魂经常会栖身于飞鸟体内。各国文化都认为飞鸟能够预言未来，传达死讯，承载进入阴间的灵魂，并为新生灵魂指引方向。希腊神话里死者的灵魂都寄居于飞鸟，亚历山大大帝据说便是化成雄鹰飞往天堂。

早期基督教的艺术作品沿袭了这种象征手法，将死者的灵魂描绘成在树上筑巢的鸟类。罗马附近的地下墓穴通常刻有飞鸟，每只飞鸟的身上都刻有某位逝者的姓名或者类似 anima innocens（无辜的灵魂）或 anima simplex（诚挚的灵魂）等铭文。显然，这些都是以飞鸟来象征逝者的灵魂。根据斯拉夫传说，灵魂会化成飞鸟从人的口中飞走。西里西亚的民间传说认为孩子死后，灵魂会寄居在飞鸟体内，盘旋于坟墓或者墓碑旁。不列颠群岛海滨的居民则认为，海鸥是溺水海员的灵魂，而德国人则认为乌鸦体内封存的是被诅咒者的灵魂。

世界各地无数的神话传说中都存在着关于人类躯体受到魔咒禁锢或陷入沉睡，灵魂因此寄居于动物体内的故事。北欧萨迦《韦兰之歌》（*The Song of Wolund*）讲述了美丽女子化成天鹅的凄美传说。《公主与青蛙》（*The Princess and the Frog*）中，只有在美丽少女的真爱召唤下，青蛙才可变回王子。这些传说经常提到灵魂离开身体后，便会化作小动物或者飞鸟的形态。

203

这不禁使人想起法兰克国王贡特拉姆（Gunthram，约公元 600 年）的故事。贡特拉姆领军作战时，有一天，他躺在仆人腿上睡着了。突然，仆人看到一条像蛇一样的动物从国王的嘴里爬出来，应该就是国王的灵魂。仆人观察这个动物似乎是想跨过他与国王休息处一旁的小溪。于是便小心翼翼地将剑横跨在狭窄的溪流上，充当一座桥梁，小动物渡过河流后，快速消失在了茂密的灌木丛中，仆人忧虑不已。但是几个小时后，它又安全回到了熟睡的国王嘴里。没过一会，国王醒了，讲述起自己刚才神奇的梦境。梦中，国王跨过了一座横跨大河的铁桥。下桥后，他发现了一个藏有无数宝藏的山洞。后来，国王和仆人一同前去茂密的灌木丛中查看，果然发现了一个与梦境中一模一样的山洞，洞中藏有无尽宝藏。

心脏移除术

2003年12月8日，英国广播公司报道了一条新闻："人们争论不休200年后，法国国王路易十六（Louis XVI）与玛丽·安托瓦内特（Marie-Antoinette）之子的心脏如今终于要安葬于父母身旁。"路易十六与玛丽·安托瓦内特被处决后不久，他们的儿子即法国王太子便于1795年死在监狱中。有一位名叫佩勒坦（Pelletan）的医生取下了监狱里一个男孩的心脏并保存起来，众人猜测那个男孩就是年幼的王太子。但是关于这个10岁男孩的死亡有很多传言与未解之谜，有些人认为他死在监狱里，还有一些人猜测他没有死，死在监狱里的只是他的替身。但是最终经DNA检验，人们确认这颗保存至今的心脏具有哈布斯堡家族血统，而王太子的母亲玛丽·安托瓦内特正是来自哈布斯堡家族。

204

古人认为人类不同的情感是由不同的器官所决定的。希腊医师伽林认为大脑决定理性思维，肝脏产生爱欲，心脏是情感的源泉。我们的祖先也认为某些身体部位具有神奇的特性。虽然身体各个部位与体液都包含一部分灵魂，但心脏尤其是"灵魂的栖息地"。

在中世纪的欧洲，心脏有很多象征意义。中世纪基督徒认为心脏可以决定人的道德、情感与智慧，控制整个身体。人类的信仰、思想、感受和记忆都存储于心中——心脏就像一本“自我之书”，还像一个装有个人生平记录的容器。人们认为上帝手中拥有所有世人的生平记录，有时上帝还会“进入”圣人的心中。据传说，许多被尊为圣人的殉道士心脏上都会带有特殊的神圣印记，包括铭文和圣物。根据记载，意大利的两位修道院院长心脏上就分别带有耶稣基督和“十字架钉”的图案。“心之书”的概念来源于中世纪的古籍手抄本，这个概念在文学艺术方面得到了最极致的体现，当时流行将精美的手抄本做成心形式样，油画也常常将心脏绘制成书柜里打开的书本，记录人一生所行，或好或坏，以待最后审判。有的油画还塑造了手托心脏与钢笔的作家形象。现在我们仍然会使用“读懂”某人心思，或者“翻开崭新的一页”这种表达，都是在不经意地表达“心之书”这种概念。

心脏集中体现了一个人的道德水平与精神状态，因为这种观念才衍生出了将遗体与心脏分开埋葬的习俗。北欧地区的王室贵族与神职人员都会在死后将心脏移除，这是一种很常见的丧葬礼仪。这种习俗需要分别将尸体、内脏及移除下来的心脏单独埋葬，其中心脏必须被埋葬在一个具有神圣意义的地方。例如，1056年10月，亨利三世（Heinrich Ⅲ）死于德意志博德菲尔德，他的心脏与遗体是分开埋葬的。1135年，英格兰国王亨利一世（Henry Ⅰ）死于法国，他的内脏、大脑以及眼睛都埋葬于法国鲁昂，遗体则运送回英格兰，安葬于雷丁修道院。一生都

205

投身于十字军东征的英格兰国王理查一世（Richard Ⅰ），即大名鼎鼎的“狮心王”理查于1199年去世，生前就宣布死后将他的大脑与内脏埋于法国沙鲁，遗体安葬于风弗洛修道院，心脏安放于鲁昂大教堂。普鲁士国王腓特烈·威廉四世（Frederick Wilhelm Ⅳ，1795—1861）也是哈布斯堡家族成员，死后他的心脏被埋葬在父母脚边，即柏林的夏洛滕堡陵墓。

17世纪以后，所有哈布斯堡家族成员的心脏与身体都会分开埋葬，心脏全部埋葬于维也纳的奥古斯丁教堂。

人们想将自己的遗体分解，分别埋葬到自己喜欢的地方，这样可以受多个教会悼念者的祝祷，更好地救赎灵魂。有时人们只埋葬心脏，而将剩下的尸体分解煮沸至只剩骨头，这些遗骨要么安放于不同的教堂、主教座堂，要么安葬于某些特定地点。例如，法国国王路易九世（Louis Ⅸ）1216年死于十字军东征，他的内脏埋葬于意大利西西里岛的一座教堂中，尸体经分割煮沸后剩下的骨架以及切除的心脏都被运送回法国家乡。爱德华一世（1239—1307）希望死后人们能对他的心脏进行防腐处理，运送到基督教圣地巴勒斯坦，而遗体只需分解煮沸，将骨头随军带至苏格兰，此行便可视作他参加了征服苏格兰的最后一场战役。同样，苏格兰国王罗伯特·布鲁斯（Robert the Bruce）死于1329年，移除心脏后的遗体埋葬于邓弗姆林。一起作战的将领詹姆士·道格拉斯（James Douglas）为了完成罗伯特最后的嘱托便加入十字军东征，带着他的心脏前往圣地耶路撒冷。道格拉斯在1330年战死沙场，罗伯特之心由其他部下送回苏格兰，葬于梅尔罗斯修道院。

在欧洲，将君主心脏与遗体分开埋葬的习俗从中世纪一直延续到18世纪。1789年法国大革命前，法国人普遍有移除遗体心脏的习惯，人们会将法国君王及王室成员的心脏葬于法国各大教堂。1792年法国大革命结束后，装有心脏的各种金盒银盒都被革命人士熔成了金银。他们还将木乃伊化的干瘪心脏卖给画家，当时的画家喜欢在绘画颜料里添加木乃伊化的有机物质，调配出一种当时普遍称为“木乃伊棕”的颜色。

206

为了防止人死后变成吸血鬼，人们会以木桩穿心——人们相信刺穿心脏后，灵魂也随之灰飞烟灭，这种传统习俗更加印证了心脏是灵魂的栖息地这种观点。罗马尼亚伯爵博罗拉约瓦克（Borolajowac）于1874年死于巴黎，他要求死后人们立即刺穿他的心脏，以防变成吸血鬼。

尽管心脏是灵魂的栖息地，但每个人的名字、体液、身体部位、甚至影子中都各包含着一部分自己的灵魂。

踩影子

世界各地都曾流传着这样一种文化信仰，即影子是主人的一部分。影子与主人相伴相随，永不分离，还会效仿主人的一切行为，这种奇异的现象使人们更坚信影子就是人体的一部分。一天中的不同时刻，影子或长或短，或有或无，于是人们猜想战士的力量也会随影子的变化而有所起伏。上午影子最长的时候，战士的力量处于巅峰时刻。影子逐渐消失，力量也在衰减，只有到了下午影子开始拉长的时候，力量才能恢复。非热带地区的人也持有这种观念，正午时分影子会消失，这使得欧洲人将正午看作白天中最可怕的时刻，因此，正午的这一个小时最好在室内休息。

人们普遍认为灵魂与影子之间是有联系的。埃及法老乌尼斯（Unas）统治时期的古埃及作品中便提到影子与死者的灵魂相互依存。整部作品证明在古埃及人看来，影子与灵魂联系紧密是毋庸置疑的，几乎可以说影子就是灵魂。《埃及亡灵书》中写道：“不要封闭我的灵魂，不要束缚我的影子，为我的灵魂与影子开路，去见真主。”《埃及亡灵书》里专门有一章节的标题叫“打开坟墓迎接灵魂与影子之篇章”。其中有一句话提到了后世，清楚阐明了影子与灵魂的紧密联系，“勿封吾灵，勿束吾影，请为吾灵与吾影开路”。

207

影子与灵魂两个概念联系非常紧密，很多语言甚至用同一个词来表达“影子”与“灵魂”两个意思。例如，南非祖鲁人用 tunzi 代指人的影子和灵魂；说阿尔冈昆语的印第安人则将它们称为 otahchuk。灵魂赋予人生命，使人可以行动，可以思考，影子与主人身体相依相随，是灵魂的载体。如果伤害某人的影子或映像，影子主人也会受到相应的伤害。也就是说，影子遭受的一切，主人都能感受到。因此，澳大利亚原住民相信刺伤、殴打或者划伤一个人的影子，影子主人也能受到同等程度的伤害。按照规定，印度教徒不可以在别人的影子上小便，以免对他人造成伤害。古罗马人也持有相同的观点，老普林尼的《自然史》中也有相关论述。同样，相隔甚远的印度、古希腊及古罗马都有更具体的表述，如果有动物正踩在人的影子上，那个人就会丧失语言能力，无法行动。德国与意大利人曾坚信踩影子会阻碍影子主人正常成长。现在，关于影子仍有很多普遍的迷信思想，都体现了人们的担忧。换句话说，人们仍然认为踩影子是“不吉利的”——这种观念现在依然存在，但是随着时间的流逝，其背后的原因已经发生了改变。

如果有人将自己的灵魂出卖给魔鬼，就会失去影子，这是英国流传很久的一种观念，也再次印证了人们普遍相信灵魂存在于影子中。这种观念起源于古代传说，神话英雄们往往通过猛刺敌人的影子杀死敌人。《圣经》中的摩西鼓励民众不要害怕敌人，因为那些迦南人已经“丢掉了影子”。土耳其有一句邪恶的咒语“祝你丢掉影子”——实际上就是诅咒他人丢掉灵魂。

208

影子在大部分部落社会都是一种禁忌（taboo）。[①] 敌人、刚从战场上回来的战士、追悼者、岳母、婆婆、生理期的女人及产妇的影子都是人们所忌讳的。因为以上这些人是不洁的，举行洁净仪式前，他们的影子如果落到别人身上，会对他人造成威胁。在非洲的一些社会，如果某个人的影子落到了国王身上，换句话说，让国王笼罩在某个人

① taboo 一词在现代社会指某事违背了社会礼仪与习俗，是一种社会禁令。但是，该词最初的含义是为了表示神圣感与超自然力。该词本是波利尼西亚语，意思是由于某事物太过神圣，因而禁止触摸、携带或使用。彰显了人们高度的谨慎、尊崇与敬畏之心。在接触圣物的时候，通常都会使用禁忌这个词。神圣的事物与神灵都具有神秘的力量，这种力量影响巨大且十分凶险。原始社会的人们认为祭司与大祭司是上帝的后代，因此也是神圣不可触犯的。

的影子下，那个人就会被判有罪，甚至会被判处死刑。现在，让别人笼罩在自己阴影下表达的是“让某人相形见绌”的意思，虽然这个词组依旧含有蔑视贬低的意味，但原有的字面意义已经不复存在。

数千年以来，人类会通过影子拉长的程度来判断时间，尤其是农夫与野外工作者。现在人们也经常这样做，一如曾经的《圣经》时代：“……他的日子不像雇工人的日子吗？像奴仆切慕黑影……”

在欧洲，修建地基后本需要以活人献祭，但这项传统被废除了，后来在彼此相隔甚远的希腊、罗马尼亚、保加利亚及不列颠群岛，兴起了“埋葬”影子的习俗。一些人会在不知情的情况下被引诱到建筑工地，让自己的影子落到地基上。影子交易者还可以用绳子测量一个人的影子，但是要在那个人不知情的情况下，然后将绳子放到盒子里，埋到地基底下，这就算象征性地埋葬了影子。人们认为影子被埋葬的人很快就会死掉。因为影子里有灵魂与生命力，一旦埋葬了影子，等同于活人献祭，埋葬影子取代了以前将活人嵌入墙体献祭的习俗。

影子的深浅虚实代表了人的生死祸福。因此，命不久矣之人的影子会慢慢变浅，影子消失则意味着人已离世。但如果病人的影子轮廓清晰，颜色浓重，那这个病人的身体有望快速复原。

不仅是影子，人的任何映像都包含他们的灵魂。因此在古代，看自己在水中的倒影是极其危险的——深水下的生物会拉走人的倒影，人的灵魂会落入未知深渊。同理，打碎镜子毁掉自己的映像也会招致不幸。（见第四章中的《七年厄运》）

209

能治病的神血

血液是一种重要的体液，人们对血液看法各异。血液能够赋予人类与动物以生命力，蕴含生命的精华，包括灵魂。数千年以来，所有重大的宗教仪式都会以血献祭。魔法、巫术及民间药学也会用到血液。

以血献祭代表将人类或者动物的生命回馈给造物主，即上帝。在古代，血祭是人类与上帝之间订立的最神圣的契约，所以摩西才会将献祭动物的鲜血洒在他带领的民众身上，以这种仪式净化民众。将祭祀的血直接洒到地上，大地母亲可以重新吸取生命之力，还可以将鲜血洒到祭坛上，这些做法在各个古代文化中很常见。

人们对鲜血的认识基本离不开这样一种观念，鲜血蕴含生命的精华，灵魂在血液里流动。因此，人一旦失血，情况就会加倍严重，需要不惜一切代价止血。数千年前，我们的祖先就发现人一旦死亡，血液就会停止流动；人受伤后会失血，越来越虚弱，最后走向死亡。于是人们猜想生物的血液蕴含生命的力量，由此联想到灵魂也存在于血液中。自然而然地，鲜血便成为献祭仪式中很重要的一部分，全世界都是如此。阿兹特克印第安人虽然在很多方面达到了文明水平，但仍然会献祭大量鲜血给他们信奉的上帝，以此换来神明的眷顾。古代的中美洲以及南美洲地区，人们甚至会杀掉数千人来安抚神灵，以人血的力量滋养土地，确保丰收。

中世纪，人们认为女巫的魔力就蕴含在血液中。因此，宗教法庭通常会下令将女巫绑于火刑柱上焚烧，只有用火才能将女巫的身体烧成灰烬，这是宗教法庭的常用手段，意义重大。人们还相信只要在女巫额头处抽几滴血，就能摧毁女巫邪恶的魔力。这种做法在猎巫时代称为“划破额头放血”。据说女巫使用巫术时会将鲜血作为一种效力强烈的成分，镇压恶魔，控制人的心智。鲜血还可以用于爱情魔咒，将心爱的人束缚在自己身边。例如，匈牙利姑娘有时会在爱人的头发上抹一点自己的鲜血，以期得到对方一生一世的爱。

鲜血受珍视还有别的原因——它的治愈效果与滋补能力。人们认为孩子的鲜血尤其具有治愈力量。老普林尼在《自然史》中提到埃及人会将鲜血作为治疗麻风病的良药：“麻风病在埃及很常见。如果国王感染了麻风病，百姓就要遭大殃了。因为想要治疗国王的病，就要在国王浴室里的浴盆备上温热的人血。”古希腊与古罗马人可能也习惯用鲜血治疗麻风病。中世纪时期，人们认为处女的血是治疗麻风病的良药，这还成了中古高地德语史诗《可怜的亨利希》(约 1195)的主题。受可怕麻风病折磨的病人可以浸泡于孩子的鲜血中来治病。中世纪的很多作品及希伯来文的《圣经》注释提到过用无辜孩子的鲜血治疗麻风病的传统。人们认为麻风病源于淫秽罪恶，唯一的解药与治疗方法就是利用具有高度道德纯洁性的东西——以处女或者年幼孩子的鲜血浸泡身体。直到 1891 年，很多欧洲地区仍然用鲜血治疗疾病。

同样，人们认为受刑而死的人或者惨死之人的鲜血可以治疗很多小病。著名的童话作家汉斯·安徒生（Hans Andersen）1823 年时目睹了一场公开处决，并看到一位父亲收取了一杯死者的鲜血，当作解药拿给他患了癫痫病的孩子。雅可布·格林在其整理的德国传说集中也提到有人用被处刑之人的鲜血治疗麻风病：“麻风病患者喝过被斩首者的鲜血后，病情会好转。”

211 人们认为鲜血蕴含主人灵魂的精华，数千年来，人们一直视鲜血为灵丹妙药，能够重焕人的力量与活力。鲜血在中世纪被当作“长生不老药”，能使老弱病残的人再次容光焕发，返老还童。但在《圣经》中，摩西明确禁止希伯来人饮血，《古兰经》也禁止这样的做法，中世纪时期基督教会对此也明令禁止，这些都证明了饮血的传统在过去有多么盛行，多么根深蒂固。在古欧洲与其他一些地方的部落社会，有一种常见的仪式叫作血盟兄弟。如果两个毫无血缘关系的人想建立亲密的联系或结拜为兄弟，就需要举行这种仪式，互饮彼此的鲜血。

饮人的血肉，便可以将这个人的力量吸收到自己体内，这种习俗在不同的文化中有不同的表现形式。（见第一章《魔法习俗》）部落民族习惯饮食勇士的血肉，激发勇气。同理，挪威的猎人饮熊血，想借此获得熊的强大力量。非洲马赛族的战士则饮不同种类动物的鲜血，尤其是狮子血来鼓舞自己，以期获得强大的力量与无穷的勇气。在英格兰，猎狐之前要举行血礼，进入现代以后，血礼被简化成准备一只残弱的动物供猎犬追捕，以激发其嗜血欲，这种做法本质上保留了古老习俗的内涵。受血礼启发，世界各地的猎人们还会在自己身上涂上猎物的血，防止动物死去后化作鬼魂来复仇。

人们可以吸收动物蕴含在血液中的灵魂与力量，这种观念在不同文化群体中引发了不同的食物禁忌。犹太人以及其他一些民族禁止饮食某些动物的血肉，说明这种古老的思想自古以来便深入人心。

纵观世界历史可以发现，人们不愿意甚至会害怕将鲜血洒在地上，再次证明人们相信灵魂就蕴藏在血液之中。因此，沾满血的土地要么成为禁地，要么成为圣地。鲜血洒在土地上后，鲜血主人的灵魂之力也会浸透到土地，任何踩在这片土地上的人都很危险。尤其是无辜生命的鲜血一旦洒在地上，这片土地就会永远受到诅咒，因为血液里愤怒的灵魂会不断哭诉，渴求复仇。如果一片土地荒芜贫瘠，一定是因为这片土地上曾发生过罪恶的血腥谋杀，这种观念很常见。据说洒过人血的土地会受到诅咒，寸草不生。《创世记》（*Genesis*）第四章第九到第十一节也提到了这种迷信思想：“耶和华对该隐说：你兄弟的血有声音从地里向我哀告。地开了口，从你手里接受你兄弟的血。现在你必从这地受诅咒。你种地，地不再给你效力。”

212

关于谋杀还有一种古老的观念：即便残忍的谋杀案已经过去很多天，只要杀人犯一出现，被害者的伤口便会流血。中世纪时，人们经常使用“神判法”判定凶杀案中的罪犯。杀人嫌疑犯需要用手触摸尸体。但凡受害者身上有伤口渗血，该嫌疑犯就会被判有罪。莎士比亚在《理查三世》中也提到了神判法，杀人犯公爵走到所杀之人的尸体旁时：“呵，看哪！大家来看故君亨利的创痕，看它们凝口又裂开了，鲜血又喷流了……仅仅因为你站前一步，他那原已冷瘪的血管又鲜血奔流。”不管被指控的人是否有罪，在这种极端的心理压力与精神折磨下，很容易受到刺激而开始忏悔。

几千年来，鲜血的意义已经与社会文化相融合，体现在语言的方方面面，尤其是常见的英语表达。例如，我们会说杀人犯是 cold-blooded

（冷血的），争吵与宿怨会带来 bad blood（血海深仇），愤怒会使人 blood boil（热血沸腾），情感特别强烈的人我们会形容他 hot-blooded（血气方刚），贵族具有 blue-blooded（高贵血统），而如果某种特点世代相传，我们会说这是 running in the blood（流淌在血液里的传承）。

危险的经血

在历史发展中，所有的社会都曾出现过一种观念，认为月经期的女 213 人以及产妇危险且不洁，一定要小心避开，否则就会对其他人造成伤害，所以人们普遍讨厌月经期的女人。老普林尼在《自然史》中委婉地警告人们，受月经期女人的触碰后，庄稼荒芜、幼苗枯萎、铁器生锈、红酒变醋、镜子暗淡、剪刀变钝、蜜蜂都会死掉。总而言之，就是会带来各种各样的不幸。

经血危险这种观念在早期社会是根深蒂固的。人们认为经血对所有男性都会造成灾难性的影响。女人来月经时痛苦万分，很多社会禁止她们此时去触碰男人的任何餐具。人们坚信她们的触碰会玷污一切，以后再使用这些餐具的人就会遭遇不幸。在这些观念的影响下，人们也不允许月经期的女人以及产妇参加重要仪式，包括各种宗教活动、普通的日常事务，尤其是与采集准备食物有关的事务。所有社会都不允许人们接触月经期的女人，就算没有严令禁止，人们心里也希望将这些女人隔离开。北美印第安人、澳大利亚原住民、印度人及东印度群岛的部落都不允许月经期女人与产妇触碰任何食物。同理，在很多欧洲乡村地区，月经期的女人或即将分娩的女人不可以腌制猪肉，因为她们会使猪肉腐坏；也不可以制作果酱或黄油；同理，制作水果罐头时，她们也要避开，因为凡是她们触碰的东西都会腐坏。直到1945年，在英格兰中西部的伍斯特郡，这种思想观念依然存在。

这种迷信思想引发的恐惧与猜疑，大部分来源于人们对女性生理结构的无知，人们现在才真正了解女性的身体结构，大多数文明社会已经将月经视为正常的生理现象。《旧约·利未记》中曾说："若有妇人……生……孩子：她就不洁净……她洁净的日子未满，不可摸圣物，也不可进入圣所。"伊斯兰教会禁止月经期的女人每日祈祷，等按照仪式洁净自己之后，才能继续履行宗教义务。正统派犹太教徒要遵守犹太古代法典《塔木德》的相关规定，月经是不洁的，不可与月经期的女人有任何接触。

214

在欧洲，人们曾经对女性生殖器的内部构造有各种误解，直到18世纪晚期，正统医疗机构与民众仍然各持已见。古希腊哲学家柏拉图（Plato，前428—前348）曾经提出子宫本身就是一只有生命的小动物，独立存在于女人身体的内部，中世纪的解剖图甚至将子宫描绘成有7个腔室的神秘器官。由于当时人们的无知，即便是身体健康的女性每月有规律地流血，大部分人仍会将其视作污秽，认为其肮脏程度仅仅次于接触死人。

有意思的是，直到1831年，法国医师夏尔·内格里耶（Charles Négrier）才阐明月经可以控制排卵。多年以后，大概1877年时，人们才意识到来月经说明女人没有怀孕。在此之前，专门研究月经问题的医师理所当然地认为，月经是因为身体要处理多余的鲜血，或是因为女人容易情绪激动，来月经有助于稳定情绪，月经还要受月相的影响。

经基督教会的宣扬，月经、怀孕与分娩都被视为不洁与耻辱。大主教西奥多在7世纪颁布了《忏悔规则书》，禁止月经期女人进入教堂或参加圣餐仪式，孕妇也要遵守相同的规定，初为人母的妇女生下孩子40天后，才可去参加基督教会的洁净仪式，在教会指引下重新融入教会。基督教会在教堂为产后妇女举行宗教仪式，也称安产感谢礼（churching），在苏格兰称为kirking。人们认为妇女产后是不洁的，会对邻居以及整个社会造成危害。德国人认为如果妇女在经宗教仪式洁净前纺羊毛、编织绳子与亚麻制品，她的孩子总有一天会被绞死。“妇女分娩后，六周之内踏过的田野或花坛，多年内都会寸草不生，万物凋零。”在苏格兰，分娩后的女人只可以进出自己的房屋，不可以进别人的房子，否则会带来邪恶与不幸。在爱尔兰，人们认为分娩后的女人如果到户外，一定会遭到伤害与袭击，而且无法通过法律获得援助。为了应对这个问题，妇女外出时需要在帽子上系一根常用来盖屋顶的茅草或者一块石片，象征自己从未离开过自家屋顶的庇护。

215

这些观念贯穿整个中世纪，并延续了数百年。

吐唾液保安康

过去人们认为人的气息和唾液中也包含着一部分人的灵魂。因此，朝某人某物呼气或吐唾液会产生神奇的效果。欧洲社会曾普遍认为，宣誓的时候吐唾液就像对着《圣经》起誓一样严肃。吐唾液仪式可以说是最古老、最有创造力的一种仪式，人们以前举行宗教仪式、驱魔仪式以及救治病人时都有吐唾液的传统。原住民甚至认为吐唾液就像射精，是男人的特权，所以不允许女人吐唾液。

在现代西方社会，吐唾液无礼且肮脏。但是，人们普遍认为吐唾液可以用来解除魔咒——是一种有效的保护措施，抵御邪恶势力，免受巫术蛊惑。老普林尼曾说过：“一个男人朝自己的尿液或者在穿鞋之前朝右脚鞋子吐唾液，或在路过一个充满危险的地方时吐唾液，都相当于在用符咒保护自己。”古罗马命名仪式中，人们不仅会在孩子的头部洒水，还要用唾液将孩子的脑袋沾湿，这样可以使孩子免遭不幸。同理，苏格兰人曾经也坚信神父需要用唾液为孩子施洗礼。为孩子起名时，要朝孩子的脸部吐三次唾液，保佑孩子一生安康，这种习俗在很多非洲部落都很常见。一些土耳其母亲现在仍然相信朝婴儿的脸上吐唾液可以规避邪眼的伤害。

众所周知，凯尔特国王与非洲国王会在一年一度的仲夏洁净仪式上，按礼仪朝东南西北四个方位吐唾液，以此增强大地的保护力量，使大地在新的季节焕发更强的生命力。如今，非洲、亚洲及中东的各种社会群体仍然相信唾液的力量。非洲斯威士人每年都会在神圣的丰年祭仪式上举行吐唾液仪式，丰年祭其实是仲夏洁净仪式的另一种表现形式。南非祖鲁人会在雷暴中朝地上吐唾液，免遭雷劈。他们也会通过吐唾液来驱赶邪灵，消解愤怒，而在葬礼上吐唾液是为了缓解与

216

亡灵告别的痛苦。

在信奉伊斯兰教的北非地区，吐唾液仪式可以传递祝福（baraka），传承美德。全世界都相信唾液中包含了一部分灵魂，吐唾液可以安抚命运之神。因为人在吐唾液时会释放一点儿灵魂之力，相当于给神灵献祭，这样可以得到神明的眷顾。吐唾液可以祈求好运，也可以表示蔑视与挑衅，还可以对别人造成伤害，在某人背后吐唾液会使那个人遭遇厄运，欧洲和世界其他许多地方都有这项习俗。在非洲，愤怒地朝自己左肩的后方吐唾液是在发出诅咒。在今天，吐唾液求好运仍是一种为人熟知的习俗。正因如此，希腊人与土耳其人仍然会在婚礼上朝新郎新娘吐唾液。

劳动者准备从事重体力活或打架的时候，会不约而同地朝手上吐唾液，这是个很有意思的习惯。古人朝手上吐唾液似乎是在给自己鼓劲，但其实是为了祈求好运，规避风险。打架前人们会朝拳头、硬币、骰子吐唾液，还会在启程前朝右脚鞋子吐唾液。

吐唾液不仅可以抵御邪恶势力的侵袭，还可以抵御传染病的侵害。老普林尼在《自然史》中强调："我们习惯吐唾液来驱除传染病。"正因如此，古希腊人看到疯子就会朝自己的胸部吐三次唾液以起到保护作用。人们自古就宣扬唾液神奇的治愈效果。最著名的例证来自《新约》："有人带着一个耳聋舌结的人来见耶稣……耶稣领他离开众人，到一边去，就用指头探他的耳朵，吐唾沫抹他的舌头……对他说，以法大，就是说，开了吧。"斋戒期的唾液在治疗各种眼疾、皮疹、除疤去疣时格外有效。罗马历史学家塔西佗认为罗马皇帝韦斯帕芗就是在

217

斋戒日利用唾液让一个盲人重见光明。

很多人会很自然地在蚊虫叮咬处吐一点唾液，缓解疼痛和瘙痒。布伦达·沙利文在其著作《透过时间迷雾看非洲》中写道："非洲的草药师与占卜师习惯将药吐到病人身上，他们相信这样可以加快药效。"

愿主保佑你

日常生活中，我们要遵守无数的手势礼仪与行为礼仪，却没有意识到这一系列礼仪规范其实反映了古老的思想观念。其中大部分已经被人遗忘，如今只有部分残存。例如，打哈欠或者咳嗽时我们会捂住嘴，看到别人打喷嚏，我们会立刻说"愿主保佑你"（bless you）。

过去，人们认为灵魂会趁着人咳嗽、打哈欠或者打喷嚏时溜走。人体天生的孔窍，尤其是嘴巴与鼻子不仅会放走灵魂，还可能让邪灵进入体内，所以人们必须小心守护口鼻等。有些部落习惯将鱼钩固定在鼻子与肚脐上，据说这样能紧紧地钩住灵魂，防止其逃跑。涂抹在眼皮上的眼影、耳环、鼻环以及唇钉都具有相同的作用。人们认为邪恶力量无孔不入，所以非洲部落与波利尼西亚部落的男人会戴阴茎鞘，以防灵魂逃走，还能防止邪恶力量入侵。同理，中国人会将玉块塞入鼻孔；古印度的婆罗门在打喷嚏时会护住耳朵，以防邪灵趁机从耳朵进入身体。非洲、亚洲以及中东各民族仍然保留着打喷嚏、大笑，甚至微笑时也要捂住嘴的习惯。

19 世纪晚期，欧洲人一打哈欠就会立刻在嘴上画一个十字，以防邪灵顺着喉咙进入体内。人们认为邪灵的进入或离开都要通过人体的孔窍，所以中世纪艺术作品里的驱魔场景，都有黑色魔鬼从被鬼怪附体之人的嘴里跑出来。我们现在认为咳嗽、打哈欠以及打喷嚏时捂住嘴是一种礼仪，表示礼貌，但在古代的意义完全不同，当时是为了防止灵魂逃跑，禁止邪灵入侵。

根据欧洲的民间传说，孩子只有第一次打喷嚏后，才能解开精灵下的魔咒。所以人们自古认为婴儿第一次打喷嚏是非常重要的。但是对第一次打喷嚏的意义也存在不同的解读。父母认为孩子打喷嚏说明智力正常，当时人们普遍认为傻瓜不会打喷嚏——这种观念的确令人匪夷所思。

看到别人打喷嚏，我们会立刻不假思索地说“愿主保佑你”，但是背后的原因现在已经鲜有人知。过去人们认为打喷嚏是患了可怕瘟疫的先兆，所以才要对这些人说“愿主保佑你”，表达自己的同情与感伤，说完便会匆匆离开。格列高利一世（Gregory Ⅰ，540—604）即圣格列高利鼓励人们不仅要在祈祷时说“愿主保佑你”，瘟疫暴发时也要说这句话防止自己被传染，说“愿主保佑你”就这样演变成了一种习俗。

希腊历史学家修昔底德（Thucydides，约前 471—前 399）首先告诉人们，打喷嚏表示患有瘟疫，命不久矣。他描写了公元前 429 年的雅典瘟疫，那场瘟疫导致了雅典三分之一人口的死亡。这种可怕的传染病使人们更加相信患瘟疫必死无疑，所以有人打喷嚏时，必须要依靠神力才能保护人们免受伤害。同理，罗马人听到别人打喷嚏时会大喊“大吉大利”（banish the omen）。人们自古就认为打喷嚏代表不祥，要尽量避免。这种观念不仅在古希腊与古罗马很常见，在波斯（现在的伊朗）、非洲以及新大陆都广为流传。

人们认为耳熟能详的童谣《一圈一圈的玫瑰》（*Ring a Ring o'Roses*）指的就是1665年肆虐伦敦的大瘟疫。这首歌谣有一句歌词很出名：“阿嚏！阿嚏！我们都摔倒了。”人们认为这句话暗指打喷嚏这种症状代表命不久矣，暗示可怕的瘟疫即将到来。

过去的几个世纪欧洲暴发过各种各样的瘟疫，导致了欧洲大陆数以千计的人死亡。其中最为严重的一场瘟疫就是我们所熟知的暴发于14世纪的黑死病，它几乎导致了欧洲四分之一人口的死亡——这种影响“可不仅仅是打个喷嚏这么简单”，其破坏力不容轻视，这为“愿主保佑你”这句话的使用提供了新的契机。

一块骨头也不要留！

1952年11月10日，《时代周刊》（*Time Magazine*）发表了一篇文章，报道了南非首都比勒陀利亚（现称茨瓦内）举行的一场巫医大会。与会巫医投票决定在约翰内斯堡建立一个学校，并将“扔掷骨头”设计在课程大纲里。尽管巫医大会上人们对使用烧焦或磨成粉末的人骨治病表示了怀疑，但那一年南非还是发生了很多谋杀案，起因都是为了获得人骨或其他身体器官用于巫术仪式。60年后，即2013年5月7日，英国广播公司报道了一条关于南非当地人称为sangomas的传统治疗师的新闻。该新闻宣称将近80%的南非人坚信，传统治疗师能够通过祖先的遗物或“扔掷骨头”来获得神灵的启示；像掷骰子一样掷骨头，根据骨头落下的方式，解读灵体所传达的意义。非洲大陆的巫医现在仍然广泛运用这项习俗。

数千年来，古代中国、其他亚洲社会、非洲与北美地区都会使用人骨与动物骨头进行占卜。人们认为扔掷骨头是非基督徒的行为，实际上，扔掷骨头与抽签的本质是一样的。《圣经》里常常提到抽签做抉择、选拔人才或事物。例如，以色列的国王、奔赴战场的勇士、在圣殿为上帝侍奉香火的神职人员都是通过抽签选择的，耶稣被钉在十字架上时，一旁的士兵在抽签决定谁可以拥有耶稣的无缝长袍。这样的例子不胜枚举，更加印证了抽签的重要性。抽签是帮助人们做决定的一种古老方式，人们坚信神的旨意会显现在占卜结果中。抽签的方式多种多样，可以扔掷硬币、一组刻有特别标记的石头（骰子就是由此产生的）、骨块、指关节骨、刻有符号的木棍，或者将一堆纸条打乱，放在帽子里——现代的抽签形式。通过将石头、木棍及骨头抛掷在地上，可根据预设的规则来“解读”其中的含义。

220

太平洋岛民与澳大利亚原住民曾经都习惯将“指骨术”看作一种强大的巫术。在澳大利亚原住民看来，知道自己受骨头指过非常恐怖。因为一旦知道自己被骨头指过，非病即死，只有巫医可以化解这项巫术，治好受害者。

人们普遍认为骨头就像身体的其他部位一样，蕴含灵魂的精华，因此衍生出很多迷信思想。骨头是身体各部位里留存时间最长的，很多社会都将骨头看作生命的根源。人们会恭敬地埋葬尸骨，绝对不会前来打扰，对亡灵的任何叨扰都会造成可怕的后果。

根据基督教的传统，古人的遗骨，即所谓圣骨是重点膜拜的对象，这是数百年来的传统。地下墓穴、小礼拜堂、教堂以及主教座堂遍布欧洲，内部安放了众多殉道者、修道士、圣徒与教皇的遗骨。中世纪时，各个教堂大量搜集圣骨，这种行为体现了教会敏锐的商业意识。就像古代神谕遗址在今天都成了重要的宗教朝圣地，这些基督教堂吸引了无数朝圣者与随之而来的香火钱，所以，重要人物的遗骨会像磁铁一样吸引基督徒。严格来说，relic（圣髑、圣骨、遗迹）这个词来源于拉丁语 reliquiae（化石），指将圣人或者受敬仰的人的某部分遗体或衣物保存下来，用以纪念追悼。但一般来说，圣髑主要是殉道者的遗骨或骨灰，例如被烧死在火刑柱上的圣波利卡浦（St. Polycarp，约156）的遗骨。

很难确定具体是什么时候，人们开始敬奉宗教机构里安放的遗骨、衣物与骨灰。但可以确定的是，这项习俗于 4 世纪就在基督徒中广泛流传了。虽然《狄奥多西法典》（*Theodosian Code*），以及后来的圣格列高利都明令禁止对圣人、殉道者的遗体肢解分割，也不允许售卖遗骨，但是陈列遗物仍然是教堂神圣性的一种重要体现。7—8 世纪，人们对圣物的需求只增不减。由于人性贪婪，人们设了很多骗局，也不可避免做了很多不道德的事情。每个宗教中心都希望拥有特别的圣物

221

来吸引大众，所以彼此之间竞争激烈，遗物造假深受唾弃。市面上出现了越来越多有争议性的遗物，凡是偶然在宗教遗址附近发现的遗物，基本都被视为圣物。

过去人们也会敬拜修道士的遗骨，对骨头痴迷的人在参观欧洲各大地下墓室时一定欣喜若狂。葡萄牙埃武拉的圣方济各天主堂有一个人骨教堂，整个教堂以死亡为主题，整齐陈列了数千位修道士的遗骨。此外，罗马的嘉布遣地下教堂摆放了数百具骸骨，等待好奇游客热切的注视。奥地利的小村庄哈尔施塔特由于墓地空间有限，便在当地公墓处建立了一座人骨教堂。人们将在地下埋葬了 12 年的尸骨挖出来，清洁整理，然后运送到教堂公墓。在人们艺术性地堆叠摆放这些遗骨之前，会先在颅骨上刻上名字，标注日期，并装点以精美的花卉图案——女性颅骨选用玫瑰花，男性的则选用常春藤。

欧洲大陆曾一度将骨头用于施行符咒魔法或入药治病。中世纪时，人们认为对女巫来说，最重要的事就是取得一些小块骨头。直到 19 世纪，人们仍然相信将骨头磨成粉末后，可以有效治愈各种各样损害骨骼系统的身体疾病。为了发挥更好的药效，人们喜欢选用惨死之人的骨粒或骨头碎片。因此，人们常以高价收购被处死之人的骨头。（见第一章中的《与死人有关的治愈之力》）

美国民间有一个药方，随身携带一块骨头可以治愈背痛、牙痛、痉挛和惊厥。但是，如果孩子们枕着骨头睡觉，或者说枕着大腿睡觉是很不吉利的。

尽管关于骨头的大部分迷信思想都已经淡化，但是骨头在我们的语言中仍然占有一席之位。例如，we make no bones 表示直言不讳，have a bone to pick 表示有不愉快的事情需要解决，bone of contention 表示争论的焦点。

全是大拇指与邪恶手指

迷信思想赋予了每根手指无数种不同的含义。其中某些思想现在仍然有很多人信奉，有时人们还会用他们开玩笑，手指长的孩子将来不仅会钻研艺术，还会挥霍无度；食指比中指长的人爱撒谎；小指歪曲预示财富即将到来；据说手指全部歪曲的人脾气暴躁；多长了手指头的人会一生好运。

每种文化都有美饰手指的习俗，目的在于祈福、求得魔力或者治愈疾病。5000 多年前，古埃及人将法老制成木乃伊前，会利用散沫花将法老的手指和脚趾染色，护佑法老死后的灵魂。同理，人们还会在手指上刺花纹，以防邪灵入侵，邪灵如若入侵便会带来痛风、关节炎以及关节扭伤等病痛。中国、南美及埃及发现的很多木乃伊都可以印证这项习俗。

中东、印度、巴基斯坦、印度尼西亚以及其他东南亚国家仍然盛行曼海蒂手绘文化，这是一种短暂的艺术形式。曼海蒂手绘指用散沫花在女性的手指、手掌以及手背上绘制精美的图案。根据以上这些国家的传统，新娘在手指上绘制精美图案后，在彩绘颜色褪去前，新娘有充分的理由不做家务，以免磨损手上的花纹。

人们可以用手指做出不同的手势，以摆脱坏运气，远离邪恶。人们仍然“交叉手指”（将中指叠在食指上）祈求好运；“用一根手指指向”谴责的对象；“握紧大拇指”确保好运不会流失；用两根食指扮动物的角可以避开厄运；用手“比 V 字”，或“作无花果状”（握紧拳头，将大拇指从食指与中指之间伸出）可以表达蔑视。这些手势都具有魔力，与咒语、魔法物品的功能相同。现在人们仍然会使用很多这种奇怪的手势，但手势背后的原始象征意义已经消失了。

223

每根手指都具有不同的特征与功能。食指，即第二根手指头，通常也称为示指，因为这个手指伸出时有指示或指向的作用。过去，人们称食指为“女巫的手指”，因为女巫施咒时，会以食指指向那些不幸的人。所以人们认为食指是有害的，称其为“邪恶手指”。在涂抹药物或药膏时，绝对不能使用食指，否则会造成可怕的后果。

中指（middle finger），即长指（long-finger），以前还有几个英文单词也可以表示中指，如 medius, medicus, impudicus 与 infamis。人们通常称中指为“药指”（medical finger），即只能用中指去涂抹药物。有大量文献可以佐证这一点，但是仍然存在部分争议，因为有一两种资料显示第四指即环指才是唯一有治愈效果的手指，其余 4 根手指只会造成毒害。尽管如此，大多数人还是称第三根手指为 medicus（拉丁语，意为“医生”），并要求医师只能用中指混合药水，人们坚信中指不会沾染任何毒液。中指不仅具有治疗效果，还可以用来辱骂别人。弯曲其他手指，只伸出中指的手势最能表现一个人的鄙视和嘲笑，因为人们认为中指上有一根血管与生殖器相连。因此，中指也被称为impudicus和infamis，表示莽撞、可憎的人。

手之第四指，是戴婚戒的手指，一直以来都是幸运的象征。据说这根手指的静脉血管直通心脏，拉丁语称其为“爱情之脉”，意思是爱发自心中。因此，第四指通常也被称为“心指”，罗马人称其为环指或无名指，盎格鲁-撒克逊人称其为金手指。

小拇指，也称“小拇哥”“耳指”——很多文化都习惯留长小指指甲，更符合“耳指”这个名称。迷信的人认为小指最具智慧，因此流传了这样一句谚语：“我的小拇指就是这样告诉我的”，意即“你可能不信，但我真的知道”。 224

大拇指一直以来是权力的象征，能够带来好运。惨死之人的大拇指是很多欧洲人尤为珍视的对象。在这种社会背景下，德国语言学家兼历史学家雅可布·格林在《日耳曼神话》中汇集了大量相关的传统习俗：“随身带上小偷的大拇指，或者置于货物之中，货物便会卖得快。”同样，下面这条建议也令人毛骨悚然：“酒桶里挂上绞死之人的手指，啤酒定会大卖。”

从大拇指做出的手势可以发现，大拇指是权力的象征。只要伸出大拇指指向任何可疑的人或物，或者弯曲大拇指于其他四个手指之下，即握紧大拇指，据说就可以规避邪恶与潜在的危险。在现在的西方人看来，大拇指也代表笨拙，于是便用短语all thumbs（字面意思为“全都是大拇指”）来形容那些笨手笨脚的人。还有一种竖大拇指的手势，我们通常会正向解读这个手势，赋予其明显积极的涵义。这个手势大概起源于中世纪，古英格兰人达成协议时便会做这种手势，签订商业协议时，当事人只需舔一下大拇指，按到协议上，留下印迹即可——如果现在做生意还像从前那样简单该多好啊！这项习俗现在仍然有迹可循，比如我们会用“竖大拇指”表示对某事的强烈支持。但有趣的是，竖大拇指的手势在中东、非洲西部以及一些东欧国家具有完全相反的意义。在这些国家的文化中，这个手势具有明显的贬义，是在无声地表达心中极度的不满。

头发的魔力

无论是对男性还是女性来说，拥有一头茂密的秀发都是美丽的象征。在古代，不同民族、宗教、部落与阶级的人，发型也各不相同。有权势的古埃及男女会佩戴装饰性假发——假发越精美，佩戴者的身份地位越显赫——普通大众只会选择齐肩发。邻国以色列人自古也习惯留长发，但到了《新约》时代以后，由于受到罗马人与希腊人的影响，也开始留短发。罗马人认为长发不雅，所以极为鄙视北方留长发的日耳曼部落，认为他们太过野蛮，自己则高他们一等，从这里也能清楚地看到罗马人对长发的鄙夷。使徒保罗在给哥林多教会的信中也描写了罗马人对长发的鄙视：“……男人若留长发便是耻辱。”

225

人们一直认为头发是身体最不可破坏的一部分，具有神奇的魔力，关于剪发、梳理头发以及如何处理茂密的头发有很多讲究。过去，人们坚信一个人的灵魂和力量与头发是紧密联系的，因此，人们普遍相信剪掉一个人的头发会削弱他的力量，甚至伤其性命——好比那暗淡的夕阳，无法再散射光芒。世界各地都有相关的神话传说，最著名的可能就是《旧约》里参孙（Samson）与大利拉（Delilah）的故事："大利拉使参孙枕着她的膝睡觉，并叫了一个人来剃除他头上的七条发绺……他的力气就离开他了。"

在古代，得胜的士兵有时会剃掉敌人的胡须，以此削弱敌方力量，因为脸上茂密的胡须也是力量的象征。之所以将一个人的力量与其毛发生长的状态相联系，可能是因为人们观察到男孩和阉人都是没有胡须的。所以毛发旺盛意味着力量大，生殖力强。保持这些特性的最好办法就是不剪发，除非在某些特定的场合。古埃及男人只有在重要的旅行结束之后才会剪头发。法兰克国王不能剪头发，否则他们的势力会被削弱。同理，日耳曼部落在战争或其他重要的旅行结束之后，才会剪头发或者刮胡子，所以习惯削短发的罗马人总觉得日耳曼部落很野蛮，很原始。这就是伦巴第人（Lombards）名字的由来。伦巴第人最初被称为 Langobardi，意即 long beards（长胡子），他们是一个日耳曼部落。从在墓穴以及墓地遗址发现的大量剪刀来看，伦巴第人就像其他日耳曼民族一样，只在和平时期剃胡子。罗马历史学家塔西佗描写的某些日耳曼部落里，青春期男孩只有在成年后杀死第一个敌人，才能剃须或剪发——断发也是一种过渡礼仪，彰显勇气与胆量。

226

但在某些文化背景下，也有某些特别的场合需要人们剃头发。纵观历史，不管是除去头上还是脸上的毛发，都属于过激行为，表明人们当时正陷入极度的悲恸。老普林尼告诉我们埃及人剃头是为了表示哀悼。以色列人也有相同的习俗：“每个人头上光秃，胡须剪短……各房顶上都有人哀哭……”“约伯便起来，撕裂外袍，剃了头，伏在地上下拜。”以色列人在某些净化仪式上也会施行剃发礼。

早期社会的人们认为头是神圣的，剪发会惊扰头部的灵魂，灵魂一旦受伤便会伺机报复。因此，剪发是一项操作难度大、危险系数高的精细活。这些社会里的人还会砍下别人的头颅，因为他们相信头部具有潜在的魔力。这些魔力还传输到了头发上，这可能是因为人们观察到剪发没有任何疼痛，也不会对身体造成损伤，头发还会不断再生。甚至在人死后，由于表皮收缩，头发似乎还在生长。因此，人们赋予了头发很多神奇的特性。

人们普遍认为剃下的头发仍然与身体之间存在某种神奇的联系，仍然可以对主人发挥魔力。因此，修剪头发时，世界各地的人们会使用各种不同的预防措施。毛利人剪头时会念咒语，婆罗门则会演奏嘈杂的音乐，旨在驱赶一切恶灵。在日本，“日本天皇的头发和指甲只能在其睡觉的时候剪下来，大概是因为睡觉时灵魂会暂时脱离身体，用剪子伤害到灵魂的可能性会小很多”。

不管在新西兰、马尔代夫、古罗马，还是不列颠群岛、德国、塔希提岛，人们都会小心处理剪下来的头发。直接扔掉太过草率，人们通常会埋掉、烧掉，或者朝其吐唾液——唾液是一种众所周知的保护剂。约翰·考特在《阿纳姆地的医生》中写道，澳大利亚原住民在当地的理发店剪完头发以后，会小心地捡起落在地板上的头发，带回家中小

227

心存放，以防别人对他们施巫术或魔法。

在信奉基督教的国家，处理剪下来的头发最安全的方法就是将他们埋葬，这种方式比直接烧掉更可取，因为头发的主人在审判日那天还会用到这些头发。并且人们认为飞鸟有可能用人类丢弃的，或者用梳子梳掉的头发来筑巢，这对头发的主人很不利。雅可布·格林在《日耳曼神话》中也提到了这一点：“如果有鸟儿将你的头发带到了鸟巢，你便会头痛，甚至失明。”

有趣的是，在世界各地，不仅剪发，甚至连梳头似乎都与暴风雨天气有联系，古罗马人认为只有在暴风雨即将来临之际，才可以在海上剪头发。欧洲人相信女巫可以利用剪落的头发召唤暴风雨。苏格兰高地的人们认为有亲人在海上的女人不应该在夜里梳头，这会引发暴风雨，危及亲人生命。更巧的是，北美特林吉特印第安人也持有相同的观念，他们认为一切暴风雨的产生都是因为有女人在户外梳头发。

过去人们还十分重视剪发的时间和方式。想要剪发之后头发长得快，有光泽，必须在上弦月时修剪头发。同理，有些人相信剪发还需要特别考虑黄道十二宫。时间落在黄道第一宫白羊宫（公羊宫）时剪发，新长的头发卷曲毛茸；时间落在狮子宫时剪发，则会长出十分浓密的头发。耶稣受难日、星期六、星期日都不可剪发，此外，自己不可以剪自己的头发。

228

头发是人体最不可破坏的一部分，常与男性的力量和生殖力联系在一起，所以人们经常将头发用于巫术仪式，还可以用作魔法符咒或爱情迷药。在猎巫时期，人们认为女巫的大部分魔力都蕴藏在头发之中，散开头发的人一定是正在施咒的女巫。根据社会地位的不同，有的女人会戴帽子或者用围巾蒙住头发，有的则会小心地将头发盘起来或者扎起来，结果导致人们认为一旦遇到未蒙住头发的女人就很不吉利。因此，拷打被指控的女巫前，人们常常会先剃掉她的毛发。当时的人们认为，一旦剃掉女巫所有的毛发，女巫就会虚弱无助，供认罪行，接受死刑。

发色在过去也很重要，会展露一个人的性格特点。人们对红头发总是爱恨交加。一方面，红头发能够焕发爱与热情，总与暴脾气相联系；另一方面，人们似乎又对红头发的人有根深蒂固的猜疑。

值得注意的是，历史上一些最美丽、最热情、最有权势的女人据说都长有红头发，比如特洛伊的海伦（Helen）、女王伊丽莎白一世（Elizabeth I）、俄国女皇叶卡捷琳娜（Catherine）和奥地利的安妮（法王路易十三的王后）。可人们又认为大卫王的第三个儿子、以色列国王押沙龙（Absalom）的头发也略带红色，与叛徒加略人犹大的头发颜色相同。早在古埃及，人们就不喜欢红头发的人，总会对他们产生怀疑。因为红头发总让古埃及人联想到红头发神赛特，他设计杀死了自己的哥哥奥西里斯。为了安抚赛特，埃及人习惯献祭红头发的人，这些人是从北方国家抓来的俘虏，埃及本地很少有红头发的人。在俄国，人们认为红头发的人懂得更多的巫术知识，所以不值得信赖。直到19世纪，在信奉基督教的国家，人们仍然认为红头发孩子系母亲通奸所生。因此，这些孩子是不祥的象征，大多数家庭都不欢迎他们。但不管头发是什么颜色，拔掉任何一根白头发一定都会带来厄运，每拔一根就会再长出十多根。

当然，在现代的西方社会，人们习惯跟随不同的时尚潮流，频繁改变自己的发色发式，比如挑染、染发、漂染、烫发、锡箔烫、拉直，以前那些关于头发的奇怪的观念早就过时了。

229

一提到头发，就不得不提到寡妇尖，指的是人额头中间向下呈V形的发际线。人们以前认为有寡妇尖的女性会比丈夫活得久——换句话说，寡妇尖预示了这个女人最后会变成寡妇。寡妇尖的命名与16—17世纪时期欧洲各国孀妇哀悼时戴的一种帽子有关，这种帽子前面有一个突出的呈V形的尖部。

牙仙子

美丽的牙仙子收集孩子放在枕头下的牙齿时，会给孩子留下硬币作为交换，这个传说很可能在大约20世纪初的时候出现在一些欧洲国家，但确切的时间已经很难确定。以前的牙仙子形似小老鼠，收集孩子的乳牙后，会在孩子的枕头下留下一些钱作为交换。

每个国家都会将牙齿与老鼠联系起来。在德国，据说将老鼠头挂在孩子身边有助于孩子牙齿的生长。在英国以及德国的某些地区，如果牙齿自动脱落或者被打掉了，可以边扔掉牙齿边大喊：“请老鼠送我一颗更坚固的牙齿。”老鼠的牙齿可以咬穿任何东西，是公认的很坚固的牙齿。俄国南部的犹太孩子也遵循着相似的习俗。孩子们会将掉落的牙齿扔到房顶上，虔诚地恳求老鼠为自己带来一颗更坚固的牙齿。同样，数千公里之外的拉罗汤加岛，以及太平洋库克群岛某些地区的孩子牙齿掉落后，都习惯再向老鼠求一颗牙齿。

人们对于牙齿、出牙以及如何处理掉落的牙齿有很多奇怪的想法。生下来就长有牙齿会招致不幸；过早长牙预示着早逝，就像下面的谚语所说，“早长牙，早入土”，但是先长下颌牙是长寿的象征。掉落的乳牙必须烧掉，否则，一旦被其他动物啃食，孩子长的新牙就会像那些动物一样。孩子的牙齿从牙槽里长出来后，要在牙槽以及牙齿上抹盐，以避免厄运。梦见牙齿，家里会有人生病或死亡。关于牙齿也有好的象征意义，比如门牙间的缝隙宽到可以容纳一枚六便士，表示这个孩子一生都会荣华富贵——但是现代牙齿矫正医师完全阻挡了这条发财之道。

230

第八章

动物、植物和树木

Chapter 8

Animals, Plants and Trees

鸟以类聚

人们自古就认为鸟类与居住在天穹之上的各个天体、天神以及控制天象的力量密切相关。 231

一般来说，不同文化里的神话故事都有神灵以鸟类形态出现的情节。鸟作为上层权力的象征，具有人格化的特点。希腊艺术雕像中，主神宙斯骑了一只雄鹰，阿波罗驾着一辆双轮天鹅车，阿弗洛狄忒则在空中乘一只鸿雁。同样，亚洲神灵的坐骑也是巨型鸟类。例如，印度支那战神塞犍陀（Skanda）的坐骑是一只孔雀；印度爱欲之神伽摩（Kama）的坐骑是一只鹦鹉，这个动物形象十分贴切，因为鹦鹉与性爱的联系格外紧密。

所有的神话传说与民间故事都贯穿一个主题，那就是人类在特定情况下可以理解鸟类以及其他动物的语言。人们认为这种能力有时是与生俱来的，但是更多的时候，这种能力是通过某种神迹奇事获得的，比如吃下一块龙肉。民间故事与神话传说里会不断出现一只可以揭示并传达重要讯息的飞鸟。世界各地的大洪水神话以及童话故事里都有可以传达人类能够理解的口信的飞鸟。北欧神话中，主神奥丁有两只乌鸦，福金（Huginn）和雾尼（Muninn），意为“思想”和“记忆”，每天飞往人间，看遍世间万物，收集各种讯息。它们时不时地飞回来，栖身于奥丁的肩头，在他耳边讲述今日见闻。

232

还有一种与真理之鸟相关的观念也很盛行，那就是占卜时，鸟类可以作为指引者或传达神谕的使者。鸟类可以为地位等级高的人传信，并拥有神秘的能力，所以人们自古就认为鸟类可以辨别善恶。于是人们开始认真观察鸟类的行为，依据鸟类的飞翔状态和行为活动来占卜。古希腊与古罗马预言家十分擅长解读鸟类的飞翔状态，这类占卜技巧叫作鸟占术。实际上，世界各地的不同文化都涉及鸟占术。非洲大陆从南至北的各大部落看到鸟类朝某一定点的左边或者右边飞翔或者鸣叫时，都会将其解读为不同的征兆。美洲印第安人部落、澳大利亚原住民以及亚欧大陆上的人亦是如此。

猫头鹰、渡鸦、乌鸦等鸟类飞行的方向、方式及叫声都会引发不好的联想，令人生畏，所以人们也称它们为不祥之鸟。尤其是猫头鹰，它是死亡的象征。不必提猫头鹰那凄厉的叫声，单凭它可怕的样子都可以说它代表了恐惧与灾难。有猫头鹰飞到屋顶或者飞向窗户，预示屋内必定有人死亡。莎士比亚曾在《维纳斯和阿多尼斯》（*Venus and Adonis*）中写道："猫头鹰，黑夜的送信者"，在《麦克白》中将猫头鹰比作"宣告死亡的敲钟人"。人们普遍认为猫头鹰是邪鸟，体内寄居着恶魔与女巫。在中东地区，猫头鹰是恶灵的化身；在中国和日本，仓鸮（一种猫头鹰）邪恶而不祥。毛利人也认为猫头鹰不祥，澳大利亚原住民与非洲各部落更是认为猫头鹰传达的都是邪恶之事。在德国，猫头鹰被称为 Hexenvogel（"女巫之鸟"）。意大利人与瑞典人认为猫头鹰具有邪眼。由于猫头鹰总是与邪恶力量联系在一起，人们常将它用于躲避邪恶力量的侵袭；人们相信将一只死猫头鹰钉在谷仓门上可以防止火灾等灾难发生。

尽管一些鸟类让人害怕，但也有一些鸟类受到人们的热烈欢迎，它们是季节更迭的先兆。一些鸟类每年都会按时出现，按时消失，我们的祖先对此一定感到很困惑。还有一些鸟类固定在春天返回，预示万物复苏，使人们欢欣鼓舞，这些鸟被比作不断增强的阳光，尤其是体形大一点的鸟类，如鸿雁、鹤以及鹳。人们普遍认为鹳是非常吉祥的鸟类，代表春天来临。stork（鹳）一词来源于希腊语 storge（"强烈的出于本能的爱"）。因此，这些鸟也是孝顺的象征，同时它们还因为对幼鸟关怀备至而受到赞扬。鹳能带来新生儿的传说，起因之一可能是人们普遍认为鹳喜水，常栖于沼泽、湖边或者湿地，未出生婴儿的灵魂就住在这些地方的旁边，这种说法在北欧国家尤为盛行。人们很容易将这些古老的观念与那些美好的白色鸟类联系在一起，鹳对幼鸟悉心照顾，就像在深情地为翘首以盼的父母送来新生的婴儿。

233

在大部分欧洲国家，还有一种鸟的出现也会受到人们的热烈欢迎，那就是预示春天到来的布谷鸟。英国的《泰晤士报》历来都会报道布谷鸟的第一声啼叫。这是人们翘首以盼的事情，所以关于布谷鸟的第一声啼叫产生了很多迷信思想，最重要的一条就是听到布谷鸟的第一声啼叫，立刻许下心愿，翻转口袋里的硬币，可保佑未来一年繁荣富贵。

另一方面，秋季各种鸟类消失不见，这导致人们焦虑不安，引发了种种猜测。欧洲人猜测布谷鸟在冬天会化成一只鹰，所以一到寒冷的季节就会消失，这种观念可以追溯至古代。人们还猜测一些鸟消失是因为去了死亡之地，这种猜测可能是因为凛冬萧瑟，万物凋零。

人们认为鸟是诸神的信使，所以鸟拥有神秘的能力，比人类更为睿智。在早期社会，某些鸟类的求偶行为或其他群体行为总使人联想到，它们是在进行某种神奇的仪式。因此，人们经常模仿鸟类的仪式行为，以期提高生育率，推动季节性降雨的开始。北美洲与中美洲的印第安人会在求雨仪式上模仿鸟类的动作行为。同理，在古克里特岛与日本，人们相信跳鹤舞能够求雨；在南斯拉夫，男孩们在春之祭礼上经常会模仿公鸡跳丰收舞。

234

与鸟类有关的民间传说和迷信思想还受鸟类颜色的影响。从公鸡的红冠联想到公鸡负责移除基督十字架上的钉子；知更鸟长有红色胸脯，是因为在拔基督花冠上的刺时，沾染了基督的鲜血；黑色总是与魔鬼巫术有关，所以黑色的鸟也总与邪恶力量相联系，如乌鸦或者渡鸦；而纯白的鸟自古就被赋予了神秘色彩，是死亡的象征，令人生畏。

我们的鸟类朋友现在仍然出现在很多常见的短语里。我们会说 a bird

in the hand being worth two in the bush（一鸟在手，胜似二鸟在林），意思是已经拥有的事物要远胜过空想之中的；我们也会用到 birds of a feather flock together（同种羽毛的鸟类会聚集在一起），意即同声相应，同气相求；我们更喜欢 kill two birds with one stone（一石二鸟），暗指只需努力一次或者解决一个问题，就有利于实现两个目标。

公鸡——受上帝偏爱

公鸡在世界各地的神话传说中都占据着重要地位，因为公鸡常高声啼叫，走起路来昂首阔步，天性好斗，繁殖能力又强。老普林尼在《自然史》中高度赞美了公鸡的优秀品质：“它们懂得星辰变化，白日里每三小时便会歌唱，日落而息。夜里四更天时，便会啼叫，召唤人们铭记使命，开始一天的劳作。阳光再也不会悄无声息地爬到熟睡之人的身上，因为公鸡总会用歌唱宣告新一天的到来，催人劳作。”

各种文化中的鬼魂与邪恶势力在晚上都特别活跃，因而它们也被称为黑暗力量。公鸡拂晓而啼，不仅宣告了破晓，还表明黑暗力量已经受到驱逐，这是人们喜闻乐见的。慢慢地，人们便认定公鸡可以驱除邪恶与恶魔，阻挡鬼魂，吓走危险的动物。

235

早期基督徒将夜晚分成四更，分别为晚上（从傍晚 6 时起到晚上 9 时）、半夜（从晚上 9 时起到午夜 12 时）、鸡鸣（从午夜 12 时起到凌晨 3 时）、晨更（从凌晨 3 时起到早上 6 时）。普通民众传统上都相信遍布黑夜的恶魔、鬼魂和女巫在鸡鸣时分便会退散，而且当时的人们对社会阶级之间的差别并无异议，因此，所有村民都习惯也愿意早早开始一天的劳作。莎士比亚在《哈姆雷特》(*Hamlet*)里也提到了这种观念，哈姆雷特（Hamlet）父亲的鬼魂在鸡鸣时分突然消失："那鬼魂正是在鸡鸣的时候隐去的……没有一个鬼魂可以外出行走……没有一个神仙用法术迷人，妖巫的符咒也失去了力量。"

公鸡走起路来昂首阔步，无所畏惧，因而象征着无上的勇气与懂得保护弱者尤其是保护女人与孩子们——的男性。公鸡不仅会啼叫报晓，还长有深红色的鸡冠，象征着太阳炽热火红的光芒。因此，人们认为奉献公鸡是对太阳的双重敬拜。公鸡的形象自古就与初升的太阳有关，可以使人得到太阳神的护佑；公鸡的啼叫则像圣歌，表达了对神祇的赞美。所以，公鸡在世界各地的神话故事中都扮演了号手的角色，为各个民族神话中的太阳神吹奏。

随着波斯帝国的扩张，希腊也逐渐接受了公鸡的神圣地位，用公鸡供奉太阳神阿波罗。斯堪的纳维亚神话中有一只时刻保持警惕，名叫维塔弗米（Vithafmir）的金公鸡，也叫古林肯比（Gullinkambi）或"金冠"（goldcomb），它站在名为世界之树（Yggdrasil）的白蜡树顶端，抵御一切邪恶力量。中国人相信公鸡能唤醒金太阳，消除黑暗，驱散夜晚的邪灵。

对基督徒来说，公鸡啼叫代表在面对诱惑时，要保持清醒的头脑，警惕魔鬼使诡计。所以人们才会把公鸡置于教堂的塔楼——教堂尖塔上公鸡形状的风向标时刻提醒信徒们要保持警惕。人们曾坚信到了审判日，所有的小公鸡，甚至包括那些木质或铁质的小公鸡都会啼叫，唤醒所有生者与亡灵。

长期以来，公鸡在多数文化中主要用于献祭，公鸡的鲜血也可以用于巫术仪式与魔咒。罗马人相信公鸡受上帝的偏爱，所以不仅适合用来献祭，还能用来占卜。老普林尼告诉我们“公鸡具有掌管世界的巨大力量，是昂贵的献祭品。献祭公鸡的内脏和肠子可使众神满意”。古墨西哥人会将公鸡献祭给太阳。阿拉伯人也会献祭公鸡，直到现在，公鸡仍然用于非洲与太平洋岛屿各部落的各种巫术仪式。人们认为公鸡是抵御一切邪恶势力的守卫者，所以还会将它们埋葬于欧洲建筑物、堤坝及桥梁的地基下，献祭给神灵，而此前都是用活人献祭。

欧洲有很多与黑公鸡有关的迷信思想，因而黑公鸡常常令人生畏。人们普遍认为黑公鸡具有邪恶的力量，因此它们的血会被广泛用于巫术咒语，为魔鬼献祭。黑公鸡体内据说寄居着恶魔与受诅咒的灵魂。人们认为英格兰及欧洲大陆上的大部分女巫一般都养有一只黑猫，除此之外，身边一定还有一只黑公鸡。有趣的是，主要是基督徒将黑色与邪恶力量联系在一起。例如，在非洲，人们崇敬黑色，总以黑色动物为月亮女神献祭。同理，希腊传说中，黑色是三大神圣颜色之一，专门用于供奉月亮女神。

令人好奇的是，公鸡血不仅可以用于献祭和巫术，还可以当作偏方治病。在欧洲，公鸡之所以和医术有关，可能是因为公鸡与希腊神话中掌管医术的阿波罗有关系。但是，这无法解释为什么亚洲、非洲、欧洲这些不同文化背景的人都会将公鸡用于治病。在锡兰（现斯里兰

237 卡），人们传统上会给病人供奉一只公鸡，等病人康复后就将公鸡献祭。德国一些地区习惯在住所的门槛下埋一只黑公鸡的头、心脏和右爪，以此避免疾病或其他邪恶力量的侵袭。很多欧洲人还会在房子底下埋一只公鸡治疗癫痫病。人们认为只要抓住一只活公鸡在人的患病处摩擦，就能治好一些小病或者某些其他疾病。人们还可以将病人的头发、指甲屑与黑公鸡一同活埋，也能使该病人康复。这种迷信行为在全世界都很普遍，依据的核心思想是可以将人身上的疾病传递给大地或者其他生命体。

欧洲各地公鸡的打鸣习惯也不同，这引发了很多奇怪的观念。例如，公鸡在不寻常的时间点，尤其是在天黑以后打鸣，预示死亡；某个人离开或者孩子出生时听到公鸡打鸣，是不祥的征兆；如果在情人节的清晨看到一只公鸡和一只母鸡站立在一起，预示着家中的某个人不久便会结婚。毋庸置疑的是，这些迷信思想在现代只会被打上 cock and bull（本意为公鸡与公牛）的标签——这个词组源自英语单词 concocted 与丹麦单词 bullen 的组合，引申意义为“夸大其词”！

能治病的灵蛇

地球上各个大陆的人自古都怀着敬畏的心来膜拜蛇，人类中流传最广的可能就是有关蛇的神话传说了。从炎热的亚非大陆到冰雪覆盖的北欧，再到澳大利亚的内陆地区，有无数关于巨蛇、龙与巨大的爬行动物的神话传说。人们通常认为这些动物守护着神秘的力量，因而尊崇它们为神殿与宝藏的守卫者，认定它们与地球上的水有密切联系。

印度、埃及、柬埔寨、斯里兰卡、中美洲、南美洲及非洲的神话传说中，蛇一直象征着神祇、永生与智慧。所谓的衔尾蛇（Ouroboros）便是永生的标志，人们将其描绘成一条正吞食自己尾巴，形成了一个圆环的蛇。

238

蛇与智慧的联系不仅出现在世界各地的古神话传说里，还出现在《新约》里："我差你们去，如同羊进入狼群：所以你们要灵巧像蛇，驯良像鸽子。"《创世记》中也有一段类似的描述："……唯有蛇比田野一切的活物更狡猾。"

蛇作为神性的象征，与世界各地不同文化中的诸神都有联系。蛇是苏美尔女神伊西塔（Ishtar）的化身；克里特岛女神阿里阿德涅（Ariadne）或周身有蛇盘踞环绕，或双手各执一蛇。在古希腊与古罗马的圣坛，蛇往往代表守护者。因此，在雅典帕特农神庙中的雅典娜神殿里，人们会将蛇关入笼内，作为临在的神性，尊崇它们为神殿的守护神。雅典娜的盾牌上也有蛇，蛇是上帝所造之物，经常作为雅典娜的化身。

蛇与地球上的水域——地下水、泉水及江河湖泊的联系也是普遍存在的。它们经常出现于地球上的泉水、湿地与山川河流里，所以人们认为蛇总是随着水波的流动而滑行前进。"水"在埃及人与玛雅人的象形文字中都是一条曲折线或波浪线，代表水的波纹。这种全世界相通的史前符号自古就代表"水"或者"灵魂"。玛雅人写"水"的象形文字时，会在波浪线的结尾处画上蛇头，表现起伏的水波与活动的蛇之间的相似性。因此，他们给大海命名为 Canah，意为“强大的巨蛇”。还有一种南美洲的巨蛇，叫 anaconda（水蚺）。这个单词是由 anak（巨大）与 onda（波浪）两个词组合而成的，再次印证了蛇与地球水域的关系。

在非洲，“蛇与龙的力量的早期象征都是螺旋形或曲折线。螺旋形指在原始水域中盘踞的一条叫昆达里尼（kundalini，原义是卷曲的意思）的蛇，曲折线代表正在前行的蛇、地表上的水流、流动水的波纹，也可以象征生命本身”。有趣的是，澳大利亚原住民在神话里称爬行动物蜥蜴及蛇人为康迪里（kondili），与非洲蛇类的命名遥相呼应。从象征意义上来说，蛇还可以用于向地球祈求强大的灵性能量，所以世界各地的圣物与岩石都刻画有蛇的形象。

蛇在印度神话里代表了创造力。印度教主神之一毗湿奴早期的形象就是他斜躺在一条宇宙巨蛇的身上，巨蛇在宇宙之海上漂浮。凯尔特人传统上会将蛇与治愈之水联系在一起。北欧神话中，尘世巨蟒环绕世界，代表包罗万象的海洋。在中美洲和南美洲神话中，造物神和复活之神是羽蛇神，阿兹特克人称其为克查尔科亚特尔（Quetztalcoatl），玛雅人称其为库库尔坎（Kulkulcan）。龙与蛇都是水滋养万物的象征。非洲人也将蛇与水联系在一起，蛇代表雨季，预示万物即将复苏。非洲部落、北美印第安人、美拉尼西亚部落以及澳大利亚原住民举行的求雨仪式上，都包含传统蛇舞。这些民族的神话传说通常会将蛇描绘成一道彩虹或天上的英雄。

对于所有澳大利亚原住民来说，彩虹蛇是最强大的神话形象之一。就像世界各地神话所表达的那样，彩虹蛇与河道、水洼、潮汐潭联系紧密，人们相信彩虹蛇能够带来雨水。阿纳姆地西部地区某些原住民部落的语言中有 Ngaljod 与 Nagal 两个词，这使我们立刻联想到印第安的蛇王那伽（Naga）或墨西哥蛇灵守护者纳过（Nagual）。更有意思的是，那克（Nák）是长有人体四肢的埃及蛇神，尼德霍格（Nidhogg）是北欧神话中盘踞在世界之树底部的蛇。中国神话中创造了第一批人类的女娲（Nukua）也有着蛇身。非洲语言中表示蛇的词似乎都有相同的词根。南非索托人和茨瓦纳人使用的班图语称蛇为 noga；南非科萨人和祖鲁人称蛇为 nyoka。

在印度，有一种叫作 shesh nag 的巨蛇。民间流传这样一种说法，传说这条蛇活到 1000 岁的时候，蛇头中会形成一块宝石。只要将这块宝石置于人体的患病处，就能解任何爬行动物的毒。这种说法可能流传到了欧洲，也可能是欧洲人自己创造了这种说法，总之欧洲也有各种各样关于这块神奇宝石的奇妙故事。人们认为这块宝石就嵌在蛇头内，这块宝石可能是某条巨蛇吐出来的，也可能是很多蛇通过魔法炼造而成的。

240

非洲也有类似的神话故事。例如，非洲科萨族有一个民间传说，讲述了居住在德拉肯斯堡山脉某个峡谷中的一条巨蛇。过去数年里，人们定期将年轻的少女献祭给这个怪物，紧邻巨蛇眼睛上方的前额处有一颗巨大的钻石。此外，非洲巴索托族现在仍然相信，毒蛇就住在莱索托的深潭或深河之中，其头部能散发耀眼的光芒。中国也有蛇头或龙头倾吐宝石的故事，中国人也相信龙头之内总会藏有一颗宝石。龙嘴中含珍珠的形象也经常出现在中国的艺术作品里。

人们自古就相信蛇是死者灵魂的化身，包含祖先的灵魂，所以人们从不会捕杀到自己住所寻求庇护的蛇，反而会非常敬畏尊重它们。例如，非洲人自古便认为进入某个农庄住宅的蛇都是想捎信回来或者有心愿要完成的先人们。同样，早期的希伯来人相信所有进入家里的蛇都是游魂。希腊人、克里特人和罗马人都极为恭敬地对待自己饲养的宠物蛇。北欧与西欧国家也有相同的传统，都十分尊重家里的蛇。德国人、挪威人和丹麦人习惯在家里养一条所谓的家蛇，可以捕鼠，还可以守卫家里的神灵——使生活变得更好，蛇在这些国家里都是无害的动物。很多文化都有将蛇视作守护者或保卫者的传统。因此，人们经常选蛇作为文身的图案，在欧洲国家，在壁炉上方悬挂一张蛇皮据说可以守护整个家庭并带来好运。

数千年以前，人们便将蛇用丁医学中。《旧约》中的叙述更强调了蛇在治病药物以及各种疗法中的重要性与效力：“摩西便制造一条铜蛇，挂在杆子上。凡被蛇咬的，一望这铜蛇就活了。”医药与医疗之神在古希腊与古罗马中，分别叫作阿斯克勒庇俄斯（Asklépios）与埃斯库拉庇乌斯，蛇是医神的神圣象征。由此我们想到了希腊文化中的蛇杖符号，这一符号在今天依然被人们使用，并成了国际公认的医学标志。有趣的是，蛇杖上缠绕的两条蛇模仿的是交配仪式中的两条蛇，也经常象征 DNA 螺旋结构。

241

西欧国家的人们认为蛇在医学治疗中发挥着重要作用，由此产生了一项有利可图的商业贸易，该贸易一直从中世纪持续到19世纪。用蛇治病的做法非常普遍，以至于人们将成千上百条蛇运到巴黎，每12条绑成一捆。法国科学院1820年试图禁止进口毒蛇，但是针对这条规定，医师们请求将蝰蛇作为例外，因为蝰蛇对于治疗某些疾病非常有效。人们通常会将蛇风干，再研磨成粉末或煮沸。这个过程中收集到的蛇油可以做成药膏或者动物油使用。服用蛇粉或将蛇油膏当作护肤霜使用，能够治愈无数小病痛，以及关节炎、眼疾、癌症、癫痫、胃病、肾病、肠胃问题、疖疮、皮肤损伤、牙痛、神经疾病等。人们相信吃蛇肉还能抗衰老——这种想法真是令人费解。当然，只有非常富有的女性才吃得起蛇肉。

曾经被广泛使用的蛇产品具有各种虚假的药用价值，这恰好诠释了现在常用的贬义短语 selling snake-oil（字面意思是卖蛇油），表示将无效用的假药当作万灵药卖，欺骗顾客。

神奇又神秘的猫

虽然很多人将猫看作最神奇的动物，但猫究竟象征吉祥还是不祥，不同的文化传统有不同的定论。关于猫有各种不同的传说，尤其是黑猫。可以说各个地域对于猫的颜色都持有自己独特的迷信思想。在美国与一些欧洲国家，如德国、西班牙和比利时，黑猫都是不祥之物，而白猫会受到人们的欢迎。但是即使在黑猫象征不祥的国家，人们依

242

旧相信如果有只黑猫在路上跟着你，或迎面走来一只黑猫，或家里有只不请自来的黑猫，都预示有好运来临。

英国几乎是唯一一个认为黑猫吉祥，而白猫可能会带来不祥的民族。当地流传最广的一种迷信思想是，如果有黑猫横穿过你前方的路，预示好运要来到。多年来，伦敦社会举行婚礼时，会故意让一只黑猫横穿新娘前方的路。如果传言可信，查理一世（1600—1649）曾经也养过一只黑猫，还派人严密保护，因为他总担心会弄丢它。据说黑猫死后，查理一世感叹道："我的好运气也没了。"这句话第二天就灵验了，查理一世被捕，之后被处以死刑。

在古代，猫总是带有神圣的光环。古埃及人视猫为冥府的守卫，赋予了猫神圣的地位。猫是埃及女神伊希斯和其女儿巴斯特（Bast）的神圣象征，巴斯特是布巴斯提斯[①]人敬奉的一位猫首人身的女神。古埃及人喜欢在家里养宠物猫，正如著名的"历史之父"、希腊历史学家希罗多德所说："房子着火的时候，猫的行为最为离奇：没有人做任何灭火的打算，因为保护猫才是最重要的：人们站成一排，与试图保护猫的主人离得比较近，但这时，猫却会悄然溜过众人或越过主人，跳入火中。这种事情发生后，埃及人极为悲恸。一个家庭中的猫自然死亡后，住在这个屋子里的人都要刮去眉毛……"宠物猫死后，人们经常会将尸体带到布巴斯提斯，在这里会有人对猫的尸体进行防腐处理，并举行一定的埋葬仪式。现已发现古埃及有大量保存完好的木乃伊猫，还有木乃伊老鼠——可能是为猫准备的食物。

① 布巴斯提斯是现在的太尔巴斯塔城。

古希腊人认为猫就是阿耳忒弥斯女神（Artemis），也是赫卡忒女神的神圣象征。由于赫卡忒是掌管亡灵的女神，所以人们自然而然地将猫与希腊神话中的冥府联系起来。赫卡忒最钟爱的动物就是猫，总是给予猫特殊的照顾。

243

罗马人则认为猫是狄安娜女神的象征——与月亮、贞洁、狩猎有关。据说狄安娜曾在不同的场合下幻化成猫。猫在古罗马象征自由，自由女神的脚边就有一只猫——众所周知，猫是最讨厌被束缚的动物了。

与古埃及、希腊、罗马神话一样，猫在北欧也占据了神圣的地位。北欧神话中，猫是芙蕾雅女神的化身，芙蕾雅掌管爱情、婚姻及亡灵，她的双轮战车正是由黑猫拖曳。给流浪猫喂食，就会受芙蕾雅女神的偏爱，她会给一切有善心的人带来好运与荣华富贵。

虽然猫在古代受到高度尊重，但是基督教认为猫总是与巫术魔鬼联系在一起，认为猫是与女巫共居的妖兽（familiar）。familiar 来源于拉丁词 famulus（仆人），指的是幻化成人形或动物形的魔鬼，以女巫的血为食，听从女巫的一切命令。人们普遍相信女巫懂得幻化之术，可以幻化成这些妖兽的形状。女巫以及具有邪眼的人可以幻化成猫、渡鸦、狼、野兔和母猪。曾经，很多人不愿意在猫的旁边讨论家庭问题，就是因为担心猫是女巫的妖兽或是由女巫幻化而成。因此，绝对不能将婴儿和猫单独放在一起，否则孩子就会受到巫术的蛊惑。人们还认为猫会偷偷爬进婴儿的摇篮，夺去孩子的呼吸。

猫的某些特点很容易将它们与妖术联系起来。从传统上来说，邪恶势力总在晚上异常活跃，刚好和猫喜欢夜间活动的特点不谋而合。除

244 此之外，猫喜欢独自行动，性格古怪；瞳孔在晚上时而收缩，时而扩大，都是不祥的征兆；夜深人静时，猫会发出怪异的、像人类一样的叫声，这些都更坚定了人们的想法——猫与邪恶势力有关。潜行于黑夜，洞察黑暗中的一切，猫成为了直觉力的象征，总是与超自然力、巫术灵力联系在一起。黑色又总会使人联想到黑暗力量，再结合以上提到过的因素，就可以理解为什么在奉行基督教的欧洲，黑猫总是与女巫、邪灵相联系。就因为人们假想黑猫与巫术有联系，导致中世纪时有大量可怜的黑猫遭到虐待，甚至被活活烧死。

现代迷信思想认为猫有九条命，这源于人们相信女巫可以幻化成猫形九次。每只猫七年以后都会变成一个女巫。所以人们经常在猫的身上留下十字架的标志，防止它们变成女巫，或者给猫另起一个名字，只有少数家庭成员知道这个新名字，人们认为如果女巫不知道猫的名字，就无法幻化成这只猫。

人们通常认为猫具有一种神奇的技能——预报天气。欧洲人认为如果看到猫在洗耳朵或者吃草，说明不久后会下雨；看到猫在疯狂奔跑，不久后必定狂风四起；看到猫背火而坐或者打喷嚏，即将会有暴风雨，还可能会霜冻；给猫洗澡很可能带来雨水。印度尼西亚也有类似的迷信思想，当地人相信向猫的背部泼水可以求雨。过去，欧洲的水手坚信猫可以为整个船带来好运，如果船因无风而无法航行，猫的重要性就凸显出来了，只要将猫扣到甲板上的盆下，就可以为船带来顺风。不管把什么猫扔出船外，后果都不堪设想，很可能会引发一场暴风雨。

数百年以来，人们认为猫的血液和皮毛可以治愈各种小病。从中世纪一直到19世纪，以猫血调配的奇异混合物专门用来治疗带状疱疹与百日咳。民间治疗百日咳的传统药方是切下黑猫的九缕尾毛，将它们浸入水中，然后喝下。17世纪，欧洲人经常会将整只猫放入橄榄油里煮，人们认为这是非常有效的伤口敷料。煮沸后的猫皮还可以用来缓解牙痛。猫尾能够有效治愈很多疾病，所以人们会直接切下猫尾！针对不同的眼疾，人们经常采取的治疗方法是用一条黑猫尾巴轻抚或者搓揉眼皮三或九次——采取这种治疗方法时，猫尾是否还与身体相连就不得而知了。将猫尾划过眼睛，就能消除麦粒肿。但是，如果上述所有传统治疗方法都没能治愈疾病，最后一种常见的方法就是将所有的疾病传递到家猫身上，先将病人的洗涤水或尿液直接泼到毫无戒备的猫身上，接着大喊大叫地将猫赶出房子——不管这只猫有没有尾巴。

过去，还有一种与众不同的猫尾叫九尾猫（cat-o'-nine-tails），船上所有的水手都十分敬畏它，平常都躲得远远的。九尾猫即九尾鞭，最初包含三股鞭子，后来演变成六股，最后达到九股，每股上要再打几个结，使鞭打时造成的疼痛感达到最大。这种鞭子用来惩罚罪犯，人们简单地称其为“猫”。

玫瑰——葬礼花朵，静默象征

rose（玫瑰）一词来源于拉丁语rosa（红色）。因此，从词源学的角度看，玫瑰最典型的颜色应该是红色，但是仍然有很多例外，比如白玫瑰、黄玫瑰，以至于我们说玫瑰的时候还会说红玫瑰（虽然玫瑰本身就有红的意思了）。

玫瑰花受到世界各地人们的喜爱，关于玫瑰每个国家都有不同的神话传说与故事传闻。总的来说，人们普遍认为美丽的玫瑰花是最高神灵的象征。希腊神话中，小爱神厄洛斯将神酒洒到了奥林匹斯山上，神酒滴落的地方生出了玫瑰花。还有一种希腊传说是，阿弗洛狄忒着急去看望受伤的情人阿多尼斯时，踩到了白玫瑰丛，玫瑰上的刺扎伤了她的脚，她的圣血将白玫瑰染成了永恒的红色。阿弗洛狄忒后来又将红玫瑰送给了她的儿子小爱神厄洛斯（Eros）。罗马神话中也有类似的情节，维纳斯在追求阿多尼斯时，脚部也喷涌出鲜血，鲜血所滴之处生出了玫瑰花。于是，玫瑰成了维纳斯的象征。人们在描绘爱神维纳斯时，总会为她冠以玫瑰花环。Eros——希腊小爱神，在英语和法语中恰好都是 rose 的相同字母异序词；希腊婚礼之神许门也经常头戴玫瑰花环。因此，坆塊成为爱与美的象征。

246

古罗马人大规模培育玫瑰花，用途广泛，可以撒到宴会大厅的地板上，填充靠垫，装点众神的神殿与英雄纪念碑，制作红酒与香水，还可以用来给罗马社会里受敬仰的人编织花环。穆斯林认为，穆罕默德额头上的汗水滴落之处生出了玫瑰花。印度神话中，吉祥天女拉克什米出生于一朵玫瑰花中，婆罗门则认为万能的神长久居住于一朵银玫瑰的中心处。波斯语中的玫瑰是 gul，意为“全能的神”。

大部分神话反映出了一种共同的观念，玫瑰诞生于挥洒的鲜血。根据基督教传统，红色的鲜花最早见于基督佩戴的荆棘王冠中的野玫瑰；

还有一种传说是，人们点燃伯利恒一位童贞殉道者周围堆积的树枝后，玫瑰花便从燃尽后的树枝堆中生长出来。

古希腊人与古罗马人非常重视将玫瑰花用于葬礼，尤其是将玫瑰花种在爱人的坟墓旁。玫瑰花对逝者意义重大，所以现在奥地利、德国、瑞士的墓地通常被叫作玫瑰园。在英格兰以及欧洲地区，根据传统，人们会将白玫瑰种在处女的坟墓旁，但凡是以善良仁慈著称的逝者的坟墓更适合献上红玫瑰。（见第六章中的《献给逝者的花与树》）

从与玫瑰有关的各种迷信思想来看，玫瑰是最不吉利的鲜花之一。玫瑰花瓣凋落是死亡的象征，尤其是正佩戴或者怀抱玫瑰的时候。同样，人们也会对反季节盛开的玫瑰感到担忧，这预示未来的一年会有不幸发生。在德国，一丛白色玫瑰突然“凋谢”，预示距离白玫瑰最近的家里会有人死亡，梦到白玫瑰或者枯萎的玫瑰都代表死亡。

玫瑰是静默、隐秘与守秘的象征，这些象征意义可以从拉丁短语 sub rosa 看出来，这个短语在英文里是 under the rose（私下地）的意思。rosette 是一种玫瑰形饰物，有些老房子现在仍然经常用其装点天花板，这种习俗体现了玫瑰花的象征意义，但是能够体现出这种象征意义的习俗已经不多了。玫瑰花象征隐秘，所以人们会用玫瑰花装点会议厅与宴会厅的天花板，时刻提醒人们在这些地方说的话都需要保密，即便这些话是在酒精的影响下（under the influence of wine，拉丁语是 sub vino）所说。玫瑰花还象征静默，教堂里的忏悔室里常常放有雕刻的玫瑰花。词组 sub rosa 可能起源于希腊神话，源于小爱神厄洛斯送了一枝玫瑰给沉默之神哈尔波克拉特斯（Harpocrates），贿赂他对阿弗洛狄忒的风流韵事保密。但是，有些人坚持认为短语 sub rosa 真正起源于约克家族与兰开斯特家族在玫瑰战争（1455—1485）中进行的长期的密谋与反密谋。兰开斯特家族的支持者习惯佩戴一朵红玫瑰，而约克家族支持者的帽子上会饰有一朵白玫瑰。无论哪一阵营的人要和同阵营的朋友讨论重要事情，这种行为据说都称为 under the rose，意思是秘密进行。

玫瑰战争结束后，玫瑰成了最重要的纹章图案之一。这场战争一共持续了 30 年，以掌握英格兰王权的都铎王朝的建立为结束标志。都铎玫瑰是一朵白玫瑰覆盖于一朵红玫瑰的中心，也是如今的英格兰之花。

中世纪时，人们经常以花束的名字为诗集命名——所以诗集的名字都是从希腊语里表示“鲜花”的词演变而来——玫瑰念珠（rosary）就是这样来的。rosary 来源于拉丁词 rosarium，rosarium 意为“玫瑰花圃”，而 rosary 是罗马天主教徒使用的一串念珠，用来记录某些经文诵念的次数。玫瑰会使人联想到圣母玛利亚（Virgin Mary），玫瑰念珠的产生可能正是受到这种象征意义的启发，早期基督教时期的红白玄义玫瑰（Mystical Rose）正是圣母玛利亚的象征。另外一些人则坚持 rosary 源于第一串由玫瑰木制成的念珠。

玫瑰是爱情的象征，所以恋人们很注重玫瑰的颜色。红玫瑰象征激情，白玫瑰代表纯洁的爱，黄玫瑰则代表不忠。

王室鸢尾花饰

鸢尾属植物原产自南欧与地中海地区，历经岁月沉淀，鸢尾花成了权力与力量的象征。这种多色花以希腊美丽的彩虹女神伊里斯（Iris）命名。伊里斯女神的责任之一是引领女性亡灵去往至福乐土，因此人们经常将鸢尾花种在女人的坟墓旁。数世纪以来，国王和统治者的权杖上面也会刻有鸢尾花，因为鸢尾花三片硕大的花瓣分别代表信念、智慧与勇气。

常见的法语单词 fleur-de-lis 指鸢尾花饰，这种风格的花形图案在各种年代与文化中都很普遍。美索不达米亚地区的圆柱状物体、古埃及的艺术作品、迈锡尼文明的陶器、古高卢的硬币、印度尼西亚以及日本的设计图案里都可以发现鸢尾花的装饰图案。欧洲很多盾徽与旗帜也采用了鸢尾花形的纹章图案。

鸢尾花饰与法国王权的联系特别紧密。法语单词 fleur-de-lis 是 Fleur-de-Löys 的变体，法国国王从 9 世纪的路易一世（Louis Ⅰ）一直到 16 世纪的路易十二（Louis Ⅻ），签名时都会写 Löys。Fleur-de-Löys 是一种常见的紫色鸢尾，并不是白百合，但人们以前常将 fleur-de-lis 错认成白百合。根据历史，法国国王路易七世（Louis Ⅶ，1121—1180）准备前往圣地巴勒斯坦开始十字军东征时，选择了紫色鸢尾花作为纹章图案。自那时起，鸢尾花就成了“路易之花”，法语叫 Fleur-de-Löys，后来简化为 fleur-de-lis。但一直到查理四世（Charles Ⅳ，1294—1328）登基以后，鸢尾花才正式出现在法国各种旗帜上。

不过，鸢尾花早在13世纪之前很久就在法国历史文化中占据了重要地位。249 据说法兰克国王克洛维一世（Clovis Ⅰ）在公元496年的托尔比亚克之战中击败了阿勒曼尼人，得胜的士兵在战场附近摘下数以百计的鸢尾花，做成象征胜利的花冠。

敲敲木头求好运

人类历史初期，欧洲地区曾被广袤的原始森林覆盖，森林绵延数千公里。老普林尼在其作品《自然史》中提到，北欧大陆的日耳曼部落曾历经数月穿越森林，结果茂林密布，一块空地都没碰到。据发掘结果显示，现意大利地区的波河河谷曾经也被广阔的森林覆盖，包括榆树林、栗树林，尤以橡树林居多。同样，希腊半岛的各个海域曾经也是森林密布，不列颠群岛亦是如此，其整个东南部地区与西海岸线全部丛林密布。因此，神树崇拜在宗教历史中占据着重要地位，所有欧洲国家都具有统一的树神崇拜礼仪与庆祝仪式。简·菲尔波特（Jane Philpot）在其著作《神树》（*The Sacred Tree*）中阐释了神树崇拜："神树崇拜不仅是最早的神圣仪式，也是基督教普及之前最后消失的仪式；早在人们为神灵建造神殿，打造雕像之前，神树崇拜就已经存在了，后来神殿、雕像、神树崇拜仪式共同蓬勃发展，直到神殿和雕像消失，神树崇拜仪式仍然延续了很长一段时间。"

在森林密布的国家，人们认为森林是神灵最喜欢的居所之一，正是居住在林中的神灵的力量促使树木生长。在这些地区，人们依靠树木生活。树木为人提供栖身之所、阴凉及燃料；房子由树木建成；在欧洲漫长的冬季，木材还可以用来取暖；各种树木结的果实富含营养，是牲畜更是人类的食物。

有些树木已经存活了数百年，每年冬天似乎都处于死亡的边缘，可是一到春天又奇迹般地重生，人们便认为这些树木具有神力。它们横跨三层宇宙，牢牢扎根于冥界，树枝伸展在尘世间，树冠延伸到天穹之上的世界，即神灵的居所，这种说法为这些树木增添了更多的神秘色彩。欧洲最著名的神树可能就是《埃达》(*Eddas*)提到的斯堪的纳维亚被称为“世界之树”的世界白蜡树(World Ash Tree)，《埃达》中尽是有关北欧神话传说的美妙诗篇。斯堪的纳维亚的世界之树相当于卡巴拉主义者敬仰的生命之树(Sephirothal Tree)与印度人敬仰的毕钵罗树(Asvatha Tree，又称“菩提树”)，强大的世界之树长有三条通往不同世界的树根：一条树根触及神灵居住的土地，神灵每天聚在世界之树的树枝下开会讨论；中间有一条根通向霜巨人；第三条根延伸到冥界，巨蛇尼德霍格不断啃蚀根部，旁边有一处太古时代便存在的不竭之泉冒泡翻腾。

250

世界各地的神话故事都描写过雄伟茂盛的大树，它们是宇宙、青春、生命、永生与智慧的象征。于是，不同的文化与神话中都出现了宇宙树、生命树、永生树、智慧树、青春树、言语树及许愿树。人类可以用树来表达一切宗教思想与神圣事物。因此，追求长生不老的神话里总会出现生长于遥远土地上的神树，树上长有魔法果子或叶子，并由龙、蛇或狮鹫看守。过去，这些巨兽并不狡诈，反而是智慧的象征，一个英雄想要成功完成自己的目标，就必须要面对这些巨兽。

过去，人们崇拜神树是因为相信世间的一切都是有生命的，即万物有灵，因此人们敬畏、尊重一切事物。英国及欧洲大陆曾经有段时间规定，砍伐树木是犯罪，应当予以处罚。所有树木里都居住着树神，不管以何种方式伤害它们的家园，都是一种冒犯，会遭到神灵的报复。如果砍掉了一根粗壮的树枝，砍树的人也会失去一条胳膊或腿。树有痛觉，所以砍倒一棵橡树的时候“……它会发出一种尖叫或叹息，约1.6公里之外的人都可能会听到，就像是橡树的守护神在哀悼一般”。

爪哇人认为水稻开花表示水稻怀孕了，因此田野附近不可喧闹，否则收成便会减少。非洲刚果人会用葫芦瓢装上液体，放在某些树的树根处，以便让树喝水。印度人会为灌木丛与树木主持正式的婚礼。德国农民会将果树系在一起，促成它们结婚，以期结出果实。非洲部落的巫医伪称砍树时，自己能听到树木发出痛苦的哭泣声，这并没有听上去那么匪夷所思。彼得·汤普金斯（Peter Tompkins）在其著作《植物的秘密生活》（*The Secret Life of Plants*）里记录了在美国与俄国做的一个实验，证实了植物与树木确实可以发出声音，人类无法听到，但是特别设计的灵敏电子仪器可以记录下来。

基督教中，各各他山上的十字架由木头制成。对基督徒来说，树木能否感觉到悲痛一直是个很有争议的话题，引发了很多关于不同树种的神奇传说。所有的树木里，最先在基督教时期背负污名的要数山杨树、白杨树、橡树、槲寄生及接骨木——这些都是异教徒时期受敬仰的

251

神树，后来有很多神话故事解释了为什么山杨树或白杨树会瑟瑟颤抖。显然，犹太人寻找木材制作十字架时，橡树是唯一没有将自己分割成两半去避免受到亵渎的树，所以伐木工人不愿意砍伐橡树，因为他们认为橡树受到了诅咒。

曾经象征神圣的槲寄生也未能幸免。有传说解释耶稣被钉死在十字架前，槲寄生是一种高大的优良林木，但是因为槲寄生曾用于制作十字架，这种用途是一种奇耻大辱，所以只能被降为寄生植物，这为槲寄生打上最后的永久的烙印。接骨木的遭遇与槲寄生相同。自然状态下，接骨木并不会生长于巴基斯坦，但还是产生了这样的传说，接骨木曾用于制作各各他山上的十字架，后来耶稣被钉死其上。所以人们普遍不愿意将接骨木的细枝当作木柴。过去，人们会认真检查每一根木柴，以防混入接骨木，迷信的人认为烧接骨木非常危险。接骨木与十字架的联系，使得它有了一个广为人知的别名——“邪木”。但是接骨木不祥的名声可能早在基督教建立之前就有了，对接骨木的敬仰源于北欧异教徒古老的信仰。直到今天，丹麦据说还有一种叫作“接骨木妈妈”的生物保护着接骨木，不管以何种方式伤害接骨木都有危险。

树木与人类的健康和生命息息相关，这是人类另一种共通的观念。252 数百年来，欧洲人习惯在孩子出生时种树，新生儿日后的生活与康乐从此与这棵树的成长与健康状况密不可分——树亡人亡。直到20世纪初，北欧地区的人们还要将孩子递过树的裂缝来治疗各种轻微小病。毛利人认为是树赋予了女人生育的能力，所以人们会引导不育的女人去拥抱大树，以增加怀孕的概率。斯拉夫的女人会在硕果累累的树上挂一件内衣，通过接触巫术的效力，她们自己的生育能力也会得到增强。女人分娩时，某些树能促进生产，这些树叫作“生育树”。因此，在瑞典及其他一些欧洲国家，女人生产时会紧抱白蜡树或榆树，确保自己可以顺利生产。

现在还有一些人仍然通过接触或者敲击木头求好运，这种无意识的行为其实体现了古代的神树崇拜。敬拜大树和敲击木头的区别只是程度不同罢了，人们敲击木头时，依稀觉得可以甩掉一些坏运气。从巫术的角度说，敲木头这种行为可以解释为一种防御性巫术，因为木头不能主动吸引好运气，但人们想象它具有摆脱坏运气的能力，这就赋予了木头生命力。我们想要实现某个愿望，寻求庇护，祈求未来身体健康，生活顺利，或想规避邪恶危险时，通常都会说出 touch wood（字面意思是“敲木头”，表示但愿走好运）这个短语。这种迷信思想深入人心，尽管起源已经难以确定，但是在很多文化里都广为人知。有些人认为它源于基督教堂对真十字架（据说是钉死耶稣基督的十字架）遗迹的珍视，虔诚的教徒抚摸十字架遗迹可以受到庇护，远离苦难。

touch wood 这种表达还可以从古代圣所的角度来解释。如果受追捕的逃亡者敲击教堂门以后，追捕者还想逮捕逃跑者，那就是亵渎圣灵，因为人们相信教堂门上刻画的十字架图案能够为人提供庇护。这种迷信思想最有可能是史前时期树神崇拜的遗风，不同的树木居住着不同的神灵，人们敬仰居住在树内仁慈的树精与树神。例如，人们用橡树 253 敬奉希腊主神宙斯；白蜡树是北欧主神奥丁的神圣象征；而西克莫无花果树是用来敬奉给埃及女神哈索尔的。因此，人们会触摸或者敲击神树的树干，祈求居住在树内的森林之神赐予庇护与帮助。

通常来说，人们现在触摸木头是因为担心自己说了某些蔑视命运的话。无论曾经还是现在，尤其是人们吹嘘自己免受苦难，或者表达出对自己的健康与命运的得意感后，都会说出 touch wood 这个表达，说完之后或者在说的同时，人们会习惯轻敲一种木质物品。最初，人们认为用右手敲木头很重要——永远不能用左手——去寻求庇护或者规避临近的危险。但是，随着时间的推移，这种迷信思想逐渐发生了改变，现在，人们认为说出 touch wood 这个表达的同时，只要轻点额头就可以求得庇护。

雷神之树

橡树在英格兰有森林之王（Monarchs of the Forest）之称，以其坚固耐用的质地与不屈不挠的品行受到欧洲人的尊重。人们习惯将橡树种在土地边界处，这种习俗的痕迹可以在很多英格兰教区里所谓的福音橡木区中找到。

很多古文化的神话传说都提到，橡树是上帝创造的第一棵树，人类也诞生于橡树。古希伯来人视橡树为圣物，因为亚伯拉罕据说是在橡树枝下见到了耶和华派来的使者。古希腊人将橡树献给主神宙斯，多多纳城的宙斯神谕所正是建立在一片橡树丛中。宙斯的所有神谕会从橡树顶部传来，橡树叶在风中沙沙作响，人们认为这是宙斯的声音，祭司会向人们解读这种声音。罗马人则将橡树献给主神朱庇特，因为朱庇特出生时受过橡树的庇护，所以只需一棵自然生长的橡树就可以代表朱庇特。

254

凯尔特祭司散布于英国、法国以及爱尔兰，他们统称为德鲁伊。他们认为橡树代表天国之树，是人们膜拜的主要对象。据说所有的德鲁伊仪式都会涉及橡树与一种叫作槲寄生的寄生植物。德鲁伊会在神圣的橡树园里举行祭拜仪式。仲夏节那天，人们会从橡树上收割神圣的槲寄生，接着通过摩擦橡木点燃仲夏夜的篝火。老普林尼错误地认为 Druid 一词来源于希腊语 drus，drus 意为“橡树”。但他不知道的是橡树在凯尔特语中是 daur，与 Druid 很接近。因此，druid 其实是凯尔特语，意思是“橡树祭司”。橡树也是异教神达格达（Dagda）的神树，达格达是古爱尔兰盖尔族的缔造者，日耳曼部落同样也将橡树视为第一神树。

史前时期，整个欧洲地区有越来越多的人对橡树顶礼膜拜。人们观察到与其他树种相比，橡树更容易遭到雷击。因此，很多人推测橡树一定是雷神居住的地方。橡树是托尔（Thor）和多纳尔（Donar）的神圣象征，托尔和多纳尔都是雷神，前者属于斯堪的纳维亚神话体系，后者属于偏南的日耳曼地区神话。由此，橡树也被称为“雷神之树”，有一首苏塞克斯的押韵诗：“远离橡树；免遭雷劈。”但后来人们又流传了一种错误的说法，橡树可以使人免遭雷击，保佑人一生平安。因此，所有欧洲人都习惯在屋里放上一些橡树枝，相信这样可以免遭雷击。

橡树是托尔的神圣象征，因此人们认为橡树直接受雷神的庇护。不管以何种方式破坏橡树都是亵渎神灵，如果每个村庄都屹立着托尔橡树，所有村民都会有很强的安全感。日耳曼部落与凯尔特部落有一条不成文的法律，不可以砍伐橡树，任何砍伐橡树的人都会厄运缠身。正是因为人们的这种观念，盎格鲁－撒克逊的传教士圣波尼法爵（Boniface，约 680—754）才得以成功地使数以千计的人改变信仰，皈依基督教，他正是利用了橡树在日耳曼部落的神圣地位。他在众人面前砍倒了多纳尔橡树——也就是斯堪的纳维亚国家的托尔橡树。他想通过这个举动让众人看到，他们所以为的居住在神树中的神灵根本没有能力去复仇，只有基督教的上帝才是更强大的神——这项策略很有说服力，还为他赢得了“德意志使徒”的称号。

255

人们还相信橡树和橡树叶都具有强大的保护作用，可以抵御巫灵妖术的侵害。盎格鲁－撒克逊学者兼历史学家圣比德（Venerable Bede，约 673—735）曾记录异教徒国王埃塞尔伯特（Ethelbert）要求传教士圣奥古斯丁——由格列高利一世派去劝说盎格鲁－撒克逊人皈依基督教——不能在室内，而要在橡树下向他传教。埃塞尔伯特这样做是因为害怕从未谋面的基督教传教士会向他施邪术，所以要依靠神圣的橡树保护自己免受伤害。

选择橡树叶簇作为军事勋章的习俗可以追溯至古罗马时代。据老普林尼记载，用橡树叶编织而成的花冠状头冠叫槲叶环（Civic Crown），它被颁授给那些在战争中拯救同胞于危难的罗马公民。同样，做出英勇事迹或无私奉献的士兵可以被授予橡树叶头冠。战争结束后，罗马士兵习惯将橡树叶与桃金娘做成的花冠挂到自己的剑上，而古希腊人会将橡树叶编织成的头冠奖励给皮提亚竞技会（the Pythian Games）中的获胜者，举办皮提亚竞技会是为了纪念太阳神阿波罗——该竞技会在希腊的重要性仅次于奥林匹克运动会。

橡树坚固耐用、弹性好，因此橡木是造船的理想材料。据记载，每建造一艘具有三层甲板的战舰，平均需要 3500 棵完全长成的橡树。

第九章

数字、金属与宝石

Chapter 9

Numbers, Metals and Precious Stones

早在书写文字出现以前，人们就已经会计数了，计数的历史可能要追溯到史前时期。人类集体的潜意识里对数字的记忆尤为深刻，这解释了为什么我们的梦里总是会出现年龄、日期或者其他与数字有关的事物，可能也揭示了为什么孩子在认识字母前就会数数了。字母的本质可以说就是数字，很多文化里字母表上的字母可以用来表示数值。这引发了奇妙的运算与联想，尤其是涉及古老神灵的旨意与名望时。 257

幸运的奇数

人们迷信幸运数字，尽量避免不吉利的数字，同时强调数字玄妙的重要性。欧洲文艺复兴时期的学者认为数字具有神奇的力量，这种传统源于希腊人与罗马人。在所有的时代，人们都认为某些数字，尤其是十以内的奇数，三、七、九都蕴藏魔力。古人认为奇数能够带来好运。罗马诗人维吉尔则反复强调，“神灵喜欢奇数”，而老普林尼对此感到疑惑，他难以理解为什么奇数有助于完成任何目标，便提出疑问：“我们为什么要相信不管遇到什么事情，奇数都能发挥巨大的作用？”莎士比亚在《温莎的风流娘儿们》中也提到了奇数能够带来好运：“这已经是第三次啦，我希望单数是吉利的……人家说单数是用来占卜生、死、机缘的……”

但是，除了数字四十等几个众所周知的例子外，人们认为偶数过于平淡无奇。因为大部分偶数很容易就可以被除开，这样数值变小，数字本身也就没有任何特殊意义了。

三、七、九能治病

民间药方很重视幸运数字。想要治疗效果好，治疗过程必须遵循一定的数字规则。同理，无数咒语都要求将某些词或者动作重复一定次数，这样咒语才能生效。数字能够影响药物疗效的观念可以追溯至数千年以前，而且流传范围很广，不仅限于某一地域。

人们一般规定三、七、九这三个数字可以用来施咒治病，对此存在无数的相关例证。例如，巴比伦人相信在三股合成的绳子上系七个结，重复三次，再将绳子缠到头上便可治愈头痛。在埃及，为了保护婴儿免受邪恶力量的影响，母亲会在孩子的脖子上挂一根系了七个结的绳子。欧洲各地区有各种能治病的圣井与圣泉，人们会将皮肤不适的人浸入水下三次，并把他们带到井边或者泉边九次，这样就能治愈病痛。吐唾液是一种预防措施，必须要吐三次。在德文郡，人们认为所有的泥敷剂都应该由七种草药制成，取流动的溪水冲洗三次后，让婴儿用嘴含一遍药膏，便能治好鹅口疮。在勃兰登堡，裸体穿越亚麻田三次能治头晕。在苏塞克斯，连续九天早晨每天空腹吃三片撒尔维亚叶，可以治好疟疾引起的发热和寒战交替发生的一种热症。在古巴，连续三天在脖子上戴三瓣大蒜，可以防止黄疸。在图林根，吃三朵雏菊可以防止牙痛。在康沃尔郡，人们会用九片树莓叶敷在烧伤处或烫伤处。

259

过去，欧洲很多地区的人们习惯旋转点燃的蜡烛，携一本打开的《圣经》，绕着婴儿走三圈，避免邪恶力量的侵害。洗礼时，人们会将婴儿浸入水中三次；风湿病患者需要绕圣餐桌三次；在一条羊毛线上系九个结据说可以治愈脚踝扭伤。广泛流传的民间药方里涉及无数种这样的“治疗方法”。

好事坏事都成三

数字三充满奥妙，代表完全。就像今天我们会用“两个”表示“几个”的意思，《圣经》中的大部分数字仅仅是为了表达很多、很少或者大量的概念，但是《圣经》中的数字三总是表示确切的数量——三个。

希腊哲学家毕达哥拉斯（Pythagoras，约前580—前500）曾教导人们，三是一个完美的数字，因为它体现了开始、中间与结束。所以具有三边的三角形是神灵的象征，也是世界上各种神秘宗教的重要标志。这个标志具有神性，所以人们认为它可以避免邪恶力量的侵袭。古希腊人与古罗马人在宗教仪式里也会运用数字三。向神灵献祭时，人们会用月桂树枝蘸取圣水，向祭坛洒水三次；用三根手指从香炉里取乳香并撒三次。

人类大部分生活的基础也是由三部分构成：生活有过去、现在、将来，有开始、中间、结束；人由肉体、心灵和精神组成；世界有大地、海洋和天空；自然界包含动物界、植物界、矿物界；基督教认为三种美好的精神是信仰、希望和爱；三种基本颜色是红、黄、蓝。

古典神话里，冥界女神赫卡忒具有三重力量；主神朱威（Jove，即朱庇特）的象征是三叉闪电；罗马海神尼普顿的标志是三叉戟；罗马神话中的冥府之神普鲁托（Pluto）有一条三头狗，神话里还出现过命运三女神（three Fates）、复仇三女神（three Furies）、美惠三女神（three Graces）和三个鹰身女妖哈耳庇厄（three Harpies）。

将两个正三角形颠倒叠在一起可以形成六角星，欧洲地区的巫术用六角星掌控魂灵，驱逐邪恶。六角星是众所周知的巫术符号，几乎使用于世界各个角落。波斯的琐罗亚斯德教传统上会使用这个符号来表示正邪两股力量相互角逐，抢占上风。hexagram（六角星）这个词来源于希腊语 hex，是英语中 six（六）的意思。人们对六角星有很多误解，对其象征意义也存在各种不同的解读。有些人相信尖角朝上的三角形代表正义与光明，而尖角向下的三角形代表邪恶与黑暗。其他人则认为六角星代表了炼金术的原则“上行，下效”，还可以代表阳（朝上的三角形）与阴（朝下的三角形）。六角星早期被称为所罗门的封印（Seal of Solomon），后来错误地流传成“大卫之星”（Star of David）。但是，六角星并不是犹太教自己创造的符号，直到 17 世纪以后，六角星才与犹太人建立了直接的联系。直到 1897 年第一届犹太复国主义者大会举办以后，六角星才正式成为犹太人的标志。又过了很久，才出现在以色列的旗帜上。

人们自古就深信数字三具有统一性，坚信所有的好事坏事都会成三发生。因此，大多数人都听说过“无二有三”这条谚语。人们认为意外会成三发生，尤其是家里摔碎了东西。摔碎第一个物品以后，再故意摔碎两个相对不值钱的物件可以防止更有价值的物品受到破坏。同理，死亡也会成三发生。想要咒语生效，必须重复咒语三次，实际上，所有的巫术与治疗仪式都需要举行三次或者三的倍数次。

现在，我们仍然会为成功“欢呼三次”，说“三度走运”这种话，还会念念有词地说道“万事成功于再三尝试”，暗指第三次成功了，以后都会一帆风顺。

数字七——生命的载体

261 所有宗教和古代国家都认为数字七神圣。普鲁塔克在探讨数字七的象征意义时曾说："数字七是阿波罗的神圣象征，仅列举全数字七的特性就需要花一整天的时间，还有必要讨论其他数字的含义吗？"

根据犹太人对《圣经》文本的解读，上帝有七灵。关于七的预言贯穿整本《圣经》之中。有些人用月相术语解释数字七的重要意义，他们认为七代表了月相循环的四个阶段，每个阶段持续七天。但是，对数字七神秘色彩最常见的解释是，古巴比伦人和古埃及人曾确定了七颗行星，包括太阳与月亮在内。古人认为行星是神圣的，一星期七天的命名可以体现这一点：星期六（Saturday）对应的是农业之神萨图恩（Saturn）；星期日（Sunday）对应太阳神（sun-god）；星期一（Monday）对应月亮神（moon-god）；星期二（Tuesday）对应战争与正义之神图伊斯托（Tuisto）或提尔（Tiw）；星期三（Wednesday）对应沃坦（Wotan）或沃登（Woden），即主神奥丁；星期四（Thursday）对应雷神托尔；星期五（Friday）对应女神芙蕾雅或弗丽嘉。数字七还有一个特点——无法被整除，因此七与一至十序列里的其他任何数字都没有联系，人们认为正是这个特性赋予了其神秘力量。

数字七与圣灵之间的关系是普遍存在的。基督徒会说"神有七灵，灵有七礼"，基督教会包含七种圣礼，主祷文包括七种诉求。希伯来人的宗教仪式与习俗中，会幕和圣殿的大烛台有七支，犹太人三场重要的宗教节日会持续七天，第一个节日与第二个节日之间相隔七星期，

《利未记》中记录的洁净仪式也持续了七天。

数字七在所有古代传统中的重要性都是显而易见的。亚述的生命之树有七根树枝；波斯的光明主神霍尔木兹（Ormuz）据说是七位永生神灵中地位最高的；古埃及人使用了一个包含七个元音的单词为主神命名；密特拉神（Mithras）居住的山洞有七道门；根据《吠陀》记载，印度神因陀罗（Indra）的眉毛能发出七道光芒，身上发源七条河流；婆罗门曾提到七枚具有预言之力的戒指，每个戒指上面都刻有一个行星的名字；印度神阿耆尼（Agni）长有七条手臂；古代日本传说里有七福神。还有无数的例子都可以印证数字七的重要性。 262

此外，《旧约》也不断提到数字七，例证无数。希伯来语的 to swear（发誓）字面意思是“受七件事物的影响”。亚伯拉罕与亚比米勒（Abimelech）宣誓立约时用了七只母羔羊；亚伦承接圣职仪式共持续了七天；在耶和华圣坛前赎罪需要七天；赎罪祭礼会持续七天；触碰尸体的人七日内都是不洁的；为了惩罚埃及人，上帝“击打河水”，使埃及人七天内没有洁净的水喝。还有无数例子可以列举，但是上述例子已经足够证明数字七在古老宗教里的重要性。

毕达哥拉斯派认为数字七体现在人类生命的方方面面：一星期有七天、宇宙中存在七颗行星、七个月相变化的阶段、七种金属、七个人生阶段、七个音符、七种美德、七种恩典、七宗罪等。希腊神话中，数字七是神灵阿波罗的神圣象征；七位阿尔戈斯英雄攻打有七个城门的底比斯；牧神潘吹奏的排笛包含七根音管；阿波罗使用的是七弦竖琴。

数字七的神性赋予了其完美、完整的象征意义，但也不能只按照字面意思理解。我们谈及“世界七大奇观”时并不意味着世界上只有七大奇观，实际上还有很多。同理，我们会说“世界七大洋”，也会用“七重天”表示极乐世界，这里的七都不是只有七个的意思。

数字七的另一个特点是引发了很多迷信思想。例如，人们认为身体的生理构造每七年会改变一次。这种想法后来可能被“七年之痒”这种谬论所取代，即成年人若处在同一段关系里七年，便会受到诱惑去寻找新的伴侣。这种想法衍生出了另一种想法，打碎镜子会招致七年厄运——因为身体的自我更新需要七年，所以打碎镜子带来的厄运需要七年才能消耗掉。过去如果孩子难管教，父母亲常会安慰自己，等孩子长到七岁，一切都会变好。家里的第七个孩子据说有预见能力，会一生好运，而家里第七个儿子的第七个儿子据说具有治愈能力，会成为一名优秀的医生。德国还有一种不吉利的迷信思想，如果一对夫妻连续生了七个女孩，其中一个一定会成为狼人。

263

不吉利的数字十三

人们认为所有比十二大的数字都不重要，除了数字十三和四十。自古以来，人们就认为数字十三不吉利，原因之一可能是十二已经是公认的象征完整的数字，而十三又比十二多。换句话说，十三超越了完整统一的十二，相当于越过了“适当的限度”，这很危险，意味着又要开始一段新的未知进程。

全世界的迷信思想都认为数字十三不详。自古以来，数字十三就伴随着不幸与厄运。这种偏见的起源已经无人知晓，只知道在古希腊与古罗马时代就已经存在。例如，罗马人认为十三个人身处同一房间很不吉利。即使在基督教创立之前，远至印度、意大利的文明社会就已经认为数字十三不吉利。

基督教人士认为所有不吉利的思想观念都与数字十三有关，都是源于基督与十二门徒参加的最后的晚餐。但是这无法解释为什么在基督教广泛传播以前，古希腊人、古罗马人以及其他文化的人都不喜欢数字十三。几个世纪以来，每个月的第十三天都会使人联想到不祥的含义，如果一个月的第十三天恰好是星期五，人们便认为这一天会同时出现关于星期五和数字十三的不详征兆。（见第四章中的《黑色星期五》）

现代人对数字十三的恐惧被称为“十三恐惧症”（tridecaphobia），这可能仍然是现在流传最广的迷信思想。与十三个客人一起参加晚宴是人们不提倡的；另外，办公室的门、某些旅馆以及航空公司往往都会避免出现数字十三。有的建筑甚至没有第十三层楼，直接从十二楼到十四楼。 264

我们说 a baker’s dozen（字面意思是“面包师的一打”）时，其实指的是十三个。这个短语据说来源于中世纪的一种习俗，面包师每次制作一包十二条的面包时，都会多烘焙一条面包，如果最后重量不够，可以用多余的这条面包弥补。

神数四十

数字四十不仅是大多数古代国家神圣的象征，而且在犹太教、基督教与伊斯兰教传统中更是意义重大。古巴比伦人注意到昴宿星团是位于金牛座的一个受人敬仰的星团，会随季节性降雨消失四十天，这可能是数字四十备受尊崇的原因之一。但人们也可能只是用四十对大数值进行粗略估计，表示数量之大，就像现在我们会说“许多”（dozens，字面意思“十二个”）一样。

《圣经》里不断出现数字四十，表示受审判或者受磨炼的时期。《旧约》与《新约》提到了无数次数字四十：摩西到山上，与上帝相处了四十昼夜；摩西带领以色列人在沙漠里跋涉四十年，才找到应许之地；以利亚（Elijah）连续走了四十个日夜；地球上下了四十天大雨；四十天以后，挪亚（Noah）从方舟里放飞一只乌鸦；寻找迦南地耗费四十年；耶和华将以色列人的后代交到非利士人手上四十年；据说很多国王都曾在位统治四十年，包括以利（Eli）、大卫、所罗门和基甸（Gideon）。《圣经》时代，惩罚罪犯最多抽打四十次。基督在沙漠里度过了四十个昼夜，受撒旦诱惑。基督从复活到升天中间相隔了四十天。关于数字四十的例证无穷无尽。

265

根据天主教神学的神造论，中世纪时的人们认为怀有男孩四十天，怀有女孩八十天时，上帝会为孩子创造灵魂。胎儿期或者说人类的妊娠期，即从怀孕到出生长达四十周。基督教已经将数字四十记录包含在日历中。例如，北半球秋分结束四十天后，人们会欢庆万圣节前夕。

同样，圣诞节结束四十天后，会迎来2月2日的圣烛节，复活节前四十天是大斋期。欧洲女人习惯在分娩四十天后，到教堂接受感恩仪式，之后才可以继续做自己的本职工作。因为根据传统，女人在分娩四十天内是不洁净的。

在穆斯林文化中，死者的哀悼期为四十天。穆罕默德四十岁时，经由天使加百列得到天启。

单词 quarantine 也可以表示数字四十，来自意大利语 quaranta（四十）。黑死病时期，船员上岸前通常会被隔离四十天，人们遵守这个早期传统是因为该传统与充满魔力的数字四十有关，他们可能仍然坚信数字四十的重要意义，相信数字四十的魔力可以保护他们，抵御一切邪恶与随之而来的疾病。

现在，人们仍然会用 to catch forty winks（字面意思是“眨四十次眼睛”）这种表达来表示打盹，还有一句很流行的谚语叫 life begins at forty，意思是人生从四十岁开始。

魔铁

在古希腊人、古罗马人以及中世纪炼金术士的眼里，所有的金属和矿物似乎都具有生命和活力。人们认为它们生长于地球深处，因而具有繁殖力与其他神奇的力量。根据传统，古时七颗行星与古代七种已知金属关系十分密切，每种金属受到各自行星的影响，在地球上发展变化。

266

铁从圣火中锻造而生，一直是公认的最神奇、最具魔力的金属，是人类先祖在技术上取得重大进步的标志，这一点毋庸置疑。青铜材质的武器根本无力抵抗入侵部落的长剑，锻造铁器极大影响了古人的思维方式。事实证明，铁神奇地推动了人类从野蛮生活进化到文明开化的状态。人类已知的第一块铁像流星一样从天空陨落，这种说法将金属铁的声誉提高至非同寻常的地位。早期人类一定见过来自外太空的流星，它们就像天空投射的火红导弹一般。在那时的人们看来，神灵居住在天国之上，陨铁就是神灵赐予的圣礼。古埃及人称铁为“天降金属”，阿兹特克人称其为“天神降礼”。根据埃及传说，荷鲁斯就是在神圣的古城埃德富建立了一座“圣铁”铸造厂，埃德富是神灵荷鲁斯的神圣象征。已知最早的铁器可以追溯至大约公元前 3000 年。但是直到公元前 2000 年，人们才将铁铸成武器，赫梯人在这个领域处于领先地位。

自古以来，各种巫术仪式与禁忌都与铁有关，这更为铁增添了神秘色彩，其中有三个原因：第一，人们难以解释陨石从天空降落的现象，而且自古以来，人们一直认为天空是神灵的居所；第二，金属铁具有磁性；第三，熔炼铸造铁的过程很壮观，铁匠铸铁过程中，会控制铁从固体熔为液体，再从液体冷却为固体状态，这在人们眼里简直是一次壮举——铁匠控制驾驭了当时已知的最为坚固的金属。因此，在整个历史长河中，人们总是将懂得冶金术的人与巫师或具有神秘能力的人联系在一起。虽然知识可以传播，但是古代金属制作工艺的奥秘需要严密守护——自远古时代以来，这些神秘的技能就逐一披上了神圣的外衣。铁匠以及冶金学家的技艺学问大概需要通过教义或者实例传授，铁匠需要将自己的技艺保密，只允许透露给加入某个群体组织的成员。因此，人们认为铁匠是非常重要的工匠，各个社会群体都认为他们具有特殊的力量。

铁匠与巫术的联系还延伸到了铁匠使用的工具，很多国家十分崇敬铁匠使用的器具。非洲国家的人们敬畏铁匠，因为人们相信铁匠懂得巫术，敬畏锤子是因为锤子可以用于铸造农具。同样，很多非洲部落也尊重风箱。人们甚至可以在锤子与铁砧前宣誓。 267

英格兰有个传统，私奔的情侣可以在格雷特纳格林的铁匠面前结为夫妻，格雷特纳格林就在英格兰与苏格兰的交界处。这种习俗实际上是钻了苏格兰法律的空子，这源于当时的铁匠在当地属于神秘宗教的成员，因为铁匠铸造的是充满魔力的金属铁，而且铁匠还能掌控自古以来就被认为象征神圣的火。根据欧洲的传统，人们会向当地的铁匠赠送谷物，捐赠食物，以表敬意，人们格外尊重铁匠铸铁的工作，在众人眼里，铁匠的工作同种庄稼是一样的。因此，不管屠杀了什么动物，人们都会把动物脑袋砍下来送给当地的铁匠。

自铁器时代开始，铁匠使用的火与烧得通红的铁便引发了无数故事与传说，它们都与神秘魔力、巫术有关。很多民族的神话故事描写了铁匠、矮人，以及其他或真实或传说中的金属工匠。罗马古典神话中，朱庇特与朱诺的儿子伏尔甘是火神与金属加工神。英国传统铁匠之父是韦兰·史密斯（Wayland Smith），韦兰相当于英国化的挪威的沃伦德（Volund）与盎格鲁－撒克逊的维兰德（Wieland）。在斯堪的纳维亚国家，沃伦德总以相貌丑陋的矮人或巨怪的形象出现，他是一个有名的、具有神奇能力的金属工匠，会制作神剑与盔甲，保护穿戴者免受一切伤害。此外，凯尔特铁匠哥布纽（Goibhniu）拥有能治病的神酒，还能制作强大无敌的武器，这项技艺与能治病的神酒使得他名扬天下。

各个国家的神话传说都涉及神剑，据说这些剑从不会生锈或变钝，能够斩断一切石头或铁，而且一击必中，能保证佩剑者永远安全。一般来说，矮人族会在自己的地下家园铸造这些神奇武器。最著名的神剑可能就是《亚瑟王传奇》（*Arthurian Legend*）里的“石中剑”，还有众所周知的“湖中剑”。基督教最著名的金属工匠之一圣邓斯坦（St. Dunstan），是10世纪英格兰的一位修道士、教会的革新者，也是金匠、珠宝匠、铁匠的守护神。他在晚年成为格拉斯顿伯里修道院的院长，最后还当上了坎特伯雷大主教。

268

人们曾经普遍禁止将铁用于神圣的宗教仪式。不管是霍屯督人、非洲黄金海岸的居民、犹太人、希腊人、德鲁伊教徒、印度人，还是其他文化群体的人都具有相同的迷信思想，禁止将铁用于宗教。摩西吩咐以色列人在建造圣殿时，不可以使用任何铁器，因为上帝曾告诫摩西：“你若为我筑一座石坛，不可用凿成的石头，因你在上头一动家具，就把坛污秽了。”所罗门也提出过同样的要求，修建外墙以及圣殿庭院时，不可以使用铁器切削修琢那些巨大的岩石块：“建殿是用山中凿成的石头。建殿的时候，锤子、斧子和别样铁器的响声都没有听见。”但是，所罗门为石匠提供了一种古老的器具，这种器具可以追溯至摩西时代，被称为沙米尔或“能劈开岩石的石头”。它可以切割最坚固的材料，哪怕是最坚硬的钻石，使用时不需要任何摩擦或加热，完全不会产生噪声。圣殿被毁后，这种器具也随之消失了。古希腊神殿不允许人们使用铁器，关于铁器的禁忌后来也流传到了罗马牧师与萨宾祭司中，不允许用铁器刮胡子，只能用青铜剃刀或者剪刀。

但人们对铁其实是爱恨交加，关于铁的很多迷信思想本质上相互矛盾。一方面，人们害怕铁，不喜欢也不允许将铁用于任何重要的宗教仪式，这可能是受《旧约》中对铁的多处描述的影响。但是另一方面，人们又敬畏铁，相信铁具有抵御一切邪恶的魔力，是神灵将铁赐予了人类——任何神灵的赐礼都会让邪灵感到恐惧。人们认为超自然力量十分憎恨铁，因此将铁当作护身符，用来阻止并驱逐一切邪恶力量。自古以来，世界各地都能找到这种习俗的痕迹，从古埃及、希腊、罗马到苏格兰、印度、缅甸、德国及摩洛哥。

人们认为所有的鬼魂、精灵、女巫与魔鬼都非常厌恶铁，绝对不会接近任何受到铁保护的人或物，因此马蹄铁也具有保护作用。古埃及人早就相信“天降金属”的保护作用，乌尼斯法老王的金字塔铭文提到过这一点。人们在图坦卡蒙的坟墓里还发现了陨铁护身符，用来守护石棺，抵御邪恶侵袭。罗马人将铁的保护力与战神玛尔斯（Mars）联系在一起。铁还是北欧神话里神灵提尔的神圣象征，斯堪的纳维亚人也会利用铁驱逐邪恶势力。在印度，铁的保护力无人不知，无人不晓，某些葬礼上还会用铁来守护生者与亡灵。

269

整个欧洲地区的人都认为铁制品能够对抗巫术、魔法与一切邪恶力量。新铁反射的光亮会使邪灵眼花目眩，从而击退邪灵。但是生锈的旧铁没有这种效果，鬼魂来去无阻，凭心意在任何地方停留，因此，人们必须一丝不苟地清除铁制品上的锈。人们认为女巫及所有邪灵都无法越过铁前行，所以只要将任何一件铁制品——一把刀、一颗钉子或一把剪刀放到门的内侧，置于门口地垫下，或埋到大门附近——都能驱逐邪灵。人们会在孕妇的床上放一把剑或者某件冷铁白刃，又或者在小孩的衣服里缝上一个铁块，铁块至少保留到洗礼前，就能防止精灵拐走母亲，偷走孩子。

过去，刀和其他切割工具都是由铁制成的，人们将这些铁制品当作护身符，专门用于抵抗巫术、精灵与来偷盗的妖精。因此，人们建议在婴儿的摇篮里放一把刀，多少有一点儿安全保障。但是这种切割工具也会与坏运气联系到一起，因此必须慎重对待。收到或者赠送刀子、剪子或任何其他锋利的切割工具当礼物都很不吉利，因为人们认为它们可能“割裂”友谊，“斩断”爱情与好运；刀掉落下来代表死亡或者灾难来临，只有用刀绕着某人的脑袋挥舞三圈才可以解除诅咒；刀叉交叉放置会带来灾难与不幸；用刀搅拌食物据说会“搅起冲突”。20世纪后半期，很多欧洲地区的人们仍然普遍使用铁器抵御邪恶，1968年11月18日，伦敦《观察家报》指出：“在门口地垫下放剪子来抵御女巫与邪灵，现在仍然是很常见的习俗。”

270

人们也高度重视铁拥有的所谓的治愈能力。老普林尼曾专门提到过这一点：“铁可入药……将白热状态下的铁投入水中，得到的药液可以治愈很多疾病……铁锈也是一种药物……一般刮古旧的钉子就可以得到……有愈合伤口的效果……”老普林尼还给出了收集药草的具体步骤。药草绝对不能碰到铁，否则就会有受污染、丧失药效的风险。北欧国家的人们会在无名指上佩戴一枚铁戒指，认为这可以有效抵御风湿病与关节炎。而在卧室里放一块铁据说可以赶走噩梦，恢复抵抗力。

神银

炼金术士用银指代月神露娜，并将银视作新月的象征。古人认为银是埃及月亮女神伊希斯、希腊与罗马女神狄安娜的神圣象征。银从一开始便用于制作女神像，银铃是一种特别强大的召唤器，能够求得各种文化里母性之神的保护。

银总是与通灵能力及直觉力联系在一起，尤其在掌控银的力量变得丰盈时，即月圆之夜。因为银总是与月亮联系在一起，据说也具有神奇的力量，可以用于神秘仪式。因此，古人经常使用银杯来占卜，《圣经》里约瑟和他哥哥们的故事便是一个例子。

人们还认为银坚不可摧，能够抵御巫术，且没有巫术能够化解它的力量。因此，据说只要火器里的一颗银子弹就能杀死女巫、狼人及吸血鬼。现在，a silver bullet（字面意思是“一颗银子弹”）这种表达是一种暗喻，一般用来描述一个可以解决主要问题的简捷方法，比如某项新技术。

271

由于银坚不可摧，人们自古就将银看作一种能带来好运的金属，具有巨大的保护力，是最强大最宝贵的金属之一。因此，为建筑打地基或铺墙角石的时候，人们习惯用银铲子挖第一层地皮。同理，由于银具有保护作用，还能带来好运，人们过去以及现在仍然将银杯子、银汤匙或其他银制品当作洗礼仪式上的礼物，新娘会在裙子里缝一枚银币，或者让新郎在鞋里放一枚银币求好运，人们还会小心存储银币，以求日后继续富贵荣华，“吉利钱”一直以来指的都是银钱。北欧国家的人们习惯在鞠躬拜新月的时候，将口袋里的银币翻转过来，这样在未来一轮月相变化的周期里，就能一直有好运相伴，富贵荣华。人们还经常在房屋的门槛下埋银币，保佑屋内住的所有人都能交好运。同理，造船工人也会在船的桅杆下埋一枚银币。

人们认为用一块银画一个十字符号具有特别强大的保护力。因此，人们习惯用银在算命先生的手上画十字——算命意味着要使用超能力，银可以保护人们免受这些超能力可能招致的任何伤害。

神秘的圣金

人类自从进入文明社会，便对金子这种闪光的金属深深着迷。古埃及人认为金子代表太阳神拉，据说拉每天早晨会化作东方新生的牛犊，一跃到空中变成一头公牛，只有落日西沉时，拉才会死亡，化作液态金。金是大自然替人类挑选的“神圣元素”，用来敬拜神灵。金子就像神灵一样，永存不灭，是权力、财富与地位的象征。法老相信自己是神灵的后代，使用黄金可以彰显自己的神性，保证自己死后进入天堂。就像埃及人一样，印加人也将金子与太阳联系在一起。太阳是印加国王的始祖，国王们使用黄金象征着自己的高贵。根据印加的创世神话，生命起源于天空掉落的三颗蛋。一颗是金蛋：从中诞生了男性贵族；一颗是银蛋，从中诞生了女性贵族；而最后一颗是铜的，造就了平民大众。

272

自古以来，人们对黄金便是爱恨交加。所罗门在耶路撒冷建造圣殿时，用了大量黄金装饰圣殿，表示对耶和华的崇拜。但是以色列人离开埃及，开始伟大征程的这段时间里，黄金却成了以色列人的噩梦。摩西在西奈山上的时候，以色列人强迫亚伦用金子造神像，指引前行的方向。亚伦用以色列人所有的金子铸造了一只牛犊，后来被摩西所毁："（摩西）又将他们所铸的牛犊用火焚烧，磨得粉碎，撒在水面上，叫以色列人喝。"以色列人因犯了崇拜邪神的罪，被迫喝金水来赎罪。

金一直都是人们眼里最有价值，最为精妙的金属。在各种文化的神话传说与民间故事里，以金子作为诱饵或者终极奖赏的故事数不胜数。希腊神话里，伊阿宋（Jason）和阿耳戈船英雄从守卫的巨龙那里取得了金羊毛。金羊毛来源于一只长有双翼的公羊，后来佛里克索斯（Phryxos）将这只金羊献祭给宙斯，金羊化作了天上不朽的白羊座。希腊传说中，赫斯珀里得斯（Hesperides）看守的金苹果是生命之果，诱人地挂在至福乐土的树梢上，而摘取金苹果正是赫拉克勒斯面临的艰难挑战之一。黄金城的主题不断出现在很多故事情节里，比如传说中蕴含了无尽财富的黄金国。

黄金还常与橡树上一种长有白色浆果的附生植物——槲寄生联系在一起。凯尔特的德鲁伊教徒十分崇敬槲寄生，槲寄生也叫“金枝”，与金镰刀一起在德鲁伊宗教仪式中发挥重要作用。日耳曼民族的民间传说里也能发现黄金与槲寄生的联系，如果一个人在仲夏夜前夕发现了一小枝槲寄生，预示这个人能发现一罐埋藏的黄金。在瑞典，任何273 使用槲寄生当占卜棒的人一定能发现宝藏。俄国也有这种说法，向空中扔槲寄生，再从槲寄生落下的地方深挖，必能找到宝藏。

无数的神话传说里，金子都代表贪婪、堕落、诱惑与背叛，传说中，经迈达斯国王（Midas）触碰的东西都会变成金子。迈达斯是弗里吉亚的国王，曾经请求神灵巴克斯（Bacchus）赐予自己点金术。巴克斯答应了他的请求，但是后来连他触碰到的食物都变成了金子，他才发现这是多么糟糕的一种恩赐，于是祈求巴克斯收回点金术。神为了惩罚他犯下的罪，要求他怀着虔诚之心前往帕克托罗斯河，洗去自己的贪婪。迈达斯便照做了，传说从迈达斯去的那天开始，帕克托罗斯河便成了金河。

自古以来，黄金就是权力与声望的象征。例证如下，蒙古征服者在 13 世纪到 15 世纪之间统治俄国，称为“金帐汗国”。14 世纪时期，神圣罗马帝国皇帝查理四世（1316—1378）颁布了《金玺诏书》，规范了德意志皇帝的选举流程。1429 年，勃艮第公爵腓力三世（Philip Ⅲ）建立了金羊毛骑士团。类似地，还有 16 世纪教皇格列高利十三世创立的金马刺教宗骑士团勋章，授予勇猛的教宗骑士。数世纪以来，教皇会为君王和宗教统治者颁发特别的勋章，是由珠宝大师创作设计并精雕细刻的金玫瑰。内近卫骑兵的中校有“金杖”的称号，在所有游行仪式里都会走在英国君主的前面。此外，人类最初生活的纯真年代也被称为黄金时代。

有意思的是，人们认定金子能治疗很多疾病，具有强大的保护作用。人们曾视金子为仙丹，想象它能使人长生不老，永保安康。因此，水手特别喜欢金子，坚持要在其中一只耳朵上戴一只金耳环，这样就不会迷失方向，溺水而死。中世纪时，人们认为饮用金粉、金水（也称“太阳油”）具有神奇的药效，没有任何药物可以与之媲美。尤其是液体金与“月亮油”，即金与银的混合物据说能治愈大多数疾病。与疑似感染可怕瘟疫的人接触时，可以在嘴里放一枚金币，据说具有强大的保护作用。同理，给病人喝浸过一枚金币的水，可以治愈各种小病痛。人们习惯在脖子上戴金珠子，治疗咽喉病与疣；用金子，尤其是金婚戒摩擦瘘管和溃疡处，病症就会消失。此外，治疗眼腺炎最好的方法就是每日用金婚戒摩擦患病处，这种迷信思想甚至仍存在于20世纪80年代。

274

宝石——清透如水晶

古代与中世纪作家写过很多关于宝石的文学作品。古希腊亚历山大学派有一篇著名的文章《宝石》（*Cysianides*），梳理了宝石的发展历史。此外，老普林尼也曾阐释过不同宝石的发展历史与医学用途。但是，所有关于宝石的早期文章里，唯有《宝石的历史》（*The History of Jewels*）最著名，流传最广，作者是12世纪即中世纪哲学家兼炼金术士艾尔伯图斯·麦格努斯（Albertus Magnus）。

世界各地的神话传说、宗教信仰与仪式仪礼都涉及非常多的宝石。尤其是缀满宝石的大树，似乎曾出现在各个地方的传说中。巴比伦传说中有很多不结果子却结满宝石的大树。古苏美尔的《吉尔伽美什史诗》描绘了一棵最为华丽灿烂的大树，水晶枝上结满了宝石。印度神话里也有这样一棵大树，叫劫波树（Kalpa Tree），枝上挂满宝石、珍珠，还有美丽的祖母绿，流光溢彩，它的果实是珊瑚宝石和红宝石，树叶是皓石，树根是蓝宝石，树的底部是钻石。印度传说里还描绘了一个巨大的水晶容器，由女神玛雅（Maya）所造，采用了最为晶莹剔透的水晶，外层覆以珍珠宝石。虽然容器里并没有盛液体，但是由于材质太过清透，给人以错觉，似乎里面装满了清澈的水，以至于一切靠近它的事物都情不自禁想要投入其中。一些基督教传说里还出现了圣杯（Holy Grail），这种神圣的器皿由纯紫水晶制作，先知以西结（Ezekiel）曾预见耶和华的宝座就像那华丽的蓝宝石。拔摩岛的约翰也曾预见主的荣光好比那五彩缤纷的宝石。

275

除了处处可见的宝石树与容器以外，各种宗教典籍里也出现过壮丽的宝石城。《启示录》（*Book of Revelations*）中描绘的新耶路撒冷是一个以珍宝修建的地方。印度往世书里，神灵克里希那的居所就是恢宏的宝石城德瓦拉卡城，城里装点着珍珠、红宝石、钻石和其他种类的宝石。希腊文学作品里也有这样一座宝石城，被称为至福乐土。整座城市以黄金铸造，还建有祖母绿围墙、绿玉圣殿，以及紫晶圣坛。此外，伊斯兰教传说里的各个天堂也是由缤纷的宝石构成。

人们自古就认为贵重宝石与半宝石都具有神奇的魔力。据说很多宝石会在黑暗中发出奇异的光，象征希望与坚韧。拉比传统教义曾提到，大洪水遮蔽了阳光与月光，所以挪亚在方舟里放了一块宝石来照明。还有一个希伯来传说，亚伯拉罕的妾夏甲（Hagar）产下一子，这是亚伯拉罕的第六个儿子，他赐予了这个儿子很多巨型宝石，宝石的光芒甚至超越了太阳，能够在黑暗阴郁的日子里点亮前行的路。

过去，人们还赋予了宝石孕育后代的神奇特性。这种奇怪的观点最早由泰奥弗拉斯托斯（Theophrastus，前 372—约前 287）提出，他是最早开始描写宝石的希腊作家，这种观点在中世纪过去很久以后才消失。根据 16 世纪的史料记载，卢森堡王朝的一位贵族手里的钻石可以有规律地繁衍后代。中世纪时还流行一种观念，雄性钻石与雌性钻石受上天的甘露滋养后，能够共同生长。这种观念源于人们相信宝石内部具有神奇的魔力。

各种美丽的宝石具有神奇而玄妙的力量，能够捕捉光线，摇曳变幻，呈现出各种亮丽的颜色。仁善的或者邪恶的精灵据说都居住在这些宝石里，因此，17 世纪普遍流传的说法是，天使常常会寄居于宝石中保护人类。如果受到恶人的操控或者凝视，宝石本身的神力便会消失。

276

自古以来，人们便赋予不同宝石以不同的神力。宝石能够激发创造力、爱与激情。数世纪以来，一些宝石因为能带来好运而广为人知，其他的宝石却只落得招致厄运的坏名声。根据传统，珍贵的紫水晶现在仍然象征主教的荣耀。像青金石、蓝宝石这些蓝色的宝石都是纯洁的象征，因此很适合神职人员使用。祖母绿和绿松石可以用于激发爱与激情的仪式当中；蓝宝石增长智慧；祖母绿强化记忆；紫水晶禁酒节欲。猫眼石和珍珠一直是不祥的象征，而闪闪发亮的钻石仍然被称为“女孩最好的朋友”。

人们常根据宝石的象征意义挑选不同的宝石。钻石代表坚韧不屈，珍珠代表纯洁，红宝石代表司法行政，而黄宝石是高贵身份、帝王气派的象征。过去，绚丽的宝石是彰显贵族身份的重要标志，实际上一般法律都会规定，只有上等阶级才有资格佩戴宝石，因此，宝石成了划分社会阶级的明显标志。

纵观历史，大多数文明社会会用宝石作为护身符或符咒。据说在宝石上雕刻神圣或有象征意义的符号，宝石蕴藏的效力便会得到增强。数千年前的古埃及坟墓里发现了饰有宝石的护身符，这些宝石包括碧玉、青金石、紫水晶、红珊瑚宝石、翡翠，还有橙色的光玉髓。古埃及人会将这些宝石雕刻成圣甲虫或其他动物的形状，或将这些宝石装点到木乃伊身上，保护死者来生免遭邪灵侵袭。这种护身符无一例外都会刻上神灵、法老、祭司或其他重要人物的名字，以此增强保护力。埃及人还会利用某些宝石制作特殊的护身符。例如，人们常用光玉髓制作心形护身符，将青金石、绿松石和碧玉雕刻成眼睛的形状。人们相信，佩戴宝石制成的护身符可以抵御很多疾病：红宝石能预防鼠疫和其他瘟疫；翡翠护身符能预防肾病；缟玛瑙预防癫痫；黄宝石减缓

277

炎症；碧玉可以避免发烧。

过去，人们还将宝石拟人化，通过宝石反观人的品行。也就是说，佩戴者的精神状态、道德水平以及基本的健康状况都会影响宝石的外观。生病、濒临死亡、不忠不信时，宝石的光泽与鲜亮的颜色都会变得暗淡。外观完美的宝石是一切福祉的来源，而光泽暗淡的宝石必定会给佩戴者带来厄运。

美丽的宝石稀有昂贵，一直以来受到人们的珍视，不仅因为美学价值，还因为其治疗价值。自古以来，人们总用宝石治病，要么放在伤口处，要么碾碎入药，制成万灵药剂。很多药物价值高，就是因为其中含有稀有珍贵的宝石，为药物增添了神秘色彩与吸引力。人们相信宝石是深藏地下的种子，受天上甘露与热量的滋养，受星辰变幻的影响也非常大。

宝石能治病的这种观念可以追溯至古巴比伦与古埃及时代，当时所有了解宝石的人都相信宝石具有治疗能力。约公元前1500年完成的《埃伯斯氏古医籍》(*The Ebers Papyrus*)记载了古埃及医学，内容最浩繁，影响最深远，包含各种各样需要使用宝石与矿物的药方。例如，青金石是治疗眼疾药膏的一种常用原料，据说青金石含有止血成分；氧化铁与赤铁石可以预防出血，治疗炎症。我们现在自然很难理解人们当时为什么会坚信并使用这种看上去极为无效的治疗方法。通过在宝石上铭刻文字与图案，可以大幅度提升人们赋予宝石的治愈能力，但是人们认为决定疗效的关键因素还是宝石的颜色，这符合交感巫术的原则。也就是说，人们会将宝石的颜色与想要治愈疾病的特点进行类比推理，以此确定宝石的治疗效果。当然，宝石与疾病的联系是人们想象出来的。

根据“同类相医”的原理，所有红色或泛红的宝石，如红宝石、石榴石、红玉髓、鸡血石都是治疗血液紊乱的珍贵药物，因为红色代表鲜血。红宝石可以用于止血，据说还有保护身体刀枪不入的神奇功效。此外，据说红宝石有助于血液循环，能治疗炎症，还能镇定情绪，消解愤怒与冲突。人们还认为用红宝石做武器，比正常武器造成的伤害大得多。1892 年罕萨叛乱时，罕萨人与英国军队在克什米尔边境交战时，使用了红宝石子弹，他们认为与铅质子弹相比，这种子弹能造成更致命的伤害。

同样，人们认为黄宝石能治疗因肝脏损伤引起的一切疾病，尤其是黄疸。将黄色的琥珀碾碎，与油混合，是人们常用的治疗皮肤感染的药膏，而绿色与乳白色的宝石治疗眼疾最为有效，人们会用猫眼石治疗弱视——更推荐用绿色的宝石治疗眼疾，因为绿色对眼睛最好。

尽管随着时间的推移，大多数关于宝石的古老知识已经失传，可我们现在仍然将贵重宝石与半宝石的名字用作形容词。我们会说，翠绿色的（emerald）草地、碧蓝色的（turquoise）天空、宝蓝色的（sapphire）眼睛、宝蓝色的（sapphire）大海、宝石红（ruby）唇、宝石般红的（ruby）酒、珍珠般（pearly）的皮肤、珍珠般（pearly）的皓齿、红似珊瑚的（coral）嘴唇、琥珀色的（amber）头发、钻石般闪亮（diamond）的眼睛。

生辰与诞生石

古人认为整个矿物界与世间万物之间具有神秘而错综复杂的联系，天体的力量甚至也被赋予到了宝石上。所有宝石，包括严格说没有那么“宝贵”的宝石都会根据行星分类，而行星反过来又会影响宝石的特性。祭司与巫师进一步阐释了宝石的各种特性。

黄道带宝石据说与黄道各宫具有神秘的联系。正如一年有十二个月，一年也均分成了十二宫，但黄道宫与月份之间并不是一一对应的，一个黄道宫通常会跨越两个月。这自然是为了让人们在选诞生石时可以有更多的选择，同时还能遵照既定的月份顺序，该顺序可以追溯至《圣经》。

279

每个月份由一种特定的宝石代表，这种观念来源于犹太历史学家弗拉维奥·约瑟夫斯（Flavius Josephus，约 37—100）与教会神父圣杰罗姆（约 345—420）的著作。他们都曾阐释过犹太大祭司胸甲上的十二块宝石、一年中的十二个月份与黄道十二宫之间的联系。约瑟夫斯表明犹太大祭司胸甲上镶嵌的十二块宝石代表了十二种美德，其中包括智慧、真理、公正、谦逊、和平、力量、信念与胜利，同时这十二块宝石还象征了一年里的十二个月份以及以色列的十二个支派。

根据弗拉维奥·约瑟夫斯和圣杰罗姆的著作，占星家与巫师后来推演出了一套复杂的体系，将各种宝石、金属、颜色、动物、鲜花与行星、黄道各宫联系在一起。将宝石与不同的行星匹配时，颜色尤为重要。久而久之，关于颜色的象征意义出现了越来越多的长篇大论。例如，人们会将所有无色及白色的宝石——包括水晶、石英与号称“海洋宝石”的珍珠——与月亮联系在一起因此，月亮这种天体具有的神秘特性被赋予了这些宝石。夜晚到处都是阴险的邪灵，月亮虽然照亮了夜空，但人们对它依旧爱恨交加，一方面视月亮为不祥之兆，另一方面又认为月亮能够驱逐邪恶力量。白色象征完整、纯洁、友谊与宗教，因此，所有与白色有关的宝石都具备以上这些特性。每种宝石不仅与行星有联系，宝石的颜色也与一星期的某一天有联系。白色宝石与月亮相关，因此也是星期一的象征。由于各民族起源时期与历史传统各有不同，与黄道各宫相关联的宝石类别也不同。关于诞生石的故事很复杂，原因之一就是不同文化有不同类别的黄道带：迦勒底、阿拉伯、印度、中国、伊斯兰黄道带——各自分别规定了各个月份对应的宝石种类。

280

虽然古人早就阐释过每种宝石与一年中每个月份之间的联系，但是直到 18 世纪人们才开始流行佩戴诞生石。在此之前，人们更倾向于佩戴各式各样的宝石，因为人们赋予了所有宝石以特殊的功能，尤其是治病的功效。结果，只要一个人负担得起，习惯上就会买齐十二种宝石，在相应的月份佩戴相应的宝石。宝石在对应的月份据说能够最大限度地发挥保护作用与治疗效果。直到很久以后，人们才认为代表每个月份的宝石与当月出生的人之间具有一种神秘的联系，于是人们猜测宝石与当月出生的人具有相同的特点。人们便开始习惯佩戴诞生石，以求一生好运。

根据英国与美国的诞生石分布图，宝石与星象之间最常见的对应关系与特性如下：

1 月，摩羯宫　　石榴石，象征真理与忠诚

2 月，宝瓶宫　　紫水晶，象征真诚与节制

3 月，双鱼宫　　鸡血石或海蓝宝石，象征勇气与镇定

4 月，白羊宫　　钻石，象征贞洁与力量

5 月，金牛宫　　祖母绿，象征爱情顺利

6 月，双子宫　　珍珠，象征纯洁与眼泪

7 月，巨蟹宫　　红宝石，象征勇气与纯洁

8 月，狮子宫　　缠丝玛瑙或橄榄石

9 月，室女宫　　蓝宝石，象征爱

10 月，天秤宫　　猫眼石或碧玺，象征希望

11 月，天蝎宫　　黄玉，象征忠贞

12 月，人马宫　　绿松石或青金石，象征成功

宝石之王

钻石是 4 月出生者的诞生石，人们认为钻石发出的金亮光芒来源于朱庇特掌管的太阳。钻石也叫金刚石，素有“宝石之王”与“亚当的宝石”之称，钻石是人类已知最坚硬的物质，能散发独特的光芒。diamond（钻石）一词据说来源于希腊语 adamas，但是很多专家认为古希腊人使用 adamas 一词时，指代的是除了钻石以外的另一种宝石，因

为古希腊人并不知道真正的钻石是什么。

由于钻石会发出灿烂夺目的光芒，梵语中称钻石为 indrajudha 或 vajra，前者意为“因陀罗的武器”，后者意为“雷霆”，亚述语称钻石为 elmêshu，意思是“上帝”。希伯来语也将钻石与神灵联系起来，称钻石为 yahãlõm，而希伯来语中的 Yah 和 Yaw 都表示“上帝”，这些都表明了古人是多么尊崇钻石。

18 世纪早期，人们在巴西与南美洲发现了钻石，后来在其他各地也开采出了钻石，但在此之前，所有钻石都产自印度。印度销售钻石的历史可以追溯至大约公元前 3000 年。罗马文学作品里也有关于钻石的传说，这些故事最早可追溯至公元 1 世纪。虽然印度数千年以前就开采出了钻石，但是世界其他地区的人们通常还是认为钻石来源于钻石谷，老普林尼曾在《自然史》中提到过这个山谷。根据他的描述，钻石谷陡峭异常，漆黑无比，入谷的人无一生还。为了取得谷底的宝石，聪明的人们会抛下大块的肉。猛禽会猛扑下去，叼起粘上钻石的肉。等它们把肉扔到自己的巢穴里以后，人们便会趁机偷取钻石。这些故事还有很多可怕的版本，一直流传了好几个世纪。

钻石广受欢迎，被赋予了很多特性，主要因为钻石坚固异常，清透纯净。由于钻石坚不可摧，所以一直以来都象征着永恒。钻石还象征着爱与纯洁，自古便是承载爱情的信物，美国与欧洲部分地区的人们常用钻石作为订婚戒指。根据传统，钻石还象征好运，据说可以激发男人的勇气与女人的自豪感。钻石常与财富、权力与声望相联系，因此也象征着成功与安全感。过去，像红钻与黄钻这种彩钻只有皇室成员才可以使用。

很多神话传说里提到钻石具有抵御邪恶与危险的力量。钻石灿烂夺目的光亮似乎永恒不息，因此，人们认为钻石可以保护佩戴者躲避邪恶。中世纪时，炼金术士声称佩戴钻石者可以隐身。还有一种迷信思想普遍流传，即不得买卖钻石，否则钻石的保护力就会丧失——只有将钻石作为礼物送出，居住在这种最珍贵宝石内的精灵才不会介怀。如果用钻石作为爱情或友情的信物，据说可以大幅增强钻石的保护力。

283

钻石坚硬，可以用来切割其他宝石。人们相信钻石坚不可摧，更坚信任何吞下钻石的人注定死亡。据说早从 7 世纪开始，人们便认为在嘴里放钻石会断齿，咽下钻石会断肠，钻石却能自然修复，这种观念明显是错误的，因为在钻石矿井中工作的奴隶经常为了偷藏钻石而吞咽它们，并没有因此生病。此外，人们普遍相信钻石粉剧毒无比，一旦服用会很危险。

人们普遍认为钻石最重要的医药用途之一是能解所有的毒药，据说还能抵御瘟疫，最重要的是可以抵御可怕的黑死病，这种观念与认为钻石剧毒的观念刚好相反。中世纪时期，贵族阶级专门佩戴钻石来抵御席卷欧洲地区的黑死病。这种观念之所以产生，可能是因为人们发现鼠疫首先会侵袭下层民众，却不会先侵袭佩戴钻石的富人——这一现象其实强调了下层民众生活的脏乱，而非佩戴宝石的奇效。

结语

Epilogue

385 人类的风俗习惯随着时间的推移而改变。科学思维和不断的研究，以及即时通信和便捷的旅行改变了世界各地人们的生活。我们的世界因此变得更小，人类学会了全球化思考，学会了尊重、重视文化多样性和多元文化主义，不再像过去那样仅仅“容忍”接纳。

在现代大多数技术进步型社会，人们逐渐摆脱了古老传统和仪式的束缚。许多情况下，教育的发展根除了人们心中根深蒂固的偏见和陈旧的信仰。社会长久以来的习俗和传统发生了改变或被遗忘。然而，这些传统习俗在现代社会依然留有自己的痕迹，只不过已少有人知。

本书的每个章节都力图引起人们对文化习俗的普遍关注，从而突出人类传统的内在联系与和谐关系。本书的目的在于强调各种古老的风俗、思想、象征和信仰（尽管其中许多含义已经发生变化）在现代思维的影响下是如何流传下来的，以此证明它们拥有着持久的生命力。在把各种各样的“奇妙”传统研究透彻以前，人类依然还有很长的路要走。